故宫

故宫文化百科手册

红书

李文儒 著

中信出版集团 | 北京

图书在版编目（CIP）数据
故宫红书：故宫文化百科手册 / 李文儒著.
北京：中信出版社, 2025. 7（2025. 11重印）.
-- ISBN 978-7-5217-7910-3
Ⅰ. K928.74
中国国家版本馆CIP数据核字第202564GR95号

图书策划：中信出版・雅信工作室
特约策划：北京小天下
总 策 划：王艺超
策划编辑：牟璐
责任编辑：王玲　姜雪梅　郭薇
内容策划：王津
内容编辑：杨雪枫
图片编辑：陈元　韩志信
营销编辑：中信出版・生活美学事业部营销组
书籍设计：T.M.T
插画设计：罗潇萌　石厚波

故宫红书——故宫文化百科手册
著　　者：李文儒
出版发行：中信出版集团股份有限公司
（北京市朝阳区东三环北路 27 号嘉铭中心　邮编 100020）
承 印 者：北京盛通印刷股份有限公司

开　　本：889mm × 1194mm　1/32　　印　　张：16.375　　字　　数：376千字
版　　次：2025年7月第1版　　印　　次：2025年11月第5次印刷
书　　号：ISBN 978-7-5217-7910-3
定　　价：138.00元

目录

中轴引领

『太和』在上

西区故事

东区故事

寻找细节

故宫博物院建院一百周年纪念序

皇宫、故宫、故宫博物院——以紫禁城为“符号”的三种文化形态

位于北京城中心的紫禁城，有三个名称：皇宫、故宫、故宫博物院。这三个名称指的是同一个对象，但它们的内涵却大不一样，分别具有各自的文化身份标识。从空间看，都属于同一个空间；从时间看，各自对应不同的时段，同时又紧密衔接。也就是说，这三个名称，是同一空间里不同历史时段的三种身份、三种形象、三种象征。皇宫是帝制的标志；故宫是文化遗产的标志；故宫博物院是现代公共文化机构的标志。

从政治、社会层面看，三种身份的功能界定是很清晰的：皇宫是帝制时代皇帝执掌国家政权、治理国家的所在地，是国家的政治中心、权力核心；故宫是失去了帝制统治权力、治理功能的被冷落的帝制遗产；故宫博物院则是向社会公众开放、为公众服务、承担社会教育职责的公共文化机构。

从文化层面看，三种身份分别代表着完全不同的、有着本质区别的三种文化形态。第一种文化形态，即紫禁城作为皇宫的时候，是一切由皇帝主宰的、以皇宫为载体的君主、皇权文化形态。第二种文化形态，即随着帝制结束，中华民国建立，

皇帝退位，皇宫不再是行使皇权职能的地方，而是成了故宫的时候，形成一种半君主半民主的文化形态。既然国家已经是新的中华民国了，为什么故宫还是半君主半民主的形态？这不仅因为已经退位的皇帝还待在故宫里，还保留着皇帝的名号，还过着皇帝的生活，还实行着皇家的礼仪，更因为在故宫这个地方，还上演了有人称帝、有人复辟的闹剧。只有到了故宫成为故宫博物院的时代，到了由过去禁戒森严、皇帝独占的皇宫，变成了公众自由出入的公共文化空间的时代，紫禁城才进入第三种文化形态时代，即由君主文化向文化民主转型，再向民主文化迈进的文化形态时代。

由于文化形态的特殊性，与政治功能的清晰状态不同，这三种文化形态之间存在着相互纠结的复杂关系，因此，非常有必要把以紫禁城为核心的皇宫文化形态、故宫文化形态、故宫博物院文化形态，及其相互之间的关系，做一番扼要的梳理和鲜明的切割。

一

先说皇宫文化形态，即君主文化形态、皇权文化形态。

这段时期最长，从1421年明朝第三个皇帝朱棣从南京迁都北京，紫禁城作为皇宫正式启用，到1912年清朝最后一个年仅6岁的小皇帝在紫禁城退位，总共491年。

人们常说中国的传统文化历史悠久，且没有中断，而漫长的传统文化中，起决定作用的就是连绵不断的帝王文化、皇帝文化、君主文化。若从自称始皇帝的秦始皇开始，这一文化形态已有两千多年的历史了。北京的紫禁城作为皇宫的时间本来就长，差不多占了中国整个皇宫历史的四分之一，再加上作为中国最后一座皇宫，作为历代皇宫文化形态的集大成者和国家治理的核心，无论在政治体制、经济运行还是社会管理上，紫禁城的功能都应该达到了前所未有的完备，足以集中代表两千多年的皇权文化、帝制文化、君主文化、宫廷文化。况且，紫禁城以前的一个个皇宫，不是消失了，就是只剩下一些残破的遗址，因为中国历史上的改朝换代，一般通过暴力征战实现，前朝的宫殿被新朝摧毁，即便还有留存，新朝也会毁掉或弃之不用，转而重新建造自己的宫殿。明朝推翻元朝之后，到朱棣在位时迁都北上，把元大都的宫殿建筑都毁掉了，然后在元代皇宫，即元故宫的废墟上，把宫城的中轴线略往东移，建起了新的皇宫——紫禁城。清朝取代明朝后没这么做，而是直接沿用明朝的紫禁城作为自己的皇宫，后来的变动，只是在原有的构建基础上不断地整修扩建。

紫禁城正是这样一个中国皇权帝制不断地修补、完善的实体与象征。几千年的帝王宫殿就是这样一部历史——建造，毁坏；再建造，再毁坏，一直到紫禁城，修补得越来越完备，越来越规范，越来越鲜明地以建筑的形态，高度集中地固化并强化了皇权的至尊与权威。

一如紫禁城所代表和象征的那个帝制一样，紫禁城既有它的辉煌，也必然有它的衰败、破坏、荒芜。1860年英法联军大肆劫掠，特别是放火焚烧了圆明园；1900年八国联军入侵北京，紫禁城门窗飘零，荒草萋萋。辛亥革命后，过去的国家核心一下子沦落到几乎无人过问，紫禁城的这种颓败一直延续到故宫时期，乃至故宫博物院成立初期。溥仪被送出宫后，工作人员清点各宫殿的文物，甚至需要专人从遍地荒草中开出通道。新中国政府接收故宫博物院后，光是堆在各处的垃圾就清理出25万立方米，又从内金水河中清理出5 000立方米淤泥。

清末紫禁城和故宫时期紫禁城的废墟化，恰是皇权帝制日暮穷途终至灭亡的象征。但帝制彻底消亡后，紫禁城毕竟完完整整地留下来了，虽然不再是活态的，但堪称十足的活生生的帝制“标本”。现在故宫博物院的一大任务，就是对紫禁城的完整保护，以及不断修缮维护。需注意，皇宫时期与故宫博物院时期的修缮，性质和目的是完全不同的。皇宫时期是维护和强化皇权，故宫博物院时期是保护文物，为公众尽可能完整地保护认识皇权帝制的“标本”。

皇宫文化形态中，最外在、最直观，也最具视觉冲击力且最能震撼人心的，是皇宫建筑形态。我们在说这座中国数千年帝制历史上集大成的皇宫建筑时，并不是说它在占地面积、建筑规模上的集大成，而主要是说它在建筑理念、建筑格局、建筑形态、建筑功能上，对于凸显和强化皇权文化达到了前所未有的高度。可以说，在此之前所有的皇宫建筑，都没有像它这样仅仅在建筑形态上，就举重若轻、自然而然地把皇帝的宫殿推向天下独尊、至高无上的地位。

从建筑格局看，以皇宫中最重要的中轴线为例。进过紫禁城的人，必定都走过从南门午门到北门神武门那条笔直的贯通皇宫南北的中轴线。这条中轴线不仅是皇宫的中轴线，同时也是北京城的中轴线；按照皇帝的说法，它还是整个国家、普天之下的中轴线。

站在太和殿前平台正中向南望去，或者是站在正对着神武门的景山公园最高处，也是北京城中轴线上的最高处——万春亭，向南、向北眺望，就会立刻感觉到这条皇宫的中轴线，的确就是北京城的中轴线；同时也会感觉到这条都城的中轴线，向南向北无限延伸，俨然天下的中轴线。一直到现在，尽管四面八方的形态发生了很大的变化，这条中轴线依然清晰地呈现在我们的眼前。

想想紫禁城落成的时候，想想在紫禁城作为皇宫将近500年的时间里，北京城所有的民宅官宅都是低矮的，唯有皇宫是高大的；北京城所有的民宅官宅都是灰色的，唯有皇宫、皇家的建筑是黄色的、红色的、金碧辉煌的。

皇宫里所有高大的、最重要的建筑都建在中轴线上。皇帝举行登极即位大典的太和殿是皇宫里最大的房子，是皇宫的中心，是中轴线的原点、核心。这座最大、最高的房子里只有一座高高的台子，高高的台子上只有一个高高的座位，那就是皇帝的宝座，谁坐在这个位置上，谁就是皇帝。

紫禁城不是为某一位皇帝建造的，太和殿也不是为某一位皇帝建造的，它们是为了那个可以“坐”拥天下的位子建造的。

最核心、最重要的确定了，其他就都有依从了。

一切依次安排，包括各自的位置、形制、高矮、大小、宽窄、色彩、名号、功用。一通百通，一顺百顺——所有的布局，所有的建筑，所有的空间；再大，再多，再宽，再广；方正，规矩，条理，秩序，稳定——一切都在服务于、服从于渲染、衬托天子的宫殿的崇高与至尊。

以太和殿为核心，前方的太和殿广场、太和门广场，是太和殿宽阔的胸怀；左前方有体仁阁、文华殿建筑群，右前方有弘义阁、武英殿建筑群，左文右武，是太和殿伸出的怀抱天下的手臂；左顾是太和殿的主人们颐养天年的地方，如皇极殿、宁寿宫、养性殿、乐寿堂、颐和轩等，右盼是皇太后、太妃嫔们休憩礼佛诵经的地方，如慈宁宫、慈宁宫花园、寿安宫、英华殿等；正后方是帝后的寝宫，左右各有六宫粉黛的住所，再往后有他们专享的花园，还有太和殿的子孙们读书的地方。太和殿时时左顾右盼，并时时回首眷念——这样，以太和殿为核心的整座紫禁城就既直上云霄，又四面铺排；既象征家国，又象征天下。

即便是在皇帝的宫殿里，建筑格局也必须严格区分出等级；或者说在皇帝的宫殿里，那些看似协调、和谐的建筑空间中，等级更为分明。如与皇帝办公起居的养心殿一墙之隔的赫赫有名的军机处，有大臣描述："几间破屋，中设藜床，窗纸吟风，奇寒彻骨。"托起后三宫的台基下面，常被忽略的20间太监值房，须弯腰才可进去，进去须低头才可行动。散布在大小宫殿不为人注意的角角落落里的宫女值房，终年见不到太阳。

用不着做特别深入的研究，只要用心看看想想，你就会明白皇宫建筑的所有建筑语言，都在非常鲜明地指向一个目标——想尽一切办法，用尽一切手段，由远及近，从外到里，从空间到布局，从高矮到大小，从基础到屋顶，从材质到造型，从图案到色彩，再与皇帝登极、万寿庆典等三跪九叩的礼仪安排、行动规范表里融合——无一不在凸显和强化皇帝地位的绝对至高无上。

想到这些后，"天命神授""天子的宫殿""君临天下""朕即国家”，这些帝制文化中无处不在的说辞，是不是就都跳出来了？这是怎样的效果，怎样的魔法？这就是建筑的力量，是中国的皇宫建筑建造出来的皇权文化的力量。所以说，皇宫紫禁城的建筑，是认识、看清皇权帝制文化最鲜活、最清晰的“标本”。

二

再说第二种文化形态，即故宫时期的文化形态。

从时间上划分，自1912年清朝最后一个皇帝宣布退位，到1925年故宫博物院正式成立，并对公众开放。这段时间比较短，前后只有14年。清朝最后一个皇帝溥仪3岁登极，6岁退位。溥仪从6岁开始，虽然不是皇帝了，但仍住在紫禁城中，直到19岁才离开。因为辛亥革命后，民国政府给予清室优待条件，允许逊帝继续住在宫里，不过只允许占据其中的一部分，即占据紫禁城的北半部，乾清门以北的后宫部分。

在这个时间段里，虽然退位的皇帝还住在往日的皇宫里，但皇宫的主要功能——统治国家，没有了，故宫成为名副其实的故宫了。故宫的前半部分，在民国政府管辖下，把皇宫时期前朝的宫殿转变为向社会开放的古物陈列所。所以，从文化形态看，故宫时期可以称为半君主半民主文化形态阶段。

首先是故宫内部空间上的半君主半民主。

这时候的故宫被分割为两部分，呈现着两种形态。以乾清门为界，以北的原后宫部分，以“小孩子”逊帝溥仪为中心，依然维持着“小朝廷”的状态。中国末代小皇帝虽然失去了皇帝身份，更失去了皇帝权力，可是，皇帝的尊号、年号还被使用着，皇帝的架子还被维持着。虽然这些只是局限在不为外部知道、不为外界关注的小小范围里，最多只是昔日皇室日常生活的一点残余，但在特定的时空里，仍是可以寄托保皇念想与复辟愿望的精神领地，仍有不可忽视的皇宫的象征意义，并随时有可能起到实际作用。在遗老遗少眼里，只要皇帝还在宫里，似乎就预示着某种希望。1916年袁世凯的称帝丑剧，1917年张勋的复辟闹剧，虽然只落得与小朝廷和小逊帝同病相怜的笑柄，但他们之间的呼应还是引人注目的，显然是君主文化在政体形态上的"回光返照"。1924年力主驱逐溥仪出宫者，正是从保卫民主共和、杜绝帝制死灰复燃、斩断复辟孽根的政治高度，看待和解决溥仪的去留问题的。力主驱逐溥仪出宫的冯玉祥说过这样的话：在中华民国的首都所在地，居然还存在着一个废清的小朝廷，这不仅是中华民国的耻辱，也是中外政治阴谋家随时企图利用的孽根。现在稍明事理的人，无不以留辫子为耻，留溥仪在宫里，就等于给中华民国还留着一条辫子，这是多么令人羞耻的事啊！

故宫的前半部分，即乾清门以南，原来的前朝部分，则归中华民国政府所用，由内务部管辖。1913年开始筹备，1914年在这一区域正式成立古物陈列所，并为此改造了武英殿，在武英殿旁边新建起储存古物的库房——宝蕴楼。古物陈列所成立后向社会开放，接待观众。1917年，设置于国子监的国立历史博物馆筹备处（中国国家博物馆的前身，1912年设立）移至端门午门一带。如古物陈列所成立时向社会公告的那样，该所"以为博物院之先导"，并非完整意义上的博物馆，只是较为简单地保存与陈列部分古物而已，从组织管理到实际运行，均谈不上充分展现和发挥博物馆职能，国立历史博物馆则长时间处于筹备阶段，“一所一馆”均未引起社会的广泛关注。

更为实质的问题是，紫禁城资产归谁所有并未明确解决。普天之下莫非王土，还是莫非民土？皇家拥有的不可移动与可移动资产，姓“公”，还是姓“私”？故宫的后半部分，是归皇室所有，还是所用？故宫的前半部分，是归民国政府所有，还是所用？辛亥革命后，民国政府给予的清室优待条件中，明确规定“清室私产归清室”，一切公产归民国政府，但何为公产？何为私产？逊帝“暂居宫禁，日后移居颐和园”，宫禁是公产，还是私产？颐和园是公产，还是私产？民国政府拨给逊帝“岁用四百万两”，仅是生活零用费，还是包含了居住费？对此，各层人等各有心态，各持不同意见。

设于故宫前半部分，归民国政府内务部管辖的古物陈列所，从热河行宫和奉天故宫运回文物，民国政府作价给逊帝打了“白条”；古物陈列所展出文物，还得说明是清室出借的；张勋复辟时，古物陈列所的所长被列入溥仪集团的名单中。

其次是国家政体、社会存在意义上的半君主半民主。

在这个时段，与故宫仅仅一墙之隔的地方，则完全是另外一个轰轰烈烈的崭新世界。位于故宫东北角外的北京大学，在辛亥革命之后，很快成为五四运动的发源地。新文化、新思想、新道德风起云涌，新人物层出不穷，各类社会团体活动频繁，作为信息传播媒介和宣传工具的报纸杂志，不断推陈出新。新气象与旧宫殿，新青年与遗老遗少，新文化、新道德、新思想与旧文化、旧道德、旧思想，民主科学与君主愚昧，新世界与旧世界，也就一条护城河的距离。

被宽宽的护城河与高高的城墙维护着的故宫，俨然一块民国首都中心的君主“飞地”。故宫内里的光怪驳杂，宫墙外君主立宪、虚君共和、民主共和等政体的碰撞、选择、较量及实际运行，社会各派系势力的你争我夺，新旧文化思想道德的论战，形成种种奇特的关系。外面的世界新象、乱象纷呈，里面的世界绝望无奈。旧人物眼中的故宫，已是失守的城池；新人物眼中的故宫，不过是失去灵魂的“木乃伊”。与辛亥革命的指向一致，对立的双方都是从皇宫的政治生命上判定它的实际作用和象征价值，就连在文化思想领域的论战中，也很少把故宫视作某种文化形态而进行论证。帝制一旦终结，故宫便不再引人关注，除了袁世凯称帝和张勋复辟的短暂时刻。

再次是意识形态、文化形态上的半君主半民主。

已退位的末代皇帝溥仪是最好的例子。溥仪一方面继续其盲目的，也是无忧无虑的，甚至无人搅扰的皇宫生活；另一方面也在时时刻刻经受着新思想、新文化的冲击。1919 年，爆发五四运动那一年，溥仪 14 岁，请来了一位名叫庄士敦的英国人当自己的英语老师。这个现象很有意思。英国是老牌的资本主义国家。17 世纪西方资本主义迅速发展，英国成为当时欧洲最先进的国家。18 世纪西方工业革命的引领者也是英国。无论是火烧圆明园，还是八国联军侵入紫禁城，英国都参与其中。中国和西方的关系，竟以这种奇异的方式，投射于少年“逊帝”身上。庄士敦在教溥仪英语的同时，自然也在有意无意地用西方的文化思想，影响他这位下了台的中国皇帝学生。曾被叫作“奇技淫巧”的新奇玩意儿，比以往更多地进了昔日的皇宫。身居故宫深处的溥仪，绝对是那时的时尚少年：念英语，看电影，听留声机，养百余条洋狗，玩玩具，吃西餐，戴墨镜，骑自行车，挎照相机，打网球，弹钢琴，读新报新刊，打电话。英国“三枪牌”的自行车，就买了好几辆。如今在故宫北半部仍可见多处被锯掉的门槛，就是那时为溥仪骑自行车在宫里转悠而改造的无障碍通道。

庄士敦想西化溥仪，也想西化中国，但他没有那么大的野心，也没有那么大的能力，最后的结果，却是自己反被中化了。他对溥仪完全是臣子对皇帝的态度——磕头，请安，俯首称臣，遵循宫里的一切规矩。庄士敦离开溥仪以后，不论在中国，还是在英国，只要有机会，就会想办法去拜谒溥仪。晚年回到英国以后，他已经无法融入西方文化了。他一辈子没结婚成家，一心惦记着溥仪，溥仪是他的“皇帝”。他无法摆脱回到英国后的孤独，就去英格兰高地买了一座小岛，在小岛上盖了一座房子。他给小岛取名国王之岛，给房子取名帝室，在房子门口挂了一面旗子，旗子上写着“满洲国”三个字，因为那时的溥仪正做着伪满洲国的伪皇帝。

在英国人庄士敦被异化为一个黑色幽默符号的同时，溥仪同样被影响着。虽然庄士敦对溥仪的影响，不及溥仪对庄士敦的影响大，但这位被关在故宫里的“小孩子”，基本上过着洋气十足的生活。不过，同样作为黑色幽默符号的溥仪，具有鲜明的二重性——他那些“洋化”的“新作派”行为方式，大多属于好奇与猎奇的“小孩子”型，而起主导作用的，还是他骨子里的“皇帝”型。他并没有像他同化庄士敦那样，被庄士敦的西方文化所同化。溥仪虽然不是皇帝了，但是他仍然被周围那帮人当作皇帝伺候着、“拥戴”着，包括英国人庄士敦。隆裕太后代表他颁布“退位诏书”时，他才6岁，对此根本没什么印象。他觉得自己还是皇帝，紫禁城还是他的家，他还有权支配那些东西和那些人。

虽然自我感觉良好，但到底心虚。溥仪随意赠送宫里的珍贵物品，总不是十分地理直气壮，往宫外转移也多半有些偷偷摸摸的样子。即便如此，溥仪还是把宫里好多珍稀物品赠送给中华民国政府的各级官员，具体多少无可计数；通过弟弟溥杰转移到宫外的珍品，也无可计数，光是历代书画就有千余件。上行下效，他身边的那些人，也在变着法儿往外拿。有人提醒说，得管一管。溥仪说，那好吧，明天就查。当天晚上，集中存放古物的建福宫就被大火烧毁了，事后光从灰烬里就捡出数十斤被烧成一片片、一团团的黄金。珍奇古物、历代书画到底被烧毁多少，谁也无从知道。也许溥仪并不怎么心痛，他可能也知道这么多东西迟早不是他的，保不住，烧了也罢。他把废墟草草整理了一下，就做了他的网球场和自行车车技训练场。

只有在过渡时期具有双重性的故宫里，才有可能不断上演此类历史黑色幽默剧。1922年，故宫装了电话，溥仪试着玩儿，不知怎么打到了胡适那里。胡适虽已是新文化运动的大名人了，但还是有些异样的兴奋，毕竟是“皇帝”亲自打过来的。胡适接着被请进宫里，溥仪当面“垂询”。胡适惊讶于深宫里的溥仪，居然也看新报新刊，也读新诗，溥仪居然还很具体地问到康白情、俞平伯的新诗，并说他赞成白话，也试着写新诗。

这肯定使极力倡导白话文，出版了中国第一部新诗集《尝试集》的胡适大为感动。他们还谈到了皇产的问题以及出洋留学的事。胡适给溥仪出了些关于皇产清理、独立生活的主意。在清室财产是“公”是“私”的问题上，胡适持清室财产私有论，主张有偿收归国有。也许是胡适的主张深得溥仪欢心，1924 年溥仪再度召见胡适。溥仪被逐出故宫后不久，胡适还到溥仪住处拜访，说了些鼓励溥仪实行出国访问计划的话。胡适很想以他的方式，影响这位处境“寂寞”“可怜”的“年轻人”，但无济于事。

也是在1924 年，溥仪还在御花园里设宴招待了访问中国的印度大诗人泰戈尔，及陪同泰戈尔的徐志摩、林徽因。白胡子诗人和摩登文化男女，与摩登皇帝，坐在御花园里喝咖啡、喝英式下午茶——到底是英国式的做派，和胡适的美国式的实用主义大不一样，溥仪与泰戈尔、徐志摩、林徽因之间的相互观光式的、符号化的黑色幽默，更加纯粹到位。

正如溥仪不可能被庄士敦“西化”一样，他也不可能因阅读新文化运动中的新报新刊，因与胡适、徐志摩这样的新派人物来往而被“新化”。但这种即便是“旧”“新”之间的符号式的“相互关照”，也还是会产生一些深层的心理影响。

三

不管有何种文化在何种程度上渗透与影响，说到底，紫禁城作为皇宫时，其核心是帝制、君主符号；成为故宫之后，则演变为半君主半民主、君主与民主纠结的符号；只有在成为故宫博物院之后，才转化完整意义上的民主符号。

接下来说第三种文化形态。

按时间段划分，从1925年故宫成为故宫博物院至今，以紫禁城为符号的文化形态，已经完全转化为文化民主和建设民主文化的文化形态。

在1924年冯玉祥出面把溥仪“请”出故宫前后，社会各界，包括政界、文化界，都在追问：故宫到底是什么？故宫到底是谁的？故宫到底怎么办？如果说紫禁城是皇帝的，辛亥革命后的故宫就不是皇帝的，而是全民所有的；但怎样才能落到实处呢？唯一的办法，是把过去的皇帝“请”出去，并把它立即改变为全民共有共享的公共文化机构——博物馆。

从辛亥革命到故宫博物院成立的十几年间，社会形态与文化形态已经发生了翻天覆地的变化。虽然民主共和的国家体制半生半熟，社会结构与运行远非真正的民主，起决定作用的是军阀的“武化”，而非民主的“文化”，但辛亥革命已使民主共和的观念深入人心。即使新的政体再不成熟，总统、总理、部门长官再怎么如走马灯似的上来下去，管理效率、管理水平再怎么低下，社会局势再怎么混乱，也不可能倒退至帝制时代去了——袁世凯称帝不行，张勋辫子军复辟更不行。在文化领域，从清末开始的规模不小的派遣留学生出国学习、派官员出国考察，使得世界文化、现代文化迅速地大量传入中国。辛亥革命以后，民主文化形态更见张扬，到新文化运动时期，高高举起了民主、科学两大旗帜，更是大张旗鼓地推进了文化民主运动。由于那时作为“新媒体”的报刊强势传播，学者、学生、文化人拥有占压倒性优势的话语权，助推文化运动、文化民主的社会影响力远远超过了政治民主、社会民主。正是在这样的政体与文化背景下，驱逐溥仪出宫、建立故宫博物院才得以顺利进行。

故宫博物院的建立与建设，与在此之前已经成立十多年的古物陈列所完全不同。由社会各界名流组建清室善后委员会，构建故宫博物院董事会、理事会及具体职能部门的管理体系，依靠以北京大学学者为主的学术名流参与博物院初期的建设，及时清点文物并向社会公布，不断推出各种专题文物展览，陆续创办数种刊物公开发行，吸纳社会赞助修缮危损建筑，如此种种，足以表明那时的人们，的确在以全新的理念与体制机制，去创建和管理故宫博物院；也在以与新的国家体制机制相应的理念与方法，实施着对公共文化机构之管理、对文化民主之管理。

1925年10月10日，“故宫博物院”五个大字高悬神武门。神武门大门洞开，数万市民争相涌入昔日可望而不可即的皇宫禁地。虽然未能与君主帝制转型为民主共和的国家革命同步，但禁戒森严的皇家禁地终究变成民众可以自由出入的公共文化空间了，参观故宫博物院立刻成为北京百姓的盛大节日。故宫博物院的建立与开放，是以文化民主的形式，实现了对君主的紫禁城、对半君主半民主的故宫的彻底转换。只有在这个意义上，才可以认为故宫博物院的建立，是辛亥革命在文化领域里收获的民主果实。

为什么选择中华民国的建国日，作为故宫博物院的建院日？一度代理国务总理摄行大总统职权的黄郛讲话：“今日开院为双十节，此后是为国庆与博物馆之两层纪念，如有破坏博物院者，即为破坏民国之佳节，吾人宜共保卫之。”此前一年作为北京警备总司令“请”溥仪出宫的鹿钟麟讲话：“大家听过逼宫这出戏，人也指我去年所做之事为逼宫，但彼之逼宫为升官发财，或做皇帝而为，我乃为民国而逼宫，为公而逼宫。”报纸报道开院日观众参观状：“拥挤至不能转侧”“万头攒动，游客不由自主矣！且各现满意之色，盖三千年帝国宫禁一旦解放，安得不惊喜过望，转生无穷之感耶？”据统计，10、11两日，观者5万余人。

从故宫博物院成立暨对外开放仪式上的讲话和公众的情绪中可以看出，不论是民国总理还是普通民众，均把故宫博物院的建立，与民国的建立、民权的收回视为一回事；把反对故宫博物院，与反对民国、放弃民权视为一回事。此种高度一致的政治层面的认同说明，表现为文化民主的故宫博物院的建院，之所以如此盛况空前，实乃全社会政治聚焦的结果，而非文化聚焦的结果；是民主政治之盛况，而非真正的民主文化之盛况。皇宫转型为博物馆最重要的目标与意义，是把帝制结束之后社会与民众普遍关心的，以皇宫为核心的皇室资产到底应该属于“谁”这一问题的解决，落到了实处，并最终画上了一个圆满的句号，给了社会与公众一个公开且明确的解答。

由此可见，大多数人看待故宫博物院的视角，依然延续着看待辛亥革命前的皇宫紫禁城，以及辛亥革命后至故宫博物院成立期间的故宫的视角——故宫博物院依然是国家与权力所有的象征符号。后来围绕故宫博物院发生的重大事件，此种视角仍在延续。如建院数年之后，因抵抗日本侵略而开启的故宫文物大迁徙。当时的政界、军界、社会各界及故宫博物院同人，不约而同地把故宫文物南迁，并把南迁过程中的文物进行展览，特别是远涉重洋参加国际展览。这是将其与国家形象、中华民族历史，紧紧地联系在一起，把保护文物与保家卫国紧紧地联系在一起。保护文物即保卫国家，在国际上展示中国文物，即向全世界展现中国抗日的意志与抗日的形象，即在全世界反法西斯阵营中争取自己的地位。在一般情况下，博物馆的藏品与国家、民族之间相互指代的关系往往更为深远复杂，但在国难当头、民族矛盾聚为焦点时，全民齐心协力保护国家文物安全转移，不畏险阻远涉重洋向全世界展示，这些行动就直接且简明地成为文化抗战、全民抗战的重要组成部分。后来，部分文物迁往台湾，再后来，台北故宫博物院建成，从当局给予台北故宫博物院的地位及导向看，更能看到在政治主导层面，是把期望故宫博物院发挥民族文化象征作用摆在第一位的。

作为国家形象与权力归属的象征符号，不论是皇宫、故宫，还是故宫博物院，特别是在社会大变革时期，在民族危亡之际，在国际交往中，其作为象征符号的意义与作用，便立刻处于首要地位，并且，其符号形象可以起到的作用，的确是无可替代的。此种政治层面的象征符号意义仍将继续存在；但对于作为公共文化机构、承担建设民主文化使命的博物馆来说，博物馆民主文化价值的实现，在较长时期内，却由于政治主导的强势，未能得到足够的重视。

政治层面的符号作用固然可以继续发挥，而被遮蔽已久的文化层面的文化形象与文化内涵的转型，则不可以继续被忽视下去。从永恒的博物馆文化使命着眼，从故宫文化的价值构成和博物馆文化的价值构成出发，故宫文化在完成了“谁的紫禁城”之文化民主转型之后，故宫博物院面临的重大文化任务，是如何实现故宫文化向民主文化的本质性转型，以及如何推进故宫文化为真正的民主文化建设做出历史贡献。这是作为现代文化形态、文化民主形态，以及建设民主文化形态的博物馆文化，也就是故宫博物院文化形态，应当承担的文化使命。

四

以上是对皇宫文化形态、故宫文化形态、故宫博物院文化形态的扼要梳理。接下来分析三种文化形态的复杂关系。主要的问题在这里，困境在这里，难点也在这里。

正如辛亥革命的共和取代帝制，并不等于民主革命的彻底胜利一样，皇宫成为博物馆，并不意味着民主文化的真正实现，也不意味着皇宫、故宫转型为故宫博物院，就解决了君主文化向民主文化的转型。对于皇宫或者长达数千年的帝制遗产来说，所有权的改变、政治形态的改变，与文化形态的改变并不同步。由于长达数千年的皇权帝制文化在时间与空间上不断积淀渗透，具体到如今依然保存完整，并且一定会继续得到保护的昔日皇宫紫禁城，表面形态的巨大张力与深层的汹涌潜流，不会因政体、功能之变而立刻消失与改变。

对于故宫博物院来说，面对上述三种性质和使命完全不同甚至根本对立的文化形态，超越时空地并存于同一空间这一错综复杂的状态，怎么办?

明摆着的事实是，作为现代文化形态、文化民主形态、民主文化形态的博物馆，故宫博物院所拥有的主要文化资源，是君主文化、皇权文化。如此对立的文化形态如何统一？是由君主文化来统一，还是由民主文化来统一？当然是后者。所以，作为故宫博物院的博物馆文化，一定要完成三大任务：一是保护、保存好作为标本的君主文化形态；二是让今天的人们和今后的人们通过这个标本，看清楚什么是曾经统治了中国数千年的君主文化、皇权文化，认清楚这种文化的本质是什么；三是启发和引导今天的人们，如何看待、如何评价君主文化、皇权文化，如何做好文化的转化工作，如何让过去时代的君主文化、皇权文化，为今天的民主文化建设发挥积极的作用。

故宫文化的民主化转型的核心问题，在于对故宫文化的价值判断。这种价值判断包含两个层面：一是如何从整体上定位故宫文化的价值体系；二是对故宫文化体系随时代发展而产生的“当下性”价值进行评判。

历史上已经有过几次大的论争触及问题的实质。

一次是1928年，国民党政府委员经亨颐提出“废除故宫博物院，分别拍卖或移置故宫一切物品”的议案，主要理由为皇宫是“天字第一号逆产”，只有哪个将来要做皇帝的才有用处，所以必须彻底废除。

再一次是20世纪60年代，有人曾提出改造紫禁城的方案，说紫禁城地广人稀，宽河高墙不方便广大人民群众自由往来，所以要把紫禁城改建成一座北京中央大厦，在太和门前的位置，修一条贯通北京的东西大路，把太和门左右两边的文华殿、武英殿，改造为大众娱乐场所。

还有一次是“文化大革命”期间提出的紫禁城整改方案，要在太和殿前竖立两座大标语牌，高度超过太和殿的屋脊；把太和殿里的宝座用封条封上，翻倒在地，宝座前竖立农民塑像，手持铁锹对准倒翻的皇帝宝座；中和殿改成人民休息室。

这类对待人类文化遗产的非理性的极端化主张，荒唐滑稽至极，当然是不可能被认可的，但不能不引起我们的理性思考。之所以说这类荒唐的主张触及问题的实质，是因为其中贯穿着一条再鲜明不过的价值评判基准线，即极其简单化地认定皇宫及其相关的一切，统统是腐朽罪恶的，是必须铲除干净的帝王文化、君主文化。虽然表达方式不同，但此类主张的价值判断不仅没有摆脱政治符号价值观，仍然秉持着所有者决定论和阶级地位决定论，而且钻进了以政治判决代替文化评价的怪圈，既不区分政治与文化的不同属性，也不分辨君主文化与民主文化、传统文化中精华与糟粕、文化载体与文化形态、实体文化与观念文化之复杂关系。1928年反对经亨颐提案最有力者，是当时的大学院古物保管委员会主席张继，他所据之理，集中于故宫的学术价值、历史价值，虽然很有力量，但也没有从文化形态、文化观念、文化价值层面分辨是非，论争各方均未吸收现代文化观念，更未触及君主文化与民主文化关系之核心。不能超越狭隘的政治价值评价层面，进入包容的文化价值评判层面，对待故宫文化的简单化价值评判就难以避免。

帝制、君主专制向民主共和的过渡，革命与改良、君主立宪与民主共和博弈中的妥协、折中与平衡，过程中的旧中之新与新中之旧，也是帝制亡灵两次借故宫与逊帝之“尸”还“魂”的重要原因。

驱逐逊帝出宫与故宫博物院成立，使帝制政治符号终成泡影，借帝制之“尸”还帝制之“魂”的政体复辟之梦彻底终结。作为帝制遗产的故宫，其政治、政体、权力核心的形象迅速弱化、边缘化；作为公共文化机构的故宫博物院，其文化形象逐渐强化、中心化。实在实体的，同时也是寓意性、象征性的帝制政治符号，让位于同样实在实体的，同时也是寓意性、象征性的公共文化符号。正是因为双重寓意性与象征性在同一空间中的存在，所以，只要固化帝制的那个作为帝制遗产的实体依然在，尤其是在未能处理好帝制遗产的政治、政体转型的博物馆式展示的情况下，即使早已成为标本的帝制躯体，仍有可能成为意识形态领域里帝王之魂的精神诱导。

清末就有建立皇家博物馆的动议，到逊帝小朝廷期间，亦有过这样的动议。与清末图谋政体改良的体制性自我救赎一致，此种打算，至多属于现代世界视野下的自我文化救赎，或者仅仅是一种被迫的自我保护，因其核心问题在于仅限定在收藏品，且不改变所有权。

清末变法改良失败，末代皇帝的退位诏书里有一些无奈中顾全大局的说辞，但也起到了一点点自我保护的作用。结果是帝制终结之后，逊帝仍留后宫，与前朝的古物陈列所并列。与古物陈列室的半明半暗一样，故宫成为政治与文化的两面性地标：对于现代社会、现代文化而言，是一种强烈刺眼的反衬；对于旧体制、旧社会、旧文化而言，是苟延残喘之际的破烂旗帜、救命稻草。其存在之度，在于可容忍与不可容忍之间。

到逊帝出宫，故宫博物院建立，才与政体的变革相一致，较为全面彻底地解决了皇宫、皇家收藏、皇宫物品所有权的问题，即由皇帝所有、皇室所有转型为国家所有、公众所有，从而从物化形态层面，实现了君主文化向文化民主的转型。

这一转型是沉重而缓慢的。1912年，辛亥革命爆发后，帝制结束。1914年，故宫前朝部分的武英殿作为古物陈列所，英文名为“The National Museum”（国家博物馆）。1917年，民国政府决议在故宫午门设京师图书馆，端门设历史博物馆，后因经费问题，京师图书馆停止迁移，国立历史博物馆筹备处迁至端门至午门一带。1919年，五四运动开始。1924年，逊帝被驱逐出宫。1925年10月10日，故宫后半部分作为故宫博物院正式向公众开放。1926年10月10日，午门城楼被用作国立历史博物馆，正式向公众开放。至此，帝制遗产最核心的实体，实现了全面的文化转型。这一转型长达14年之久，与蔡元培主导的教育现代化转型（比如编写小学生教科书），以及社会性的新文化运动相比，无论是速度还是内容，均明显滞后。这种滞后性主要表现在对待帝制遗产、皇权文化的态度上，而这与帝制遗产本身的沉重性不无关系。

帝制遗产文化转型的核心层面，是物质文化、文化机构所有权及其意义，集中体现在公共文化机构建设与管理模式的创造方面。帝制遗产文化转型的泛文化层面，是国家、民族的文化记忆、文化认同、文化象征。

故宫博物院在中国抗日战争、世界反法西斯战争中发挥了特殊作用，即文化抗战的旗帜性作用，如影响重大的故宫文物大迁徙，以及迁徙中的文物赴英、美（有动议未实现）、苏三国参展。由此还造成两岸两个故宫博物院的格局。一直到20世纪后半期，台北故宫博物院文物大规模赴美巡展，20世纪80年代以来，故宫博物院的大批文物持续不断地在世界各地展出。所有这一切，都产生了始料未及的效果：中华文化的世界性传播，凝结两岸的精神脐带与两岸交流的文化纽带。

故宫博物院建院一百年，这段不算长也不算短的历史，却波澜起伏、内涵丰富、举世瞩目。故宫博物院的建立前提、建立、初期发展、后续发展，与中国末代皇朝，与辛亥革命，与中华民国（北洋政府、国民党政府），与中华人民共和国，与海峡两岸，与各界要人，与普通百姓，关系密切而直接。也就是说，故宫的历史、故宫博物院的历史，与中国帝制的历史、中华民国的历史、中华人民共和国的历史，与政界、文化界、学界的关系，一以贯之地纠结交织在一起。因此，研究故宫博物院的历史，对于研究中国几千年帝制遗产的政体转型、文化转型、学术研究转型，具有标本性意义。

作为现代文化形态的博物馆，故宫博物院在面对丰富复杂的故宫文化、传统文化时，既不能因其源于帝制时代而采取简单粗暴的排斥态度，更不能自觉不自觉地全然站在故宫文化、传统文化的立场上，或有意无意地从故宫文化、传统文化的视角出发，向公众“客观”地展示、传播封建文化。这样做的后果，无异于是在延续帝制文化、皇权文化的影响。

帝制终结已经一百多年了，故宫博物院成立已经一百年了，以故宫博物院成立为标志，将君主主宰、独占的文化改变为人民主导、共享的文化，将皇家私藏改变为公众所有，如前所述，这只是改变了作为“物”的所有权问题，解决的仅仅是容易解决的表层问题；在更深的层次上，还应考虑，如故宫成为故宫博物院，在文化的民主化革命方面到底意味着什么？故宫博物院在建设民主文化方面到底应该承担什么样的历史使命？故宫博物院作为现代公共文化机构的价值实现，到底应该引发怎样的讨论？到底应该沿着什么样的方向、路径前行？如何以现代理性与观念，即以民主文化的价值观，对待保存至今的故宫文化？传统文化、故宫文化如何在现代文化转型、文化创新、民主文化建设中发挥应有的作用？如何在人民创造自己的新生活中发挥应有的作用？

对由辛亥革命引发的，以紫禁城为“核心”、为“符号”的皇宫、故宫及故宫博物院之间复杂关系中包含的许许多多重大的文化问题，仍然需要予以高度重视，仍然有很大的探讨空间。在君主文化向民主文化、传统文化向现代文化的转型历程中，如何真正做到去其糟粕、取其精华，对博物馆人来说永远是一个严肃而沉重的挑战。故宫文化、传统文化的现代转型、民主化转型，任重道远。

紫禁城建成六百周年纪念序

作为“图像”的紫禁城

紫禁城北面的景山，虽说是营建紫禁城的时候，由人工专门为皇宫堆造出来的一座“靠山”，既不高，也不大，却是观看紫禁城的最佳位置。

现在的人们从景山最高处的万春亭望下去，大概谁都会惊异于自己的突然发现：紫禁城原来是这么一幅大画卷啊！凝视着铺展在眼底的鲜亮夺目的紫禁城大“图像”，相信任何人的心中都会涌动特别的感受。

皇帝的宫殿是皇帝为自己建造的，是为他的子子孙孙们建造的。

皇帝们建造自己的宫殿，并不是为了好看。但建造出来的宫殿确实好看。过去好看，现在好看，以后也好看。为什么？

朱棣皇帝按照他的意志建造的紫禁城，一如任何朝代、任何地方的皇宫一样，一定是当时当地最好、最辉煌的建筑。并且，由于紫禁城是中国皇帝建造的最后的宫殿，至少有十几个世纪之久的可继承的传统和可效仿的样板，因此，紫禁城得以建造得既无比宏伟、无比壮丽，又无比规范、无比标准。

紫禁城，这座中国最后的皇宫，是中国传统文化中皇权文化在建筑形态上的集中呈现，是中国帝制文化、皇权文化的立体化、符号化、“图像”化，也是中国帝制文化与中国古代建筑文化的高度统一，甚至是完美统一。

当紫禁城作为帝制统治核心——皇宫的功能终结之后，当紫禁城转型为博物馆公共文化空间——故宫之后，当紫禁城只成为公众自由“观看”的对象——故宫博物院之时，紫禁城便只留下了“图像”的意义。

把已经成为公众视野中的“图像”的紫禁城，作为“图像”观看解读时，紫禁城便具有了中国传统文化、传统文化中的皇权文化以及中国古代建筑文化的标本特性，从而为所有观看与解读者提供种种欣赏角度和解读方式。

如所有的帝王一样，建造紫禁城的明朝永乐皇帝朱棣，希望朱家的帝业承传万世；但他绝对想象不到，几百年之后，他的宫殿却作为世界文化遗产，作为世界上最著名的博物馆之一，作为世界上保存最为完整、规模最大的木结构宫殿建筑群，成为全世界参观人数最多的博物馆及旅游目的地之一。

当每年千万以上的参观者涌入昔日的皇家禁地，并能够随意地观看这座“博物馆”的时候，有多少人是在现代理念观照下理性地解读他们观看着的古老的紫禁城？有多少人是在现代理念观照下感性地领悟他们观看着的古老的紫禁城？又有多少人在思索、探寻理性解读与感性领悟之间的碰撞与纠结？

一个基本的事实是，紫禁城作为帝制统治核心功能的终结，是民主革命的结果；皇帝的旧宫殿转型为人民的博物馆，是民国时代的文化革新与新文化建设的结果。在紫禁城这样一个空间不曾改动的“图像”中，随着时间的流动，演绎和见证着皇朝与民国、君主与民主、集权与分权的对峙与交替。

正是基于这样一个基本的事实，我所指的理性解读，是以民主和科学的价值观，还原、认识、评价紫禁城的历史，即透过紫禁城的显性“图像”，身临其境地直观认识紫禁城与帝制时代的组织制度、礼仪规范，与皇帝的执政行政、皇家的宫廷生活，以及与历史发展、国家命运、民众生存的关系。

我所指的感性领悟，是在感受紫禁城带来的强烈视觉冲击与心灵震撼时，仔细体味紫禁城建筑的美学之道。

我所指的思索、探寻理性解读与感性领悟之间的关系，是进一步追问政治文化与建筑文化之间，以及中国传统文化与中国古代建筑艺术之间到底是什么样的关系。

紫禁城其实是一个“主题先行”的建筑艺术结晶，即中国帝王意志、统治思想、传统文化的建筑艺术结晶。

紫禁城不是在建筑美学的指引下完成的，而是在帝制、宗法、礼教理念的指引下完成的。或者说古老文化、政治体制、社会结构、礼制理念左右了建筑审美取向。这正是中国古代宫廷建筑审美的独特性、根本性所在。

宏大的建筑源于深厚的文化。找到了这个文化之本、文化之根，也就找到了面对紫禁城宏大建筑群之时，我们总是被建筑政治理念与建筑艺术审美二者之间竟能如此完美地统一而一再震惊的根本原因。

对紫禁城的理性解读与感性领悟的最大特征，是以实体建筑为对象、为中介，以可视的、可走进去的“图像”为对象、为中介。与平面图像（印刷品）、影视图像不同，作为“建筑”的

“图像”，是可以走进去的立体多维“图像”。走进紫禁城，即走进紫禁城“图像”之中。在“图像”中行走，在行走中解读，在行走中领悟。

规模无比宏大的迷宫般的紫禁城，所形成的多维的连绵铺排的紫禁城“图像”，及其包含的既十分明确，又非常复杂丰富的信息，足以使活动在“图像”中的任何人，成为“图像”中一个移动的“图像分子”，成为被图像化了的一个“图像”、被符号化了的一个“符号”，包括帝制时代主宰紫禁城的皇帝本人。如皇帝的登极、早朝、经筵，以及皇帝的坐姿站态、行走路线，统统是被紫禁城空间严格限定了的。对臣子与奴仆的限定就更不必说了。可以说，紫禁城“图像”，是使皇帝成为皇帝、奴才成为奴才、臣民成为臣民的坚固牢笼。

虽然皇宫的功能早已消逝，现在的人们可以大摇大摆地以主人公的姿态，以主体的审视者身份，行走在紫禁城“图像”中，但仍然需要警惕紫禁城“图像”的隐性绑架——被强大的紫禁城“图像”图像化为紫禁城图像中一个移动的“新图像”。

因为时世虽大变，但那个曾经弥漫着帝制文化、皇权文化的实体，没有任何改变，那个曾经散发着固化帝制、强化皇权的强大而奇异“气场”的真实空间，仍然原样存在。况且，那种长时期固化的力量太强大了，行走在这样的“气场”中，此时此刻“这一个”的视觉与感觉，很可能在不知不觉间被感化、被置换为彼时彼刻“那一个”的视觉与感觉，亦即成为被“图像”图像化了的“图像”，被“符号”符号化了的“符号”。于是，“这一个”移动的“图像”或“符号”，会随时随地、不由自主地认同帝制文化、皇权文化，或它们的某一方面。于是，现在的“这一个”，便成了原来的紫禁城——皇帝的紫禁城的附属与俘虏，亦即皇帝的附属与俘虏。这样的事实其实屡见不鲜。这是我反复强调的，行走在紫禁城“图像”中者，必须自觉坚守现代理念与理性的理由。

一方面，存在紫禁城“图像”对“我”的绑架与俘虏，即对“我”的负面影响与改造的危险；另一方面，在对紫禁城“图像”的解读与感悟中，“我”对紫禁城图像的选择、置换与再造的空间无限宽广。

这一切基于紫禁城建成之后，特别是紫禁城成为现在的人们视野中的“图像”之后所产生的多义性。

紫禁城既是一个实体，也是一个象征体，更是一个成为“图像”之后，能够激发无限想象的空间。

紫禁城的建造理念，几百年来的实际使用，尤其是近百年的功能转换，使得这一形态未改的建筑实体，在“图像”意义上一直处于“生长”状态。

由建造理念决定，建造之时就赋予建筑本体明显的、隐含的、象征的多重意义，在后来的使用与功能转换中，更“生发”出真实的、虚拟的、视觉的、心理的、潜在的多重“图像”，也就是说，紫禁城“图像”是一个动态的“成长”过程。这个过程随时间而继续。

紫禁城建造者的初衷，紫禁城“需要”“想要”的理解，与后人、今人的理解，与可能的解读，永远不可能对等。所以，理解的过程，解读的过程，即创造的过程。“生产”出来的“图像”，可以通过“我”的解读，不断地“再生产”。

参观紫禁城，把紫禁城作为“图像”，首先是视觉行为。紫禁城是看的，不是读的。但看也是读，要使走马观花、浮光掠影地看，深化为认真地解读。读属于帝王的紫禁城之图，读属于自己的眼睛与心灵的紫禁城之图。

当以自己的眼睛与心灵，将紫禁城作为完整或分解的“图像”来读的时候，事实上，参观者已进入重构的创造状态，对象已不再是建筑客体，而成为参观者的主体创造了。这样，参观者就可以进入读懂原本属于建造者的帝王之图和读懂属于自己的眼睛与心灵之图的境界了。

紫禁城虽然是皇帝为皇帝建造的，可是，中国的帝制一去不复返了，紫禁城的实际建造目的与使用功能一去不复返了。谁也不会再做再建一座紫禁城的白日梦了。紫禁城的原创意图就此终结。

紫禁城虽然不是在建筑美学指导下设计建构的，但出于文化的原因，作为“主产品”的意义、作用随风而逝，作为“副产品”如紫禁城“图像”的美学价值、美学意义等，反倒可能成为永恒。

紫禁城是中国传统文化、中国皇权宗法礼教、中国古老哲学诗学的形体化、格式化、标准化、图像化，因而作为东方古代建筑的集大成之作，从审美价值看，紫禁城建筑留给人们的，是无与伦比的东方建筑之美。

紫禁城建筑之美，体现在紫禁城的选址、规划、布局、结构、造型、着色中，体现在紫禁城的高低错落、疏密协调、宽窄相间、空间节奏、光影变幻中，体现在紫禁城整体的统一、完备、端庄和变化差异的对应、和谐、均衡、灵动中——紫禁城整体的浪漫想象与细节的灵感闪烁，镶嵌在高远、博大、深厚、精致的文化背景上。

这座世界上现存规模最大、保存最完整的古代皇宫建筑群，它的建筑已经凝结为经典“图像”。紫禁城建筑的经典性，体现在经得起历史的筛选、淘汰，经得起历史的挑剔，经得起现在与未来的想象——不论是它的整体，还是它的局部，甚至是那些最细枝末节之处、最不为人们注意的角角落落。

既凝固又变幻的紫禁城“图像”，属于它的创造者，属于600多年以来所有见到和想到它的人们，更属于今天和今后见到和想到它的每个人的眼睛和心灵。

不只从事城市规划、建筑设计的人们，也不只从事造型艺术、工艺美术的人们，所有从事艺术创造、艺术设计的人，都能够随时随地地从紫禁城建筑中汲取艺术创造的灵感。

任何一个人，只要有属于自己的眼睛和心灵，都能从紫禁城“图像”中直接直观地受到中国传统文化多方面的熏陶，以及东方建筑美学的强烈感染与无限启迪。

近500年的皇宫，100年的博物院，
600多年的紫禁城，继往开来……

视觉转换

由皇宫转变为博物馆，是社会革命的结果。由传统皇权帝制文化形态转型为现代博物馆文化形态，是传统文化形态向现代文化形态转型的结果。在紫禁城这样一个不曾改动的空间中，随着时间的流动，演绎和累积着皇朝与民国、君主与民主、集权与公权的对峙与交替。现在的故宫博物院，不是向人们炫耀和展示皇权文化、宣扬“明君”“圣上”的“圣地”，不是对“天子的宫殿”“天子之宝”的精神跪拜之地，而是引导人们理性认识帝制文化、皇权文化的“标本”。

一眼看尽600年

观看紫禁城最好的位置，是景山公园里景山最高处的万春亭，与紫禁城北门神武门仅一街之隔。

这么一处绝好的观赏点，其实是皇帝们早就安排好的。

元大都的皇宫御苑与明清皇宫御苑的范围相差并不是很大。元朝的皇帝虽然不是特别地讲究——他们觉得逐水而居很符合他们的脾性，但附近得有座山，哪怕不高不大。于是，将挖太液池（今北海）的泥土堆成一座“青山”，帝后们就可以游逛山水了。

明朝的朱棣很讲究，要高大上，既要镇压元朝的王气，还要为自家王朝建造坚实的“靠山”。于是，把摧毁的元朝宫殿的垃圾，和开挖紫禁城护城河的泥土，一并堆压在元朝御苑的小青山上。于是，这“靠山”一下子就高大起来。再命以“万岁山”之名，虽然还是供帝后们游逛，但感觉就大不一样了。崇祯皇帝在登极之前，肯定在万岁山上欣赏过他家的宫殿，直至死到临头，还要挣扎着爬上万岁山，最后朝南看一眼他的紫禁城，朝北望一望他家的皇陵，自骂一声“无面目见祖宗”，然后

1

走向那棵歪脖子树，了结了自己，也了结了一个长达277年的皇朝。

清朝的皇帝更讲究，干脆把山名改为“景山”。其中最讲究的当然是乾隆。乾隆皇帝最讲究怎样在景山上更方便、更爽快地观赏他的紫禁城。他在山前建绮望楼，在山上依山就势建观赏亭。一座不够，要五亭排列，要移步换景，要错落有致。他在山后重修寿皇殿建筑群，供奉列祖列宗。这样一来，游逛的内涵就更丰富了，欣赏起自家的宫殿来就更得意了。

这座元明清三代皇宫后面的人造之山，既是皇帝的镇山、“靠山”、万岁江山，也是他们自得、自大、自高、自恋之山，还是他们的自灭之山、自逃之山、下台之山，更是中国皇权帝

向北，是御苑内主体建筑寿皇殿；御苑北，是皇城北大门地安门（明称北安门）；再往北，是晨钟暮鼓的鼓楼、钟楼；再往北，望不见的地方，则是明代皇帝们的陵地——天寿山和“燕山雪花大如席”的燕山山脉。

1

制的终结之山。1924年11月5日，国民军北京警备总司令鹿钟麟奉民国政府令，带兵进入紫禁城，“请”溥仪清室“小朝廷”即刻出宫。面对清室的纠缠拖延，鹿钟麟望望景山向随从说：“时间虽然已到，但尚有商量余地，传我命令，先不要开炮。”溥仪等一听，立即在《修正清室优待条件》上签字，乖乖地由鹿钟麟护送，匆匆出宫。37年后的1961年，在全国政协纪念辛亥革命50周年活动中，溥仪与鹿钟麟相逢。溥仪说：“你安排在景山上的大炮真可怕。”鹿钟麟说：“哪里有炮，吓唬你的。”两人握手，相视哈哈大笑。

今天的景山，可谓最佳的反思历史之山、感悟历史之山。站在北京城中轴线制高点的景山山顶，极目东西南北，思接古往今来：明兴明灭，清兴清灭，经民国至中华人民共和国——600多年大变局历历在目。

今天的景山，可谓中国古代建筑文化和建筑艺术的最佳观赏之山、审美之山。在这里看600多年的紫禁城：丽日蓝天，云卷云舒，雨雪阴晴，朝晖夕映，气象万千。

像鸟儿那样看故宫

紫禁城落成后，像以往历朝历代的皇宫一样，照例需要一些歌功颂德的诗赋。永乐皇帝朱棣让他认为最有才华的臣子去写。文渊阁大学士杨荣、金幼孜各写了一篇《皇都大一统赋》，李时勉写了《北京赋》。除了照例歌颂“圣王”永乐皇帝，主体还是隆重描述紫禁城的。从那些华丽铺排的辞藻中，大体可以知道一些关于紫禁城的规划设计观念。

杨荣所作赋中有这样的词句：

> 既应天以顺人，爰辨方而正位……乃相乃度，载经载营……西接太行，东临碣石。巨野亘其南，居庸控其北。势拔地以峥嵘，气摩空而崱屴……包络经纬，混混无穷。贯天河而为一，与瀛海其相通……梢横青天，根连地轴……仰在天之神灵，隆万古之尊号……北通朔漠，南极闽越，西跨流沙，东涉溟渤……

这些词句看起来很玄虚、很缥缈，然而，正是这样的大思

2

路、大视野，对紫禁城的营建起着决定性的作用。

古代绝没有现代的科技水平，没有航测遥感，没有卫星定位，没有精确到厘毫的精密仪器，但古人有古人的遥感、遥看、遥测。

古代中国人，是相信天地相应、天地感应的。天上有北辰贯中天，地上有南面听天下。天有天轴，地有地轴。天上有紫微星垣，地上有紫禁城。山水融结在天，裁定在人。大靠想象力、眼力，小靠功夫、工巧。

如果说这是中国人认识天、地、人的宏大的宇宙观的话，如果以这样的宇宙观作为紫禁城的营造创意、规划指导的话，那么，紫禁城规划设计的指导核心实在是一种精神状态，是一

2 紫禁城落成时与皇城、与京城、与天地山川的关系，现在只能借助数字技术做这样的虚拟呈现，即便如此，大概亦是想象的成分居多。不过这种远距离的俯瞰视角，更便于感受紫禁城的高天大地、远山近水，领略一片金瓯浮动于“沧海”之上的大格局、大气象。（此图由北京故宫博物院与日本凸版印刷株式会社共同组建的故宫文化资产数字化应用研究所提供）

种理念、意念，是高深莫测、无比神秘、庄严神圣、至上至尊的。在永乐皇帝心中，在臣民心中，在所有参与其事的人心中，矗立在天地间的紫禁城是沟通天地的形象与标志。

至上至尊的紫禁城既不能超凡脱俗，又必须超凡脱俗；既要在人间，有人气，有臣子，有百姓，又不能混同于王公贵胄，更不能混同于普通老百姓。皇帝就是皇帝，都城就是都城，皇城就是皇城，宫城就是宫城。紫禁城是城中城的城中城，是至高无上的人间禁地。北京城所有的民宅官宅都是低矮的，只有紫禁城是高大的；北京城所有的民宅官宅都是灰色的，只有紫禁城是黄色、红色和金色的；北京城所有的街巷道路都平整方正、四通八达，只有紫禁城被宽河护着、高墙围着，不准通行，

不得靠近，连正视也不得。普通人只能想象里面的样子，里面的人站在高处则可以无遮无拦地看远山，看远地，看近水，看匍匐在脚下的大片大片的灰色房屋。

唯我独尊、谁也不可僭越的绝对皇权，在皇宫紫禁城的营建中具体化为体量、高度、形态、色调、道路的绝对霸权。

现在的北京城虽然变化很大，但因为紫禁城还在，假如你在直升机上巡视，还是会很有感触。假如你是紫禁城落成之时的一只鸟儿，飞旋在北京城的上空，不知会有怎样的感觉。

是谁设计了紫禁城

紫禁城到底是谁设计的？毫无疑问，皇帝朱棣是紫禁城的总规划师、总设计师、总指挥。他下面有一个出谋划策、奔走督办、执行操持的班子。不管是谁具体设计了紫禁城，有一点是肯定的：从大的方面来说，紫禁城不是测出来、量出来、算出来的，是想出来、看出来、说出来的。虽说紫禁城是想出来、看出来、说出来的，虽说在立项、论证、讲理念和思路的时候，可以且有必要大而无当、天马行空，但到具体规划设计的时候，必须想得、看得、说得很实际、很现实、很实用。

一定有不少人做了许许多多很实际、很具体的工作。仰观天象，俯察地理，中参人和。他们得堪天舆地。他们至少得在北京城的四面八方风餐露宿。他们不知多少次站在北京的西山上指指画画。心之所想、目之所及，他们得说出昆仑山如何与燕山山脉相连，得说出大海大水在什么地方，得说出个天高山远、地广水长、纵横四海的天下大势来，得说出北京城、紫禁城在天地山水间至尊至荣的位置来。

说出这些来并不难。他们有足够的历史参考资料，包括文

3

字资料与口述资料。因为中国的皇帝们早已在不少地方建造过不少皇宫。他们在不同的地方说过类似的话，做过类似的事。元朝人在这里建元大都的时候如此，朱元璋建南京都城、建南京宫城紫禁城时亦如此。

让皇帝相信更不难。朱棣作为皇帝的儿子，曾被朱元璋封为燕王，统领军队驻守北平。朱棣在他独自苦心经营的封地生活了那么多年，他多少次从北京北伐南征，凭着对北京的感情、对北京周边及更远些地方的山山水水的熟悉，他很容易认同北京的风水最好的说法，更容易相信、更容易认定即将拔地而起的紫禁城的风水最好的说法。几乎可以肯定，最初关于北京城、紫禁城的风水之说原本就出自他的授意。

退一步说，即便实际状况并非如此圆满，那些人也能够说成这样，而且会说得让人没法儿不信服。即便是现在的环境艺术家、城市建设规划师、建筑设计师，还有北京市的一些普通市民，在天气晴朗之时，站在北京西面、北面的山坡上，极目四望，天上地下、南北东西地想一想，也能感受甚至说出些类

3 从紫禁城西北角高处眺望前朝后寝，雪后的大院小院、大殿小宫，更为清晰地错落出海市蜃楼般的景象。

似的道理来。

所谓的天地感应、天人合一、金木水火土、天地日月人，中国传统文化中这些天与地、人与天地自然的推演移易的文化理念、哲学思想，统统可以用来为帝王的宫殿辨方正位、象天立宫，都可以用来论证君权天授、普天之下唯我独尊的权力模式与等级秩序的天然合理性。虽然所有的出发点与所有的指向都在竭尽全力地凸显皇城皇权的至高无上，渲染天子的宫殿独尊天下；虽然只有皇帝能这么想，也能这么做，但从建筑设计的角度想想，这实在是很浪漫的事情，也是很诱人、很迷人的事情。从建筑美学的角度看，这正是必定成为中国古代建筑经典的紫禁城的大环境观、大环境艺术的根源与灵魂所在。

按照帝王的意志、按照为帝王服务的意志建造的紫禁城，如任何朝代、任何地方的皇宫一样，一定是当时当地最好、最辉煌的建筑。并且，由于紫禁城是中国皇帝建造的最后的皇宫，有十几个世纪的传统可继承、经验可吸取。与以往的皇宫相比，紫禁城建造得无比恢宏、无比壮美、无比艳丽，也无比规范、无比标准。

紫禁城，这座中国最后的皇宫，是中国传统文化中皇权文化在建筑形态上的集中呈现，是中国帝制文化的立体化、符号化、图像化，也是中国帝制文化与中国古代建筑文化的高度统一，甚至是最完美的统一。由此，把已经成为公众视野中的“图像”的紫禁城，置于图像学视域中观看、欣赏、解读，紫禁城便具有了中国传统文化与中国古代建筑文化的标本特性，从而为所有观看与解读者提供种种可能的欣赏角度和解读方式。

紫禁城不只是一个时空中的存在。

没人否认紫禁城是一座伟大的建筑，也否认不了紫禁城的设计者是最伟大的设计家。可是，也没人能够明确指认谁是这位最伟大的设计家。朱棣不是，参与营建紫禁城的那些有名有姓的人也不是。紫禁城其实是一个“主题先行”的艺术结晶、一个中国传统文化的艺术结晶。确切地说，紫禁城是中国古老哲学诗学、传统礼制礼教的格式化、物象化、美学化，是集体无意识的创作。

紫禁城的选址、布局、造型、着色，紫禁城的高低错落、疏密协调、宽窄相间，紫禁城变化差异中的对应、和谐、均衡，不只是在建筑美学的指引下完成的，还是在建筑理学的指引下完成的。

悠久深厚的中国传统文化是紫禁城定位奠基的原点，是紫禁城营建的基准线，或者说古老文化、礼制理念左右了建筑审美取向——这大概正是中华民族建筑审美的独特性所在。

面对紫禁城，我只是惊异于建筑理学与建筑美学二者之间竟能如此完美地统一，只是不知这仅仅是一个特殊的个案，还是普泛的规律。但有一点我是明白了的：伟大的美在于整体而不在局部，任何时候伟大的美都是整体的美。这样的整体之美是大美。大美不言。大美有声，有形。这样伟大的美一定有深厚的整体文化、系统文化之根，如一棵迎风独立的参天大树一定有其发达繁盛的根系那样。

伟大的建筑来自伟大的规划，伟大的规划源于伟大的文化。整体的浪漫想象与细节的灵感闪烁镶嵌在高远、深厚、精致的文化背景上——皇帝想要建造的、皇帝为自己建造的至尊的紫禁城就是这样的。

城中城的城中城

航空拍摄的照片显示得特别清晰——注满了水的护城河如墨绿色的玉带，把紫禁城严严实实地圈了起来。每看见这图片，我就会想到考古发现的遥远时代，先民们聚居地周围或天然的河道或人为的壕沟。紫禁城的护城河俗称“筒子河”，“筒子河”这个称呼更能引发此种联想。

自先民据守高地或壕沟环护的时代开始，从村寨镇堡，到县城州府，再到帝王宫阙，无不高墙深沟地严防死守。一路过来，这竟成为固定的模式。尤其是对于帝王的宫阙而言，最初的防御功能似乎慢慢退缩到可有可无，模式化规则越来越发扬光大。然而，愈是模式性的装扮，愈要格外认真缜密。

紫禁城作为明清两朝的皇宫，确切一些应叫“宫城”，已是城中城的城中城。从现在还可见的德胜门、东便门，可以想象得出北京内城墙、外城墙的雄伟和严实。尽管如此，皇帝们还是要为他们的皇宫做一道又厚又高的墙——对于他们的宫殿，不做到外三层里三层的严密包裹决不罢休。

于是，南北长961米、东西宽753米、高9.9米、底宽8.62

4

米、顶宽6.66米的紫禁城城墙矗立起来了。城墙上可容四马并驰，成百上千的卫兵可以在四面围合的墙体上环绕奔走。墙体内外包砖，使用的是磨砖对缝（俗称“干摆”）的筑砌工艺，为的是使高耸陡直的墙面整齐光滑、难以攀爬。

环绕城墙，总长3 800多米、宽52米、深达6米，三合土夯底，条石砌帮，岸筑矮墙，引玉泉山水的护城河荡漾碧波。

4 从紫禁城护城河东北角看过去，皇帝的宫殿“宛在水中央”。此处距五四运动策源地北京大学红楼旧址仅百余米。五四运动如火如荼时，溥仪还在高墙深宫里称孤道寡。可能因为位于中心，交通便利，经常看到摄影发烧友聚集于此，尤其是朝晖夕映、落霞飞雪之时。

在城墙与护城河之间20米宽的地带，明朝设看守“红铺”40座，每座房三间，守卫10人，昼夜传铃巡视。清朝扩建为连檐通脊围房，改传铃巡视为传递红色木棒巡视，如接力赛一样。

四角楼和四门楼共八楼耸立于高墙之上，墙上墙下、墙里墙外宽近百米的防护带尽在守望监视之下。

这可谓密不透风了，但其实是不大管用的，也从未发挥过保住宝座的真正作用。明末，北京外城的防线一垮，李自成不就大摇大摆地直穿承天门（今天安门）、端门、午门进宫了吗？崇祯皇帝只得出后门在万岁山下的一棵老树上了结了自己和一个朝代。百余宫女无路可走，只好投身护城河。护城河护得了什么？

“边墙”与“家墙”

看见高墙环护的紫禁城，总会想到跨山越岭的万里长城；看见绵延起伏的万里长城，又会想起高墙重重层层的紫禁城。

紫禁城是明朝的皇帝建造的，明朝的皇帝们也爱修长城。

明朝的皇帝把都城、皇城、皇宫放在紧靠长城的地方，再把皇帝们的坟墓修在长城脚下。明朝的皇帝们更爱修长城了。

现在，到北京的人们，第一看故宫，第二看长城。这是北京特有的“双城记”。

中国的万里长城肯定是世界上最长的墙、最隆重的墙，也是修补年代最长久的墙。为何把这样的墙叫作“长城”不大好考证，修补动作最大的明朝称其为“边墙”，倒颇为合适。

其实，中国的土地上到处是墙。家有家墙，院有院墙，寨有寨墙，堡有堡墙，城有城墙——假如大都能够修补并保护起来的话，中国大地真成墙的世界了。

现在虽然看不全了，但我们知道，紫禁城就是被一圈又一圈的墙围护起来的。由内向外，第一圈是北京城的皇城城墙，红色的，从认真保护着的东华门与王府井之间的皇城遗址处能

5

看得出来，想象得出来。第二圈是北京城的内城墙，灰色的，从东便门城墙遗址处能看得出来。第三圈是北京城的外城墙，也是灰色的，站在复建的永定门城楼上可以想象得出来。

被一圈一圈的墙围护起来的紫禁城，又用一圈一圈的墙把皇帝的宫殿围护起来，如我们现在看到的这个样子。

在紫禁城的外边，除了站在景山最高处万春亭能够饱览铺排的辉煌宫殿的屋顶，在景山前街、南北池子大街、南北长街及午门外东西两侧——环绕紫禁城一圈，看不到一点宫殿的模样，只能看到神武门、东华门、西华门、午门，还有城墙四角上四座既豪华又玲珑的角楼；只能看到高高的灰色城墙、宽宽的护城河——护城河的岸也是墙，是用灰白色的石头砌成的墙。

从任何一座城门进入紫禁城，都看不到这个殿、那个宫的真面貌。你得穿过一道又一道开在墙上的门，走进一扇又一扇开在房子中间的门——房子连成了墙——才能看到。

紫禁城的宫殿就是这样被一圈又一圈、一层又一层的高墙团团围定的。一层层、一面面高大宽阔的墙体时时刻刻提醒着：

任何人不得攀爬，不得逾越。

还有无形的墙，比如只有皇帝可以行走的御道的两侧。虽然无形无声，但也无时无刻不在提醒着：任何人不得攀爬，不得逾越。

长城也好，边墙也罢；宫城也好，家墙也罢；有形之墙也好，无形之墙也罢，挡得住老百姓，挡不住李自成，更挡不住清朝的军队。

奢华之墙

紫禁城的墙到底有多少道？紫禁城的墙到底有多长？实在很难测算清楚。

木结构的宫殿由木柱木梁支撑，本可以四面开门亮窗，实际上除正面安置门窗外，其余三面一般都砌起厚厚的墙。房屋的后墙，往往也是分隔区域、院落的墙，如北京的一条条胡同、一座座宅院那样。

单算独立的城墙、宫墙、院墙，其长度也够惊人。最外层的灰色城墙的长度是准确的：3 428米。把紫禁城的后半部分（也叫后寝部分）围成三个区域的红色宫墙的长度也是准确的：4 835米。比此类宫墙矮，将不同区域分隔成90余处大小院落的红色宫墙，也可叫作院墙的那些部分，就不大好准确计量了，大约10 500米。

紫禁城的三类墙合起来，近20 000米。若沿宫墙疾走一回，少说也得4个小时。

作为护卫的宫墙，作为分隔区域、隔离院落的宫墙，作为有着防火功能的宫墙，回环往复、连绵近20 000米的紫禁城宫

6

6 紫禁城内西北部分隔建福宫区域与英华殿区域的高高宫墙、窄窄夹道。

紫禁城内东北部光绪皇帝之珍妃被慈禧太后溺死前幽禁处。珍妃所居房屋早成废墟。
7 “珍妃井”即在此院外。

墙，无论从哪个方面看，规格都是最高的。

首先是高度。护城河环护着的灰色城墙，高9.9米；城中的宫墙，高的有8米，矮的也有6米。朱元璋开启了有名的“高筑墙”时代，由此推测，明清皇帝的宫墙，其高度大概会超过以往皇帝们的宫墙。

其次是坚实。高9.9米的宫城城墙底宽竟达8.62米，顶宽达6.66米，足见其敦实程度。墙基由灰土层、碎砖瓦层交互夯筑；墙体内外侧为“横七竖八”15层特制城砖结构，再用江米汁加石灰拌成的“雪花浆”泼浇三次；外墙面磨砖对缝，中为夯土。这样的构造，形容为“固若金汤”也不为过。

紫禁城内的宫墙里外上下用石、砖、瓦砌成，表层涂抹灰浆，再刷上红色涂料，高耸陡直，料想能飞檐走壁的武林高手也只能望墙兴叹。

其实从护卫的角度来看，本用不着如此大兴土木，一旦兵临宫城之下，已经太晚了，“金汤”也不管用。

重重叠叠的高墙垒壁，无非使皇帝的宫殿威仪有加罢了。所有红色的宫墙上都如宫殿的屋顶、屋脊一样砌起了黄色的琉

8

璃瓦，就是这个意思。

想想看吧，一面面开阔的红墙上，一道道笔直的黄色琉璃瓦脊在太阳的照射下金光闪烁——世界上哪里还有如此高贵、如此奢华之墙？

8　维修宫墙墙面。仅红墙表面涂料，就这样涂了一层又一层。

宫墙如血

一如墙脊之奢华，紫禁城墙之多、墙之高、墙之厚，究其实质，是一种凸显皇家威严气势和保障帝王专制意志的独特修饰。

紫禁城内所有墙面的颜色选用了一种特别的红，也是这个意思。

紫禁城里所有的墙面，包括一座座宫殿的墙面，为什么要统统涂抹成那么一种红色呢？乃至所有的门窗，为什么也都是那么一种红色？为什么要把整座紫禁城装饰成一片红色的海洋？

红色与黄色固然有温暖的一面，但是，宫墙如血，当把一道道血与火的色彩、暴烈的色彩、刺激的色彩、悲壮的色彩、恐怖的色彩，连绵不绝地竖在你的面前、横在你的面前、挡在你的面前的时候，你还有那种温暖的感觉吗？

当然，如今，不管什么时候，走在这个被重重红色包围的空间里，绝对不会产生恐惧感。因为你身边、你周围，总有熙熙攘攘的人群，即便空无一人，你也知道你正行走在一个巨大的公共文化空间中，这里早已不是充满权力权术、阴险阴暗的

“宫斗”之地了。满眼的红色，即使红到发紫，你也只会感到热烈热闹，或者和暖宁静。

但是，你想过没有，在漫长的将近500年里，在如此红色笼罩的深宫之中，有多少鲜活的生命枯萎冤死在这里？假如穿越到那样的时空里行走，若不是脚下有灰砖可踩，抬头有黄色的屋顶可望，真不知胆战心惊成什么样子。

是啊，红墙的这边与那边虽然只有一墙之隔，可是，墙那边的人、事，你知道吗？你知道他们在做什么吗？你能知道吗？该你知道吗？

虽然只有一墙之隔，可墙这边与墙那边的人能自由地往来、自由地交流吗？

城里城外、宫内宫外自不必说，年年月月天天居住生活在宫里的人，谁认识谁？谁了解谁？谁知道谁想什么、做什么呢？能让你知道吗？

一切都可以躲藏在高高的红墙里。一切都被高高的红墙隐蔽起来。

也有不少时候，紫禁城里的一道道红色宫墙，会牵出你别样的思绪，会给你别样的感触。那是当你忽然看到红墙的某个角落被一年又一年的雨水和雪水冲刷出苍凉的水痕的时候，那是当你看到红墙的某些墙面被一年又一年的冷风翻卷起斑驳的墙皮的时候，那是当太阳和月亮让宫殿飞檐的影子、鸱吻脊兽的影子、老树新枝的影子、宫殿宫墙的影子，在一面面红色宫墙上游走的时候。

表面看着很有质感、动感、美感，内里淤积着的却是满满的罪过、丑陋、虚伪。

宫墙柳色年年新

事实上，紫禁城里里外外的高墙厚墙，不管建造得多么坚实，从来就没有发挥过多少防卫的功能。肇建者原本也没往这方面多想，倒是格外用心于如何营造通天彻地的帝王气象，如何彰显天下独尊、至高无上的帝王权威，以及权力不容侵扰、礼制不可错乱的帝王文化。

修建护城河挖出来的上百万立方米的土石，部分运往紫禁城的正北面，为紫禁城堆起了一座永久的“靠山”；河泥一旦成山，则成为悠然登临的看城之山（所以称景山）——防卫的河与山，既化作权威与礼仪的河与山，又化作审美的河与山。当然，此种审美功能在那个时候是生活在宫里的帝王和他周围的人们所独享的。

有作为的皇帝并不特别看重宫城防护带的作用。节俭的康熙、务实的康熙、极富想象力的康熙、浪漫的康熙，把无遮无拦的护城河突然变成一眼望不到边的碧绿荷塘。

围绕着紫禁城约17万平方米的荷塘，是怎样的“接天莲叶无穷碧，映日荷花别样红”啊！那定然是当时京城百姓争睹的

一道亮丽风景线。

从护城河里起出来的一节又一节肥胖的莲藕，宫廷食用之余还可外卖创收，京城的百姓则有机会能和皇帝吃上一样的美食。护城河莲藕因此成一时之名品也说不定。嘉庆年间虽有乱子闹出，也没将莲藕连根拔出，反创出出租经营荷河的法子。只是不知出租河段几许，居然每年也有数百两银子收入宫中。

数百年来，紫禁城宽河与高墙的真正作用，也就是把老百姓阻挡在皇宫之外，把一人在上、万人在下的秩序固定下来，把治者与被治者明确地区分、切割开来。不过，帝王的各种防卫法防止不了王朝的衰落。当昔日戒备森严的皇宫成为人们自由出入的博物馆后，其高墙、其宽河，倒是起到了有效保护世界文化遗产的作用。否则，占地近百万平方米的故宫如何守护？每年千万以上的参观人流如何游走进出流畅有序？这是帝王们绝对想不到的结果。

与此同时，紫禁城墙与河的防护功能终于完全让位于中国古代建筑的审美功能了，这也是帝王们怎么也想不到的。

正如河泥成山，山成看城之山一样，紫禁城的河与墙把帝王宫殿的奢华繁复、宏伟壮丽、铺排交错及神秘挡在里面，把单纯朴素、方正肃穆、安稳安静及其诗情画意留给每一位观望者。

无论是长久生活在北京、经常经过紫禁城的人，还是偶尔路过紫禁城的人，我相信他们会永久地着迷于紫禁城高高的灰色城墙，永久地着迷于紫禁城宽宽的绿宝石项链般的护城河，永久地着迷于灰色城墙与绿色护城河之间一棵又一棵的依依垂柳。垂柳当然是后来栽植的。清朝的围房大部分消失了，曾经杂乱的棚户消失了，垂柳长了起来。绕墙环河地广植垂柳，不知是否受了“宫墙柳”诗意的感染，幻化出了河、柳、墙诗情画意的组合。

早已记不清多少次走过紫禁城，只记得每一次走过时精神的安宁与心绪的不平。阴霾笼罩的冬日，铅云压在紫禁城上，城墙上的堞口如齿如锯，身体的某一部分，很深很深的地方，确有被从皇宫里溢出来的冷酷与阴暗咬痛、刺痛的感觉。当雪片在河上树上墙上乱飞的时候，反倒温暖起来。突然发现斑驳的灰墙前的柳条如小鸭小鹅般的绒黄，太阳也突然变亮了，所有的失望都变作希望。日出前，日落后，月亮挂在角楼上，城墙上的堞口修长、整齐、清晰，这时候的紫禁城，简直是一座巨大无比的钢琴，清晰的堞口是跳动的琴键，早出晚归的鸟儿，音符般扑拉拉飞进去飞出来。晚霞落入护城河，染黄新柳，染红古墙。河水摇摆垂柳，垂柳摇摆城墙。小夜曲、月光曲、晨曲、交响曲，丝丝缕缕的不绝不断，如衣如带的飘扬荡漾，如岸如墙的雄浑厚重。梦幻的形状，梦幻的色彩，梦幻的声音。

每每驻足护城河边，总会自问一个无法回答的问题：紫禁城最能让人亲近的，是它宽宽的护城河和高高的灰色城墙吗？紫禁城最能拒绝人们的，也是它宽宽的护城河和高高的灰色城墙吗？紫禁城高高的灰色城墙、紫禁城宽宽的绿色护城河、紫禁城依依的黄色宫墙柳，为什么能把紫禁城的拒绝与吸引、阻隔与亲近、阴冷与温暖表达得如此有声有色？

红墙黄瓦紫禁城，天下皇宫谁独尊？

二十五帝皆过客，宫墙柳色年年新！

四门巍峨

占地72万平方米的紫禁城（算上护城河，共计约100万平方米），只开四座大门：中轴线上南北对称的午门、神武门，中轴线两侧东西对称的东华门、西华门。

城墙下开门洞，城墙上矗高楼。城墙已很巍峨，矗立在城墙上的城门楼巍峨有加。既要彰显宫城的威严，又要严密防护，确保宫廷的安全；既要拒人门外，又要引人注目——高耸的城楼红柱红窗黄瓦，红色的大门排满鎏金的铜钉，金光闪闪、光彩夺目。

不论是谁，只要进入紫禁城，必须穿过长长的门洞：皇帝的宫殿，要的就是进入另一个世界的穿越感。

午门是皇宫的正门，形制特殊。其他三门形制基本相同，但也有区别，功能上的区别尤大。午门正中的门洞，专供皇帝出入。出入的次数其实很少，较常规的是到坛庙祭天地、祭祖宗。皇帝之外，大婚时的皇后，可以由此进来一次；殿试的前三名，可以由此走出去一次。神武门是皇宫的后门，又靠近后宫，皇家办家事私事，多由此出入。西华门正对着西苑的东门，

9

10

9 从紫禁城南城墙上看东华门。

10 从紫禁城西华门内看西华门。

皇帝们到南海、中海、北海，到西郊的苑囿，均出此门。帝后的生日，如康熙六十大寿、乾隆母亲六十大寿、乾隆八十大寿，从西华门开始，经西直门一直到海淀一带的皇家园区，沿途遍布景点，张灯结彩、花架花篮、戏台楼阁，铺排之盛前所未见。皇帝、皇太后、皇后死后，灵柩从东华门出，因此百姓们私下称东华门为“鬼门”。别的门上的门钉有九九八十一颗，东华门上少了一排，为八九七十二颗。活着的皇帝，是绝不会从东华门出入的。

也有例外。明英宗北征被俘，其弟即位，遥尊英宗为太上

11

12

11 | 从紫禁城内神武门东马道看神武门。

12 | 从紫禁城外神武门西北侧看神武门。

皇。次年英宗被释放回京，已无法进紫禁城，被软禁在东华门外东南东苑小南城。7年后，密谋复位时，行至东华门，遭到护卫阻挡，英宗大呼："吾太上皇也。"进门后直奔宝座，重登皇位。这"皇帝"可谓"死而复生"，史称"夺门之变"。

门有门道。紫禁城门大，门道也大。不仅有"夺门之变"，还有"进门之争"。还是明朝，明武宗去世，武宗无子，也无兄弟，皇太后等商定，由分封在湖北的朱厚熜以藩王身份继承皇位，即明世宗嘉靖皇帝。礼部拟定的即位礼仪是朱厚熜从东华门入紫禁城，先到文华殿，追认皇太子身份，再继承皇位。年仅15岁的朱厚熜断然拒绝："吾嗣皇帝位，非皇子也。"坚决由正门午门进入紫禁城登上皇位。后为迎其母从哪座门进又生争执，礼部拟又是由东华门进，嘉靖皇帝又是坚决反对，坚持由正门进。是啊，于己，门不顺，则名不正；于母，如果不认可母亲正宗，儿子正宗得了吗？

进门不易，出门也难得很。要进入这个世界难，离开这个世界也难。李自成骑着高头大马从午门进，崇祯皇帝披头散发从神武门出。八国联军攻入北京，慈禧、光绪皇帝出西华门，仓皇西逃。1924年国民政府"请"溥仪出紫禁城，那时的前朝部分，包括午门、东华门、西华门，属国民政府内务部管辖，并向民众开放，已经退位的末代皇帝最后告别他的宫廷，只剩下走后门一条路了。

角楼玲珑

紫禁城好看。从外面看好看，从里面看也好看。

最好看的是角楼。在城里看好看，在城外看更好看。

角楼算不上是紫禁城的重要建筑，但它的位置特殊——矗立在紫禁城方方正正、高高长长、厚厚实实的城墙上的四个拐角处。从任何一个方位路过紫禁城，最惹眼的都是角楼。

一般城墙上的角楼，主要承担防御守望的职责，但紫禁城的用不上。一旦兵临城下，角楼不管用，城墙也不管用。角楼主要是让人看的，让里面的人看着想外面，让外面的人看着想里面。所以，首先要好看，一定要好看。不像紫禁城里的其他建筑，相互之间不论什么关系，总有个联络观照，唯独角楼，无依无靠、孤零零地站在那里，还要站得好看。不只一面好看，上面下面、四面六面八面都要好看，要八面玲珑。所以，在紫禁城里，角楼的审美功能最突出、最重要。

由于位置和空间的限定，角楼不可能以雄伟、宏大、壮观取胜，只有靠玲珑出彩。玲珑与实用关系不大，与复杂、装饰、精致、精巧关系密切。

保护水资源生态平衡
禁止垂钓捕鱼

从紫禁城北墙上看西北角角楼。不只玲

13 珑，还兼有“座”拥天下的气势。

14

角楼虽算不上紫禁城里体量大的建筑，但绝对是紫禁城最复杂、最精巧的建筑。角楼一直有“九梁十八柱，七十二条脊”之说。从护城河一侧望过去，但见红柱红窗之上，层层叠叠的彩绘斗拱和黄色琉璃瓦顶，簇拥起金光闪烁的鎏金宝顶。十字形屋脊，重檐三层，多角交错，根本数不清到底有多少个翼角翘起，更数不清檐角脊头有多少个吻兽眺望。故宫的古建筑专家统计过：三层楼檐共有28个翼角，檐角脊头上共计230只吻兽！

角楼结构的复杂程度、建造难度，只能用传奇来形容：在为永乐皇帝建造紫禁城期间，正当督造的官员和能工巧匠们在高高的城墙拐角处遇到难处一筹莫展的时候，一个提着蝈蝈笼的白胡子老头溜达着过来了。这儿看看，那儿看看，看了一会

14 | 西北角楼局部。

儿，又溜达着走了。一工匠发现老头的蝈蝈笼落下了，正要拿起来去送还，忽然愣住了——这不正是我们要建的角楼吗？官员和工匠们一下子无比兴奋，严格照着白胡子老头留下的蝈蝈笼样子建造，角楼很快完工了。所有人一致认为，那白胡子老头就是他们的木结构建筑祖师爷鲁班。

即便是鲁班点化下建成的角楼，也得经常维修。时间长了，免不了还得拆卸大修。1956 年的春天，人们突然发现正对着北海公园的西北角楼被巨大的工棚遮盖起来了。接着，一种说法在北京市民中传得沸沸扬扬，说故宫的角楼拆下来装不上去了，无法复原了；还说，多好的角楼，被故宫的人修坏了。我问过一直在故宫博物院做修缮工作的古建筑专家，还真有其事。他们虽然在拆卸的时候，每一个部件都做了严格清楚的标记，但重新组装复位时，还是遇到了不小的麻烦。那次的维修，并不十分理想。以后维修角楼，他们再也没有用过这样的方法。

中轴引领

北京城中轴线的核心段落，是紫禁城皇宫时期皇帝专用的御道。御道是用巨大的石块铺就的，每块重上万斤。在将近500年的时光里，铺就御道的巨石基本无多少变化，因为20多位皇帝走过的次数数得出来。这些数得出的脚印无损于御道巨石的粗粝与坚实；然而，自从皇宫转型为博物院，每年数百万、数千万的参观者在古老的御道上来来往往，很快就把这条坚硬顽固的御道打磨得光滑柔润又闪闪发亮了。就是这条现在终于变得光滑闪亮的中轴御道，穿过无数的风雨，引领无数的人走进紫禁城的深处，走进历史的深处。

大明门的牌子不能再翻了

以皇宫紫禁城为核心，皇家直接管控的范围，或者说紫禁城的附属区域，比紫禁城大得多。紫禁城的周围，基本上是皇家的苑囿：西面到西北面，是西苑南海、中海、北海；正北面是北苑万岁山（现景山公园）；东南是东苑；正南是太庙、社稷坛（现劳动人民文化宫、中山公园）。

再扩大一些，北安门、东安门、西安门、大明门（清代为大清门）四门之内的整座皇城，可以说都是为皇宫服务的。

四门中的南大门大明门，被称为皇城第一门。大明门往南不远处，是北京内城的南正门正阳门；再往南，是北京外城的南正门永定门。永定门内，东侧有皇帝祭天的天坛，西侧有皇帝"躬耕"的山川坛（先农坛），都是皇帝祭祀的专用场所。

作为皇城第一门的大明门，飞檐崇脊，红墙黄瓦，三门洞开，正中门洞上方石刻"大明门"三字。门前是数百步之广的开阔场地，围以石栏，名天街。天街两侧各有一座牌坊，东侧牌坊名"敷文"，西侧牌坊名"振武"，对应大明门外两侧文武官署。东有宗人府、吏部、户部、礼部、工部等；西有中、左、

右、前、后军都督府，以及锦衣卫等。

由于行使皇权的国家部门集中在大明门两侧，且大明门与皇宫的主要建筑一起排列在中轴线上，又与其后的天安门、端门、午门乃至紫禁城共处于同一封闭空间里，因此大明门实际上成为通往最高权力核心紫禁城的第一个入口。

家国天下。迁都北京、营建皇宫、建造皇城的永乐皇帝，把皇城的正门命名为大明门，给这座大门以大明王朝国门的身份。正是因此，这座大门在改朝换代时总会成为产生故事的地方。

李自成攻占北京进入紫禁城后，很快就做出决定：刻一块大顺门匾，替换大明门匾。不料还没来得及更换，他就被挤出了北京城。清朝取代明朝，京城、皇城、皇宫拿来照用，但大

15　大清门老照片。

明门必须改成大清门，还得加上满文。清人用最快捷的办法，把刻着“大明门”三字的石匾取下来，翻过去，刻上“大清门”三字，原样嵌了上去——征战厮杀、血流成河的改朝换代，在一瞬间被简化为翻一块牌子、改一个字的区区小事。辛亥革命后，大清门改为中华门，居然也想到翻牌子的老办法，可是翻过来一看，竟是“大明门”三字。看来，只是简单地翻牌子行不通了，只好赶刻全新的“中华门”木匾挂上。是啊，辛亥革命的性质与几千年来的改朝换代根本不同，虽说革命不算彻底，但也绝不像明清易代，不像历史上历朝历代的更替，不是翻个牌子的事，不是打倒帝王继续当帝王的事。辛亥革命建立中华民国，是三千年未有之大变局。数十年后，中华人民共和国的成立，更是天翻地覆的大事。中华人民共和国成立后不久，因扩建天安门广场，中华门被拆除，通往天安门的皇帝的御道被扩展成人民的广场。

从八百米御道到百万人广场

不管是大明门还是大清门，对普通百姓来说，永远是关闭的。大门前石栏杆围起来的叫作天街的广场，也是和门一样的禁区。因为以这座门为起点，皇帝进入紫禁城的专用御道就开始了。

厚实的青石御道从皇城外铺排而来，穿过深深的门洞，笔直地向北延伸。御道两侧，各144间红柱连廊、灰瓦通脊的朝房相对排列。两排朝房相距60米。60米的通道够宽了，但是，在绵延500多米的红色廊柱、灰色屋檐屋脊的簇拥下，任何人穿行其间，都会不由自主地产生被推挤着、压迫着走向深处、远处、高处甚至天尽头的感觉。

被称为千步廊的这一建构，实在是建筑史上一处异常奇特的建筑空间。这样单调冷静、整齐划一、连续重复、封闭狭长的空间，毫无疑问会时时处处发散出鲜明强烈甚至是强制强迫的规定性、导向性，根本由不得你停步、观看、思索、选择，你只有被引领着赶紧往前走。

路尽头是宏伟的承天门。

16

17

16 数字技术虚拟复原图。中间由近及远，分别为午门、端门、天安门、大清门。天安门与大清门之间即千步廊。午门左侧为太庙，右侧为社稷坛，即左祖右社。（此图由北京故宫博物院与日本凸版印刷株式会社共同组建的故宫文化资产数字化应用研究所提供）

17 从天安门正中门洞内南望，依次可见快乐的游人、值守的卫兵、中华人民共和国国旗、人民英雄纪念碑、毛主席纪念堂。

承天门承接的是紫禁城。

其实，千步廊的北端，距天安门还有不短的距离。向东延伸，有长安左门；向西延伸，有长安右门；向北，是天安门前金水河上的五座汉白玉石桥。这一豁然开朗的宽阔空间被称作北天街，与皇城南大门外的南天街对应。北天街与千步廊共同组成天安门前的T形御道广场。

1914年，民国政府拆除千步廊，迈出改皇帝御道为现代广场的第一步。1928年，孙中山像挂上天安门城楼。1949年10月1日，毛泽东在天安门城楼上宣告中华人民共和国成立。1952年至1958年，拆除长安左门、长安右门，拆除周边高6米的红墙，拆除原各衙署建筑，拆除中华门，大范围、大面积地扩张天安门广场。1959年，人民大会堂、北京历史博物馆（1960年更名为中国历史博物馆)、中央革命博物馆(1960年更名为中国革命博物馆)、天安门观礼台落成。至此，可容纳百万人的广场全部竣工。南北长880米、东西宽500米的天安门广场，成为全世界第一大城市广场。

现在，毛主席纪念堂、人民英雄纪念碑、中华人民共和国国旗，依次排列在原来的御道上。天安门广场上天天人流如织。成千上万的游人中，绝少有人想到他们正徜徉在昔日的皇家禁地；绝少有人感觉到他们正在不停地从当年皇帝御道的这边走到皇帝御道的那边，从皇帝的广场的这面走到广场的那面。皇帝的广场与现代的广场本质对立：皇帝的广场是内部的、内向的、个人的，现代的广场是向外的、开放的、公众的。每逢重大庆典，数十万甚至上百万民众在广场上载歌载舞——维护帝王威严的皇帝的广场，最终成为公众的广场、人民的广场。

“承天”与“天安”

大明门是明清皇城的入口，是皇城第一门，直通承天门。承天门则是皇城的正门，直通紫禁城。直通承天门的大明门早已荡然无存，直通紫禁城的承天门依旧巍然屹立。

承天门与紫禁城同时落成，取自“承天启运，受命于天”，宣称奉承天命天运来治理国家。当上皇帝的人总是用这么个说法。明天顺年间，承天门毁于火，成化年间重建。清顺治时改建，由原面阔五间、进深三间，扩大为面阔九间、进深五间，并改名为天安门，取自“受命于天，安邦治国”。名字改了，意思还是一模一样的。

明清两代，凡是皇帝亲自参加的祭祀、出征、出巡等重大活动，天安门是必经之门。凡是需要天下知晓的家国大事，如皇帝登极、册立皇后等，都要在天安门举行“颁诏”仪式。

皇帝的重要诏书在天安门颁布，本意是由内而外、面向天下、面向百姓的，但事实上皇帝并不亲自登上天安门城楼，并不直接与臣民说话。皇帝只是派人把他在太和殿钤上御印的诏书放在龙亭内，以鼓乐仪仗从午门外抬到天安门城楼上。宣诏

18

官极其庄严地宣读后，让一只“金凤”口衔诏书，从城台正中徐徐落下。礼部官员手捧云盘承接，然后颁告天下。此即“金凤颁诏”。

比如，春天到了，一年之计在于春，皇帝很想说说与百姓最密切的农事，也想尽量说得亲切实在些，但最多是从京郊选几位年长的农民代表站在金水桥边，听宣诏官传达皇帝的声音：“说与百姓每（们），用心耕锄，毋荒”“说与百姓每（们）：春气发生，都要宜时栽种桑枣”。于是，稀稀拉拉的臣民代表诚惶诚恐、感激涕零地领旨而去。

中华人民共和国成立后，虽然保留了天安门的名称，但含义完全不一样了。天安门不再是受命于天，而是受命于人民了。1949年9月21日，毛泽东在中国人民政治协商会议上宣告：中国人民站起来了！1949年10月1日，毛泽东在天安门城楼上向全世界宣告：中华人民共和国中央人民政府今天成立了！

天安门见证了中国人民弃旧创新的历史巨变。我问过为开国大典设计和安装大红灯笼的张仃先生，大红灯笼的灵感创意来自哪里。张仃说，决定性的想法，是如何在帝制皇权的代表与象征之地，重新赋予其人民和国家获得新生的意义。他说，他的灵感来自民间传统的喜庆活动与国家人民新生庆典的高度契合。如今，每逢重要节日和国家庆典，天安门城楼悬挂大红灯笼已成惯例。天安门的大红灯笼，从此成为中华人民共和国的象征。

今天的天安门，虽然还是明清时代的建筑，但面对无比宽阔的广场，面对广场两侧宏伟巨大的人民大会堂和国家博物馆，早已降下承天奉天的威严，以喜悦喜庆的容貌融入了人民的广场。不过，虽然降下了承天奉天的威严，但出于历史原因，不仅不失昂然特立的风范，反倒更加成为万众瞩目的标志性形象。

端的是端门

大部分人选择从天安门进紫禁城。大部分人想着一进天安门，就可以看到进紫禁城的午门了。其实不是。大部分人想不到，穿过天安门，看到的是一座与天安门差不多的门。这座门叫端门。明清以前皇城的南门，也多有叫端门的。传说天帝所在的紫微宫的南天门叫端门。既然前面的门叫承天门，接着就

19

应该是天门了。

从天安门外进到皇宫里面，要经过三座门：天安门、端门、午门。三座门都不是敞开的大门，都是宏伟的城楼矗立在高高的城台上，高深的门洞伸进厚厚的城台里。而从其他门进紫禁城，只需穿过一个门洞。从南门（正门）进，很有仪式感，至少得穿过三座门（加上大明门，则有四座门），一次又一次地别有洞天，一次又一次地强化进入另一个世界的感觉。

端门在三座门的中间。端门的位置很特殊，在功能上是走进紫禁城的又一个过道。有人说，天安门与端门间的方正广场，是进皇宫前的一块缓冲地，有助于心理过渡，有助于酝酿情绪、调整节奏，有助于整理衣冠、端正仪容。

这些说法不无道理。但真要体会端门位置的特殊性，还得登上城台，前后左右、四面八方地仔细看看。

分别站在端门城台南面和北面的正中，居高临下，你会格外清楚地看到：穿过端门城台下门洞的青石御道，由南向北，笔直地贯通天安门与午门的门洞。南面，天安门背影清晰。目光掠过天安门城台两侧，人民大会堂、国家博物馆历历在目。人民大会堂西面，国家大剧院的圆顶熠熠发光。北面，雄浑壮丽的午门全貌尽收眼底。端门外东侧有通向太庙的太庙街门，西侧有通向社稷坛的社稷街门；端门内东庑之中有进出太庙的太庙右门，西庑之中有进出社稷坛的社稷左门。走到城台的西端，整个社稷坛就在眼前。这处明清两朝用来祭祀土地神和五谷神的场地，早在1914年就被改为中央公园，后为纪念孙中山又改名为中山公园。虽然改建和添建了不少建筑，但五色土铺就的社稷坛，以及拜殿、神厨神库、坛墙等仍在，更有古柏森森。端门东面明清皇帝祭祖的太庙，更是显眼。站在城台东北角，只觉得太庙大殿的黄色琉璃瓦大屋顶，简直铺排得无边无际。

这样南北东西、四面八方地看看，你会觉得，你身边高高大大的端门城楼，平平静静地居中端坐——端的是端门。

1917年，端门至午门一带，被划定为当时的国立历史博物馆馆址。清代八旗禁卫军存放检阅用的军械和仪仗器件的端门城楼，被改作博物馆文物库房。2010年左右，故宫博物院决定在端门创立故宫端门数字馆，将端门城楼内部空间创新为故宫建筑、藏品与现代科技深度融合的全数字化展厅。我当时分管其事，招标时提出的主题词是“使古老的更古老，使现代的更现代”，结果由理解阐述最到位的清华美院团队中标。我想，这团队还真有他们的老院长张仃先生构思天安门大红灯笼创意的风范。

传统的现代，传统的未来，的确需要当下的端正。

雄关午门

紫禁城千门万户，午门为最。

午门是紫禁城的南大门。皇帝坐北向南，天子面南而王。南门是紫禁城的正门，正南在二十四方位中属午位，故名午门。午门通高37.95米，略低于紫禁城中最重要的太和殿，足见其皇宫第一门、天下第一门的地位。

12米高的红色城台三面围合，城台上五楼耸峙，庑廊通贯。正门楼重檐庑殿顶，四坡五脊；面阔九间，计60.05米；进深五间，计25米；前后出廊，建筑面积1 773.3平方米。正门楼两侧及东西两翼城台南端各有一座重檐四角攒尖顶阙楼，共四座，与正门楼合称五凤楼。五楼与连接两翼阙楼的廊庑（各13间）浑然一体，巍然错落、连贯舒展、欲升欲飞，故又称雁翅楼。

午门城台下开有五座门洞，用法各异。文武大臣出入走东侧门洞，皇族宗室王公走西侧门洞。凡大朝会，官员们按文东武西从两侧掖门门洞出入。中间的门洞，是皇帝的专用通道；但皇帝大婚时，皇后可以经过一次。再就是殿试前三名的状元、榜眼、探花，从宫中出来时可以走中间门洞。可以想见，这三位穿过皇帝的门洞时，该是多么趾高气扬。这一特殊荣耀，亲王重臣也无缘得到。天下的读书人，基本上就这样被导入为皇权服务的轨道。

午门正中的门楼两侧均有明廊，安置钟鼓。皇帝祭祀社稷

20

21

20　从端门城楼北侧看午门。

21　越走近午门，越有雄关要隘的感觉。

坛、天坛、先农坛出午门时，门楼上鸣钟；祭祀太庙出午门时，门楼上击鼓；宫里举行重大活动，皇帝登临太和殿时，午门楼上则钟鼓齐鸣。

遥想当此时刻，站在午门前高墙崇楼围合起来的近1万平方米的凹形广场中，仰望城台楼宇，顾盼左右连阙，耳听鼓声钟声，面对的仿佛不是皇帝的宫殿，而是那些天下著名的城池关隘，是万里长城上的关门关楼。铁马雄关，高天长风，壮怀激烈之感油然生出。

皇帝们或许也是这样想的吧，午门因此成为历朝历代的献俘处。明万历皇帝四次在午门举行献俘礼。清代频繁用兵西北西南，康熙、雍正、乾隆三朝以至道光朝多次在午门举行献俘礼，光是乾隆皇帝就举行过四次。彼时彼刻，午门正楼设御座、张黄盖，阵容庞大的卤簿仪仗设于城台下，王公大臣、文武百官分列侍立，皇帝龙袍衮服乘舆出内宫，升御座，钟鼓齐鸣，兵部将校引战俘下跪，兵部尚书奏：平定某地，战况如何，战俘几多，谨献阙下，请旨。皇帝降旨，或交刑部，或恩赦释放。于是战俘叩首谢恩，王公百官行礼，乐声大作，欢声雷动，响彻云霄。好一派威风凛凛、威仪天下的气势。把午门建造成天下雄关的架势，最适合举行这样的仪式。抗日战争胜利后，在太和殿前隆重举行侵华日军投降受降仪式，大概与午门献俘不无关系。

“推出午门斩首”？

皇帝们既在午门炫耀胜利的功绩，也常常把午门作为处罚违背圣意者之地。献俘对外，处罚对内，对象不同，显示皇权威严不可侵犯的目的则是一样的。民间有“推出午门斩首”之说，但紫禁城历史上并无此实例。不过明代曾将午门外作廷杖场地。廷杖是皇帝处罚大臣的一种非常残忍的刑罚。被皇帝下

22

令处以杖刑的大臣，多被拉到午门外行刑。使杖的轻重又掌握在宦官手中，明朝就有数十位大臣当场死于杖下或杖后不日而亡。

明永乐十九年（1421），建成不到一年的奉天、华盖、谨身三大殿遭雷击烧毁。一些对朱棣迁都北京不满的大臣借此发声，认为这是上天的示警，要求还都南京。拥护迁都的大臣与要求还都的大臣对峙攻讦，不可开交。恼怒之下的朱棣皇帝，竟使出了罚双方在午门外跪着辩论的损招。正德十四年（1519），那位“游龙戏凤”的明武宗朱厚照，因众多官员联名上疏阻止其出游猎艳，恼羞成怒，竟罚146位大臣白天跪午门、入夜锁牢狱，五天后又在午门外廷杖，当场杖毙11人。

与此类行径形成鲜明对照的是康熙皇帝。康熙七年（1668）秋，研究和主张使用西方历法的比利时传教士南怀仁，指出反对变更传统历法的杨光先、吴明烜所造的康熙年历书中的种种谬误。康熙八年（1669），年仅15岁的小皇帝为解决明末以来的中西历法之争，让南怀仁与杨光先、吴明烜先后在午门外广场和观象台，当着王公大臣的面各自计算、验证天象。结果，“与南怀仁所指逐款皆符，吴明烜所称逐款不合”，康熙皇帝遂任命南怀仁为钦天监监副，并下令采用其中西合璧的新历。颁布历书，是农业国家的一件大事。每年的十月朔日（初一），都要在午门举行颁布时宪书（历书）的仪式，被称为颁朔礼。后人完全有理由把这种“公开”“透明”“让事实说话”的做法，评价

22 午门前凹形广场。

为康熙给紫禁城带来的讲究科学的些许曙光。

皇帝们有时候也会想到在可以产生较大影响的方面表现一番与民同乐。午门建成后，永乐皇帝朱棣就宣布每年正月灯节时，文武官员和京城百姓可以在午门前观赏灯火。于是，午门楼上张灯结彩，朱棣赐宴文武高官。午门外千百盏彩灯堆叠成山，多达13层，形似鳌，叫作鳌山灯。百姓们燃放焰火，观灯三天。不料观众太多，拥挤不堪，后挤倒鳌山灯，引发火灾，死伤多人，这活动刚刚开始就不再举办了。

21世纪的第一年，帕瓦罗蒂、多明戈、卡雷拉斯在午门广场高歌《今夜无人入眠》，世界三大著名男高音的梦想之音直上紫禁城夜空。

23 午门内金水桥。

午门上的国立历史博物馆

一个故宫，催生了两个中国最大的博物馆：一个是故宫博物院，另一个是国家博物馆。现在位于天安门广场东侧的国家博物馆，最早出现在世人面前，是在午门城楼上。

1912年，中华民国建立，蔡元培出任教育总长。教育部规定社会教育司具体管理博物馆、美术馆等，责成该司筹建博物馆，并委派科长周树人（鲁迅）勘选馆址。1912年6月，国务会议决定改国子监为历史博物馆，7月，教育部设立国立历史博物馆筹备处。1917年，因国子监地处偏僻、屋舍狭隘，教育部提议将故宫午门楼作为京师图书馆，端门楼作为历史博物馆。后因经费不足，教育部停止京师图书馆迁移，将端门至午门一带定为国立历史博物馆筹备处新址，单独迁入。1918年7月，教育部令筹备处"先将旧时国子监内所设筹备处陈列物品暨敬一亭所藏历朝红本文件移置午门楼上，赶速清理，分别部居，妥为陈设，庶便观览"。筹备处迁入午门后，便将午门城楼及两翼阙楼辟为陈列室，午门城台下东西庑各3间作为办公室，东西朝房作为贮藏室，端门城楼贮藏重、大器物。总计馆舍150余间、

24

25

24 从午门城楼上看东西侧雁翅楼及正南面的端门。

25 站在午门北面的太和门内看午门。

文物57 375件。

1920年11月，国立历史博物馆正式成立。查鲁迅日记，1920年鲁迅多次“往午门”，仅在4月下旬就去了8次。

国立历史博物馆筹备处迁入午门后，组织人员开展各项工作，主要是考古发掘与调查、保管古物、考订研究、摹拓摄影、编辑出版等事务。经过多年努力，至1924年，藏品已有20余万件。

1925年10月10日，紫禁城北门神武门挂出“故宫博物院”牌子。1926年10月10日，在紫禁城南门午门，国立历史博物馆正式开馆。

这一天，在午门城楼上开放了10个陈列室，正楼4个，东西长庑各3个。10个陈列室，“一为售品存储；二为金、玉；三为刻石；四为教育博品；五为明清档案、国子监旧存文物、明器、模型；六为针灸铜人、杂器及寄陈文物；七为兵、刑器；八为发掘文物；九为模型图标；十为国际纪念品”。

据档案中的“本馆开馆期间每日参观人数比较表（民国十五年十月十日至十一月七日）”记录，开馆4周，参观总人数达185 714人；10月10日第一天，参观人数就有45 020人。如果不是看见当时的统计档案，真不敢相信：开馆第一天的午门城楼，竟然涌上这么多参观者！前一年的同一天，故宫博物院（紫禁城后半部分）开院那天，只有表示拥挤不堪的记载，没见过具体的统计数字。紫禁城一前一后两个博物馆，开馆日到底哪个观众多，只能是个永久之谜了。不过，可以断定的是，那时的“故宫热”，不在今日之下啊！

午门城楼上的吴冠中

2006年，吴冠中决定向故宫博物院捐赠作品，故宫博物院于是在午门正中城楼举办“吴冠中历年捐赠作品汇展”。我请吴先生登上午门城楼视察展厅。时值暑期高峰，每日有四五万参观者，多为青少年。只见人流如五颜六色彩带，从端门涌出，流动于午门广场，涌入午门。我说：“吴先生，您的墨彩！”先生面向城台下流动的观众，静立良久。隔天，我登门商量好捐赠和展览事后，吴先生说：“你来看，你说的我画出来了！”吴先生孩子似的高兴。我细看，是吴先生特有的彩墨——现代的色彩流动于古老的城池。上题：“故国三千里，深宫二十年。”吴先生补写了一句：“古老的故宫打开大门了。”

吴先生题在画上的是唐朝著名诗人张祜《宫词》中的前两句，后面的两句是“一声何满子，双泪落君前”。吴先生在午门城楼上，想的不是多少个皇帝曾经站在这个地方的样子。他看着眼前青春靓丽快乐的年轻人，想的是近500年皇宫里无数年轻女性的悲惨命运。

也是在这个时段里，吴先生又创作了两幅《紫禁城》。第

二幅进一步对皇帝之城，对皇权文化，做出整体性的评判。粗黑沉重的“紫禁城”三个大字，与压在其下的五彩色块构成奇特的画面，直击皇宫文化、皇权文化，以及专制文化镇压生命、扼杀人性的本质，这扼杀不只是对年轻女性生命的扼杀。光彩夺目的皇宫，实质上是暗无天日的牢笼。所有的人，不管是皇帝、宫女还是太监，或者是皇亲国戚、大臣将帅，统统是这个牢笼里的囚徒。第三幅则是以欢快、明丽、跳跃的色调，以几乎走向极致的抽象墨彩，将紫禁城的色彩与游人流动的色彩融合，面对已经成为公共文化空间的故宫，抒发出浓烈的“今属人民之城，辉煌照耀，不限古今远近”的情怀。

吴冠中的《紫禁城》不只让我们看见新的形态、新的墨色、新的艺术，更让我们看到了吴冠中对帝制皇权的价值评判，对传统与现实关系的艺术表达，看到了现代理性的魂灵。三幅小小的作品，由此成为宏大的历史叙事。

过去的皇宫紫禁城能给我们什么？吴冠中的《紫禁城》能给我们什么？吴冠中的艺术表达，启发我们在走进走出紫禁城的时候，在谈论紫禁城的时候，要想到我们面对的是中国的历史，谈论的是中国的文化，是中国的传统文化。因为在漫长的帝制时代，皇宫是掌握绝对权力的皇帝生活、居住、执政、发号施令的地方。以皇帝为主宰的皇权文化，无疑是那个时代起决定作用的主流文化、主导文化，覆盖和影响着社会的方方面面。那么，几千年以来以皇权文化为主导的传统文化中，到底是优秀文化多，还是非优秀文化多？今天的人们，到底是创造性地继承和发展了优秀的传统文化，还是因袭了一些非优秀的甚至是糟粕垃圾的传统文化？吴冠中的《紫禁城》，引发我们更久远、更沉重的思考。

我又想到了吴冠中的“叛徒”说。他的意思是说，真正地继承传统，就要做传统的叛徒；跟老师学习，尊重老师，就要做老师艺术的叛徒。吴冠中的《紫禁城》就是紫禁城的叛徒。吴冠中的《紫禁城》可以引发我们继续思考：如果我们的艺术家继续沉迷在传统的山水、笔墨、趣味之中，就永远成不了伟大的艺术家；如果我们的公务员继续沉迷在传统的权力文化中，就永远成不了人民的公仆；如果我们的学者继续沉迷在传

26

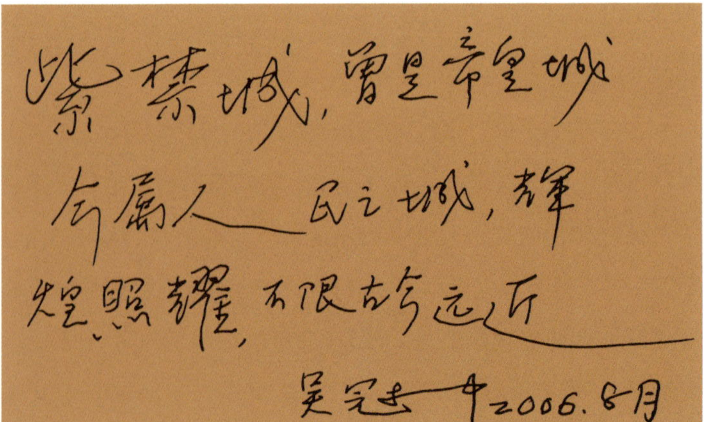

统文化中故步自封，就永远产生不了伟大的思想家、科学家。所以，不必说对于那么多非优秀的传统文化了，即便是对于优秀的传统文化，理性的态度、正确的做法，也一定应当是创造性地转化、创新性地发展。所以，吴冠中的《紫禁城》，吴冠中的艺术道路、艺术思想、艺术精神，不仅是中国艺术领域里的典范，在其他领域同样具有普遍意义。

26 吴冠中为《紫禁城》杂志题词。

内外金水桥

相信大多数从天安门进入紫禁城的人，都会将亮丽典雅的汉白玉金水桥铭记于心。金水桥不是一座，是两座。进天安门之前经过的是外金水桥，进午门后第一眼看到的是内金水桥。也就是说，要进入皇帝的宫殿，先要跨过一座桥，接着穿过三座门洞，再跨过一座同样的桥——多奇异的过渡与穿越的组合！

如此奇妙的设计是从哪儿来的？想想看，不论哪位皇帝，他在紫禁城里走动时，如果看不到河水的流动，他可能就缺少了天下江山的感觉；他要离开紫禁城，或者从外边回到紫禁城，如果不跨过一条河、两条河，那么，这种缺少天下江山的感觉可能更加强烈。他甚至会因此怀疑自己的权力到底有多大，自己的权力到底是静态的还是动态的，自己的权力能不能如流水般漫延渗透、无边无际、无处不有。

现在好了，内外金水河，内外汉白玉金水桥，足以让皇帝们得到不少安慰。

紫禁城、金水河、汉白玉石桥——多么尊荣亮丽的色彩，

27

连名称都这么响亮悦耳。

朱棣站在刚刚造好的午门与奉天门（今太和门）之间的金水桥上，五座汉白玉石桥横卧在弯曲有致的金水河上。他站在最中间的那座桥上，站在那座只有他能通过和站立的汉白玉石桥上。他的桥宽，别的桥窄；他的桥两侧是云龙望柱，别的是火焰柱。

他抚摩着洁白的汉白玉云龙望柱凝神沉思。金水河怀抱着他的紫禁城，汉白玉石桥拱卫着他的金銮殿。他的紫禁城是方方正正的，无论是从外看还是从里看，所有的建筑，包括城墙、宫墙、院墙、大院小院、大的宫殿和小的配房，一律是方方正正的。他知道他的紫禁城必须全面地方正端庄，才能显示帝王的庄重威严。

27 ｜ 午门内金水桥。

在午门城楼北侧向北看，穿过午门门洞的笔直御道越过内金水桥，伸向太和门。

29

在太和门广场东侧看午门，看金水河。金水河从这里流出太和门广场。

但有时候朱棣也不免觉得，紫禁城是不是太过端正庄严了，以至于这么大的紫禁城总是安静得出奇，不管有多少人，都得屏气静声。

现在好了，弯弯曲曲的金水河就在他的眼前。虽说除了下大雨，金水河并没有流动的声音，但这么一弯曲，这么弯来弯去，声音不就出来了吗？这使得他的方正恢宏的紫禁城任何时候都不显得空旷、不感到寂寞了。

游龙般穿行的金水河，映照着弯月般的金水桥，使巍峨的宫殿更加庄严肃穆；而雄伟壮丽的宫阙，也使得金水河、金水桥更加曼妙多姿了。威严中的委婉、方正中的回环、稳固中的灵动，甚至是酷热中的清凉、冰冷中的温暖——真的是刚柔相济、动静相得、声息相投啊！

所有这些看到的、想到的、感觉到的，甚合朱棣的心意，也甚合所有皇帝的心意。据记载，紫禁城启用不久的一个冬天里，金水河结冰，冰面居然出现了楼阁、龙凤、花卉的形状，朱棣大喜，赐群臣观赏。是的，再威严的皇权，再冷酷的皇权，也要表现得如金水河般委婉、温和、明亮，如金水桥般纯洁、滋润、柔美。

朱棣甚至有可能因为这些而选择在奉天门御门听政。在看得见金水河、金水桥的地方决断国家大事，行使至高无上的皇权，或许更有一种靠山面水、指点江山、把握天下的真切感受，更能体现皇权流动与扩展的力量，体现皇权凝聚的庄严、威猛的力量，体现皇权渗透浸润、无处不在的力量吧。

流动的皇权

建造紫禁城之时，以及紫禁城造好之后，朱棣一定不止一次沿着金水河视察。陪同大臣一定会说，在帝王宫阙里放置一条金水河代表天河银汉的意思从周朝时就有了，既然紫禁城上对紫微星垣，自当有一条河对应天上的银河。他还会从风水学的角度说，紫禁城是枕山襟水的，城北堆起一座万岁山，城内环绕一条金水河，这样就天地之气相接、山水之象融合了。他还会具体地解说，西北是八卦中的乾位，是天门位，金水河从积水潭，从太液池，从万岁山的西侧，从紫禁城的西北方，即从天门引入，就把天上的生气引入了。这生气贯通紫禁城，从东南方导出，生气、皇气就流布天下了。北方从水，西方从金，金又生水，所以叫金水河。他还会说得更远，说这金水河的水来自北京西北的玉泉山，玉泉山连着燕山、太行山，连着更远处的昆仑山，那是古书里记载的天地的中心；说这金水河从紫禁城流出，可以流向黄河、长江，流向南京，流向东海、南海。这样，皇气、皇权就铺天盖地了。

听着这样悦耳舒心的话，朱棣心满意足。他看着一渠清水

30

31

流过武英殿前，注入太和门广场，流过内
30 金水桥的金水河。

金水河从东华门内东南角穿过城墙，流出
31 紫禁城。

穿过西北角楼东侧厚厚的城墙流入宫中，弯弯曲曲地转向西边，从灰色的城墙和红色的宫墙之间直中有曲地向南延伸，在西华门附近，向东拐入武英殿前，在蜿蜒的汉白玉望柱、汉白玉栏板和一座又一座汉白玉石桥的护佑下漂过宽阔的太和门广场，又拐向北，从文华殿后边流过，经东华门内往南，从东南角楼西侧流出。弯弯曲曲，漂漂荡荡，时隐时现，时明时暗……2 000多米长的金水河，他竟然在不经意间就走过了，一如走过他的江山。

金水河其实也有很实用的功能，只是总管大臣不便跟皇上明说。不过，即使不说，皇帝心里也明白。刘若愚《酌中志》记得很清楚："是河也，非为鱼泳在藻，以恣游赏；亦非故为曲折，以耗物料，恐意外回禄之变，此水实可赖。天启四年六科廊灾，六年武英殿西油漆作灾，皆得此水之力。而鼎建皇极等殿大工，凡泥灰等项，皆用此水。回想祖宗设立，良有深意。"所记供工程用水的功能当然可以明说，排水功能更是可以大说特说。紫禁城内面积70多万平方米，排水系统总计1万多米，

32

33

32 金水河流出太和门广场后，因需要一条道路通过，便建造了一座很别致的桥——半座白石桥，另一半以宫墙为栏。这座桥位于协和门外北侧。

33 金水河流过文华殿后、文渊阁前时，特别地蓄了一池水，架了一座桥。

支渠、干渠全部排入金水河。数百年间，无论雨水多大，金水河从无积水之害。有了这些实用功能，金水河就愈加尊贵了。

金水河的变化似乎与家国的兴衰有些关系。据说到明中期以后，金水河淤积，疏浚后竟栽种了荷花和菱角，还养了鱼和水禽。鱼鸟戏水，叶儿田田地舒展，花儿尖尖地含苞、艳艳地怒放，还有宫女们荷叶般翠绿的衣衫、荷花般的粉面。

好看是好看了，就是王气、皇气被遮掩了许多，也暗淡了许多。有人说紫禁城里的风景好似江南，明朝后来的皇帝几乎不再南下过河渡江了——连金水河的水都不如。

“御道”与中轴

我不止一次地看到过这样的资料，也不止一次地听说过这样的事：中国和外国的建筑家、艺术家、设计师、外交官等，面对紫禁城时，觉得中国宫殿的空间大得令人感到“茫然”；穿

34

过紫禁城的城门或站在城门下时，会感到绝无仅有的了不起的威严高贵，甚至有人不由自主地跪下来。我不知道他们产生这种感觉的心理依据是什么，但我知道几乎所有论说紫禁城、北京城的专家学者都会一致赞扬被营建者发挥到极致的那条中轴线，那条南起永定门、北达钟鼓楼、穿紫禁城而过的长约8 000米的中轴线，那条被称为“伟大的轴线”“神圣的轴线”“王者的轴线”的中轴线。大有宏伟的紫禁城源自伟大的中轴线的意思。的确如此。至少可以这么说，没有这条中轴线，紫禁城就不会这么威严。当然，没有紫禁城，中轴线也不会被看得如此重要。1420年紫禁城落成之初，这条中轴线起于正阳门（俗称前门）。100多年后的嘉靖年间，京城扩建，中轴线南延至新建的永定门。到了20世纪50年代末，作为中轴线起点的永定门被拆除，中轴线起点消失。21世纪初，永定门城楼复建，中轴线起点重现。

许多年以来，只有皇帝本人等极少数人可以沿着中轴线进入紫禁城，进入太和殿；现在，所有的人都可以像当年的皇帝那样沿着这条中轴线进入紫禁城，走近太和殿。可是，并非所

34 从午门外穿过午门正中深深的门洞，越过内金水桥，穿过广阔的太和门广场，伸向太和门的笔直御道。在这条路上，过去留下的脚印最少，现在留下的脚印最多。由于石质的差异，每块巨石的磨损程度、光滑程度各不相同。

有的人都能意识到京城营建、紫禁城营建的轴线结构的意义。紫禁城破土动工之时，不知在什么地方举行过多大规模的奠基礼？600多年过去了，就中轴线而言，虽然最重要的部分还在，大体的格局还在，但变化还是不小的。除了那些醉心于京城营建、紫禁城营建的人，心中依然保留着完整的甚至完美的京城图像、紫禁城图像，对于大多数人来说，已经不大可能形成那个大紫禁城的图像与概念了。

但是，你可以想象。你如果有兴趣又勤快的话，可以站在复建的永定门城台上向北望，那条引人入胜的中轴线便会清晰地出现在眼前：一条笔直的大道直指前方，像箭一样射向远方。天气晴好的时候，4 000米外的正阳门清晰可见。正阳门后是天安门，天安门后是端门、午门、紫禁城，再往后是景山、鼓楼、钟楼。这条笔直的大道像一束强光，照亮这座城市里最有历史感、最重要的建筑。所有重要的建筑都由这条大道一一贯通。它的确是一条一往无前、无可阻挡、威严庄严的神圣大道，一条界线分明、光芒四射、拥有无限风光的天下大道。这就是“伟大的轴线”的力量所在吧。

从永定门到正阳门并不是最重要的地段，只是掀起高潮的前奏。即便如此，这一段也非同寻常。特别是过了天桥靠近正阳门的地方，这里是乡野走入都市，茅屋幻化宫阙，江湖登临庙堂，散漫纳入秩序的过渡路段。皇帝的间或出入并不是最重要的，最普遍、最平常也最具魅力的，是王公贵族、外国使者、地方官员、文人学士、科考举子、古玩戏艺及商人旅人的八方汇聚、朝夕交流。客店商号云集此处，各种大小会馆累计发展到140多处。各样的信息如北京春天的风沙一样吹来吹去、铺

35

天盖地。行走在这样的道路间，本应应接不暇、流连忘返，可是，现在所过之处除了它的名字及由此产生的联想，已经变得与一般的街市没有太大的差别。前些年，尽可能按当年原样修复的一段前门大街重新开张，似乎也难体会到旧时情境。遥想康熙、乾隆皇帝为天下祈雨，曾素衣步行，从这条道上匆匆走向天坛。大概他们装扮得很像商人、书生或农夫吧，当时肯定不少人见过，只是没认出来。不管这条大道如何变化，这样的事情，倒是值得时常想起。

正阳门城楼和箭楼还留着。虽然门楼还是原来的门楼，可是，没了瓮城，没了向两边延伸的城墙，如永定门一样，怎么修也恢复不了旧时容貌。正阳门至天安门间的中轴线地带的变化就更大了。站在金水桥与天安门之间南望，掠过拱形汉白玉桥面，本来可以看得见大清门、正阳门甚至永定门重叠的门洞，正如回首北望，穿过天安门、端门的门洞，能看得清午门的门

35 在太和门看穿过午门门洞而来的青白石御道。

洞一样。可是现在，向南的御道和门洞都看不见了，只见宽广的天安门广场人流如织，五星红旗迎风飘扬，人民英雄纪念碑高高耸立。

这时候，转过身来向北，不仅可以看见天安门，而且可以穿过天安门、端门门洞，一直走向紫禁城的正门午门。雄伟的城楼、红色的宫墙、黄色的琉璃瓦告诉我们：曾经的皇城回来了，那座完整的紫禁城就在前面。这时候，只要你心里想到了，就会真切地感觉到自己正走在已有600多年历史的御道上，走在数百年中只有皇帝才可以走的御道上，走在20多位皇帝走过的御道上。

御道是用青白色的巨大石块铺就的，据说每块石头重上万斤。巨石铺就的御道应当从大明门开始，但保留到现在的只能从天安门前的金水桥开始了。由于石质不同，每块石头磨损的情况不一，但那种厚实、沉重、坚硬甚至顽固的感觉是一样的。御道之外的东西都已经变了或正在改变，消失了的也不在少数，唯有这些石块纹丝不动地存在着，见证着、记录着、记忆着全部历史。

也许因为经历了太多的风雨，经历了太多的磨炼，坚硬沉重的御道终于变得光滑柔润起来。其实，真实的情形应该是这样的：自1420年起的近500年里，铺就御道的巨石基本无多少变化，因为20多位皇帝走过的次数数得出来，殿试的前三名也数得出来，这些数得出的脚步根本无损御道巨石的粗粝与坚实；然而，自从皇宫转型为博物院之后，尤其是近几十年来，每年数百万、数千万的参观者在古老的御道上来来往往，很快就把这条坚硬顽固的石道打磨得光滑柔润又闪闪发亮了。就是这条现在变得光滑闪亮的中轴御道，穿过无数的风雨，引领无数的人走进京城、皇城、紫禁城最核心、最重要的地方，走进历史的深处和高处。

中轴线上

对于中国现在的首都，也是中国历史上著名的古都北京来说，2008年北京奥运会的一大亮点、特大收获，莫过于让全世界的人，也让北京人突然发现或者更加清晰地看见和感知到了那条伟大的中轴线。这一设计从最北端的奥林匹克公园的建设就开始了，随着“鸟巢”（国家体育场）的成形和完成日益清晰。当然，中轴线闪亮登场的高潮，还是奥运会开幕式上仿佛来自天外的巨人在天空中踏出的脚印。仿佛来自天外的巨人从永定门的上空跑向“鸟巢”的上空。那一刻，不只是北京人，全中国的人乃至全世界的人都清清楚楚地看见了——29个巨大的脚印刹那间照亮了北京城那条笔直的、伟大的中轴线。

第29届夏季奥运会开幕式的设计者着意突显的中轴线南起永定门，北至奥运主会场“鸟巢”。事实上，它们并不是中轴线的两端。更确切地说，中轴线本无起点与终点。中国古代的宇宙观认为，天有天轴、地有地轴，且天地对应。中轴线既是中国古代都城营建的时空定位，又是可以无限延伸的时空概念。现代的延伸与古代的延伸遥相呼应——古代永定门正南的

36

南苑，是从中轴线向南延伸出来供皇帝狩猎、操练军队的皇家御苑；现在鼓楼、钟楼正北，是从中轴线向北延伸出来的“鸟巢”、奥林匹克公园。而中轴线的无限延伸，贯通了广袤大地、江河山川，贯通了古代现代、时间空间。

600多年前，随着这条中轴线的确定，中轴线上最重要的建筑——紫禁城，横空出世。从那个时候开始，这座集中了当然也代表了中国古代建筑科学、建筑材料、建筑工艺、建筑艺术最高水平的建筑，这座宏伟的皇帝宫城，就以其独特的魅力吸引着世界的目光。一直到今天，紫禁城依然是世界上规模最

36 紫禁城里的太和殿，其位置被认定为北京中轴线的原点。太和殿大修时，在太和殿高高的屋脊正中分别向南望、向北望。

大、保存最完整的木质结构皇宫建筑群，举世瞩目。近600年后，以紫禁城为核心的中轴线上，一座足以代表当今建筑科学、建筑材料、建筑工艺、建筑艺术水平的巨大的“鸟巢”横空出世。由于第29届夏季奥林匹克运动会的开幕式，由于接下来诞生的一连串世界纪录，更由于它与紫禁城的关系（从建筑文化的意义看），“鸟巢”以超乎寻常的影响力备受全世界关注，并被评为当今世界上最具代表性、最优秀的建筑之一。跨越近600年的时空，紫禁城与“鸟巢”，森林般的木结构网络与森林般的钢结构网络，连绵铺排着黄色琉璃瓦的古代皇宫建筑与扭结舞动的灰色钢筋铁骨，在同一条中轴线上相守相望。完全有理由相信，中轴线上古老的紫禁城与现代的“鸟巢”，会成为彰显中轴线深厚历史内涵，以及连接过去、现在、未来的最有意味的形象标志。它们所具备的象征性意义，会随着时间的流动，越来越被人们认知、记忆。

正如没有这样一条中轴线为北京定位奠基，古老的北京可能就没有这么伟大一样，没有这条中轴线为奥林匹克主会场定位，现代的奥林匹克运动会就会缺少些历史感。古老的中轴线、古老的紫禁城当然没想到也想不到会和今天的奥运会产生如此直接的联系，但是，经典的建筑文化、经典的建筑艺术，它们的伟大与力量，正体现在其历久弥新的生命力上。

37 紫禁城的御道、北京城的中轴线，伸向太和殿，穿过太和殿，伸向“鸟巢”方向。

『太和』在上

中轴线上最重要的建筑是太和殿。紫禁城所有的建筑簇拥着太和殿。最大的广场上只有一座最大的房子，最大的房子里只有一座最高的台子，最高的台子上只有一个最高的座位，最高的座位上只有一个人坐着。只有在这个地方才能确认皇帝的身份，确立皇帝的地位。皇帝是什么？皇帝就是太和殿；太和殿是什么？太和殿就是皇帝。必须让这座宫殿成为天下至高无上的宫殿，必须把这座宫殿建造成“座”拥天下的宫殿。

八门洞穿九门开

长长的御道平整光亮，直直地穿过天安门、端门，伸向高大的城墙和雄伟的城楼正中，钻进午门的门洞。紫禁城厚重的红色大门仿佛是被笔直的御道推开似的。穿过午门门洞，在期待看见下一个门洞的时候，梦幻般的世界豁然浮现——弯弯的内金水河、金水桥横在眼前，四面黄色的屋顶铺排开去，融入蓝蓝的天空。继续前行的御道越过白色的内金水桥，突然停止在殿宇般的太和门前。站在太和门高大宽敞的廊柱间回望一路走过的中轴线，依次透过午门、端门、天安门望远镜般的拱形门洞，居然看得见驶过天安门广场的一辆又一辆公交汽车。如果千步廊还在，如果大明门还在，如果天气晴朗，一定能继续依次透过大明门、正阳门、永定门的门洞，看到更远更远的地方。这就是伟大的中轴线能够穿越时空的力量所在吧。

同时，你又会强烈地意识到，你必须且只能沿着笔直的中轴线走，通过重重门、层层墙才可到达太和门、太和殿，进入皇帝的宫殿——这就是所谓伟大的中轴线“王”道、“霸”道、威严庄重的力量所在吧。

38

从午门中间门洞走进紫禁城，还没走出门洞，天穹中的太和门已经出现在眼前了。太和门是皇宫中最重要的太和殿的南大门。

38 太和殿最早名为奉天殿，太和门则名为奉天门。

那就站在太和门正中，环视前后，仔细体察其中的“奥秘”吧。

早在《周礼》记载的周代礼制中，就有天子“五门三朝”的讲究，一直流传下来，又有了“九五至尊”的说法。现在看起来，确实有些数字游戏的趣味，但在王朝帝制的历史上，一旦和帝位皇权纠缠在一起，就被阐述成必须遵循的“经典”了。比如，阴阳说里，单数为阳，双数为阴，阳为乾，阴为坤，皇帝就是乾阳的代表。一、三、五、七、九，阳数里五居中，就有了“王者居中”；九最大，就有了“九五至尊”。紫禁城里，这样的数字组合、数字表达无处不在。单看中轴线上的门——永定门、正阳门、大明门、天安门、端门，五门之后，正是紫禁城的正门午门；加上紫禁城里的太和门、乾清门，以及后门神武门，一共是九座门。午门外是外朝；午门至乾清门是治朝，

39

从五座汉白玉金水桥中间的御道桥走过。洁白的金水
桥过渡，左右两门陪护，皇宫的大门居中端坐。御道
桥两边的望柱为云龙柱头。其余桥上的望柱造型被称
为火焰柱头；因阴刻24道曲线，又有“二十四节气望
柱”一说。依我看来，宫殿里最怕火灾，依其造型，
39 倒不如叫作“水滴柱头”为妙，且与云龙标配。

也称前朝；乾清门内是燕朝，也称后朝、后寝——天子“五门三朝”，或者天子“九门三朝”。不论怎么附会，怎么发挥，数字和次序是不会变的。

我也比附过。为了亲身体验一番别人说的了不起的中轴线的力量，体会中轴线和北京城的关系、和皇城皇宫的关系，我从复建的永定门出发，向着太和殿走去。大明门不在了，我假设还在。穿过一个又一个门洞之后，我登上了太和门。我站在太和门中间，回望我走过的中轴，回望我穿行过的门洞。我有我的算法：永定门两个，正阳门两个，大明门一个，天安门、端门、午门各一个，发现一共是八个门洞；可是，一加上我站立的太和门，又是九个！

九门九重天。

我知道太和殿就在我的身后。我转过身来，发现笔直的青石御道并未停止在太和门前，它已经穿过太和门，直向巍峨的太和殿而去。

宫殿巍峨，屋脊伸向辽远的天空——近在咫尺的宫殿立刻

遥不可及了:

八门洞穿九门开,

大殿崇楼顺次排。

青石御道何处去,

奉天本在云霄外!

别有洞天

从天安门走进紫禁城的道路设计，实在是太有引导的力量了。首先，你一定是在对宏伟城楼（天安门）的仰望中，在它的吸引下，走过鲜亮洁白的拱形汉白玉石桥，然后不由自主地进入高深莫测的长长的门洞；接着，还是在对宏伟城楼（端门）的继续仰望中，在它的吸引下，再一次不由自主地进入一个高深莫测的长长的门洞。你以为可以走进紫禁城了，然而，等着你的是更加宏大、更为雄伟的城阙城楼——午门。

通向紫禁城的道路设计，其核心不只是引导你，而是强迫、规范你的身体与意识——必须走在这条预设的道路上，必须走进预设的门洞里，三进三出，直到你充满疑虑、茫然甚至绝望的时候，突然给你豁然开朗的奇异感觉。似乎不这样，你就不可能发现一个超凡脱俗的、皇帝的新世界。

连午门的门洞设计，也寓意十足。其本身是和其他门洞一样的券洞式门洞，但午门门洞入口处，即向外的一面，特意处理成与城阙相应的方形；而出口处，即向内的一面，保持了圆拱形——别有洞天，地方天圆，外面是“地”，里面是“天”。这

40

一看似不经意的设计，就是要千方百计但又很自然地让你经历神奇的三次穿越之后，给你超凡脱俗的感觉，让你自己问自己：我看见的，我正要走进去的，是人间天上，还是天上人间？紫禁城的城门由此被赋予沟通天地的功能——从俗世进入天界。再加上一出圆拱形门洞，展现在眼前的是开阔空旷的巨大广场，本来是皇宫的前庭前院，就这样给了你天上宫阙的感觉。

在午门与太和门之间这个空旷的空间里，在进入皇宫后的第一个大院落里，站在任何一个角落，从任何一个角度打量，你总会看见，洁白的汉白玉栏杆护卫着的、贯通东西的金水河。隆起的洁白的汉白玉金水桥作为核心，以其凹凸有致的曲线，烘托起四面八方、漫无际涯的黄色世界，烘托着黄色的世界融入蓝天白云。你或许会看见，在四面八方、高高在上的黄色世界的控制下，在太和门前两只威猛的青铜巨狮的监视下，柔顺

40 从太和门广场东西两侧由近及远地眺望，不同的点位、不同的时光，总会看见洁白亮丽的汉白玉金水桥，汉白玉栏板、栏杆、基座，烘托着红墙、红门、红窗、黄色屋顶的殿宇，与蓝天白云、晚霞落日，融汇出一派“天上人间”的气象。

如弯月、饱满如弯弓、洁白如玉的金水河和金水桥，在皇帝无比宽阔的庭院里舞动着曼妙的身姿。

作为皇宫的前庭前院，这一开阔的广场，又是四通八达的分流中枢。广场南面，午门城楼下的五个门洞，既是进宫的门，又是出宫的门。城楼东西两侧，是登上午门城楼的东西马道。马道旁边，还有顺着灰色城墙分别通往东南、西南一带各类库房的平坦而无门的通道，通道设置得隐蔽，但便于运输各类物资。广场的西面与东面，除了金水河从朝房下面流入与流出（暗河），西有通往武英殿、西华门的熙和门，东有通往文华殿、东华门的协和门。广场的北面，亦即广场正面，一字排列三座门：太和门居中，东侧昭德门，西侧贞度门。数一数，太和门广场四围，总共16个出入口。出入口虽多，但主次分明、形态得体、显隐适宜，丝毫不影响分流中枢的整体感。

原因何在？在这个巨大的空间中，你不得不佩服设计者精准的把握：任何一个方向的分流，任何一种功能的实现，任何一处形态的处理，都不会改变它们朝向太和门的位置与拱卫太

和门的职责。因为在这个空间里，太和门是真正的宫殿大门，是通向紫禁城中最重要、最核心的宫殿的大门。

也许出入口太多了，虽然管制严厉，但时间一长，难免出点不大不小的乱子。据说明嘉靖十八年（1539）一个炎热的夏夜，一个精神错乱的男子不知何时从何处混入，竟然裸体端坐在奉天门内“御门听政”的皇帝座位上，第二天一早才被看门的太监发现。清嘉庆十五年（1810），一个叫蒋廷柱的小官员，据说脑子也有点问题，从午门混入，竟然在东面的协和门前、金水河边放起鞭炮来，噼里啪啦的鞭炮声惊乱了沉寂的宫廷。这类事件，设在东西两侧的实录馆、起居注馆大概是不会记载的吧？

真假太和门

午门正中的御道门正对太和门。

在宫城的正门午门外任何一个角度看，坐北朝南的雄关午门是绝对的主体、主宰。而一旦从午门进入紫禁城，直面宫殿的正门太和门之时，午门即刻成为太和门的倒座门，成为太和门的陪侍者、服从者。

太和门也一样。在午门与太和门之间的广场里，通向太和殿的太和门是绝对的主体、主宰。而一旦从太和门进入太和殿广场，直面太和殿之时，太和门即刻成为太和殿的倒座门，成为太和殿的陪侍者、服从者。

本来是一个够隆重、够盛大的空间的主宰者，居然一转向、一转身，就变身为另一个更隆重、更盛大的空间的服从者。这或许是皇帝时代鲜明等级制的含义与特征。但是，这种由体制和位置决定的两面性，并不影响它们在各自空间里的主宰地位，何况它们都是雄居御道上的重要建筑。

紫禁城里的主要建筑，皇帝直接使用的建筑，一定不是建在平地上的，一定要建在须弥座台基上。须弥来自佛教文化。

41

皇帝的宫殿建在须弥座上，取须弥之神圣、崇高、中心之意。端坐在汉白玉须弥座上、被汉白玉栏杆簇拥着的太和门，由当时铸造水平最高、体量最大、气宇非凡的青铜狮子守卫，与由汉白玉栏板和栏杆护卫着的金水河，以及汉白玉金水桥，形成优雅的组合，既庄重雍容，又灵动圣洁。

作为太和殿的南大门，太和门自然是紫禁城中规格最高的大门。汉白玉须弥座台基高3.44米，基座上的殿宇式大门，面阔9间，进深4间，建筑面积达1 300平方米。拾级走进太和门，总觉得不是进了门，而是登了堂、入了室。满堂红柱林立，屋顶彩绘满铺。能开能合的3座门开在殿堂的最北边，6扇门朱漆金钉，光彩夺目。门的前面是开阔敞亮的厅堂，可以充分利用。事实上亦如此，许多治国理政的大事在这里进行。明朝时太和

41 在午门城台上午门城楼北面看太和门及其东侧昭德门、西侧贞度门。

门名奉天门、皇极门，是明朝皇帝“御门听政”之处，既是大门，又是殿堂，当门听政，当堂议政、行政。清朝入关的第一个皇帝顺治帝，就在此门登极，颁诏天下，宣告一个新的朝代开始。

明朝早期的皇帝们还是很勤政的，差不多日日早朝。每日天蒙蒙亮，文武百官就得匆匆赶到，风雨霜雪概莫能外，想来也是极辛苦的差事。维修太和门的时候，我发现门厅东南角大红柱旁的地面上，原本极结实的“金砖”竟有凹痕，显然是被双脚磨出来的。想来站在这个位置的大臣，不大被皇帝看得清楚，也不大为别人关注，有机会不停地活动冻痛的双脚。这里也有可能是侍卫值守的位置，站立既久，又不为他人注目，双脚的活动便可以更频繁些。

明朝的嘉靖皇帝，以藩王的身份进京即位，先是拒绝从东华门进宫，坚持由午门进宫，直登奉天门，以示名正言顺。又为坚持追认自己已故父亲兴献王为皇帝等事，与大臣们发生了似乎不可调和的“大礼议”之争。嘉靖三年（1524）七月，竟有九卿、翰林、给事中、御史，以及吏部、户部、礼部、兵部、刑部、工部等200余名文武官员跪伏于广场东门左顺门（清更名为协和门），向嘉靖皇帝抗议、请愿、示威，并由跪伏到数人撼门大哭，再到数百人伏哭不止，哭声响彻紫禁城。尽管伏谏官员如此之多，伏跪长哭达七八个小时，但跪着的毕竟熬不过坐着的，趴着的扛不过站着的，嘉靖皇帝当即命锦衣卫将带头者捉拿下狱，随后分别惩治所有参与者，其中17人被活活杖毙。

且不论发生在左顺门的这件震动朝野的大事的来龙去脉、是非曲直，也不说这件事到头来还是进一步强化了皇帝的集权，现在每每走过太和门广场金水桥东面的大红门，数百名朝廷命官在此处伏地长跪大哭的情景总是恍若在眼前。

是啊，皇帝对帝制的维护，对家族利益的维护，总是离不开暴力杀戮。朱元璋做皇帝后，不仅迅速加强集权专权，更创造了以特务手段、特务机构、特务政治维护权力的法子，创造

42

43

44

42　刚刚修缮一新的太和门内部。

43　消防演习时的贞度门。清光绪年间的大火就是先从这个地方烧起来的。

44　太和门门厅东南角红柱旁的磨痕。

了10多年杀戮45 000余人的历史纪录，几乎杀尽了功臣宿将。他的儿子，建造紫禁城的朱棣，也创造了灭十族的历史纪录。这个传统，是被他们的子子孙孙继承并发展了的。而且，他们创造的杀戮手段，简直变态，残酷不忍记，千古未见。动辄在宫廷里当众剥开廷臣的衣裤，杖打屁股，打得皮开肉绽，既辱心志，也痛皮肉，立毙杖下者不在少数。不过，令人奇怪的是，明朝皇帝随意杀戮，随意廷杖，随意下诏狱，对士大夫的随意施虐无以复加，反而激起士大夫前赴后继的群体性自虐式抗争。杀人打人的，用杀和打捍卫帝制的纲常名教；被杀被打的，用找杀找打博取捍卫纲常名教的名声——只有在极端的皇权至上、帝王专制的恶劣政治环境下，才会生出此类杀者与被杀者为了同一目标行动的悖论式怪状。

和它后面的太和殿一样，太和门也没逃脱被烧毁的厄运。它在明嘉靖时期烧毁过一次。最惨的是清光绪十四年（1888）十二月十五日深夜，大火从太和门西侧的贞度门烧起，向东延烧至太和门，继续向东延烧至昭德门。失火灭火持续两天两夜，太和门和左右两侧的昭德门、贞度门以及廊庑全部被烧毁。这时距光绪皇帝大婚仅一个多月，而太和门又是皇后凤舆入宫必经之处，重建一座面阔9间、进深4间的宏伟宫门已无可能。不祥之兆，朝野震惊。皇帝的大婚日期是万万不可更改的。情急之下，在原址按太和门形制搭建了一座彩棚应急，居然搭出了“虽久执事内廷者，不能辨其真伪”的效果。这么重要的场所，这么重大的事，竟能做到如此以假乱真，真算得上一桩天大的奇事。想来在慈禧太后专制之时，集中京城甚至全国的能工巧匠作假造假、以假乱真并不是办不成的事情。

广场进行曲

踩着皇帝的御道走进紫禁城，钻出一个洞又钻进一个洞很开眼界；穿过一个又一个洞，看见一片又一片大广场更开眼界。太和门广场已经大得意想不到了，跨过太和门的高门槛，一片更大的广场铺展在眼前，且是尽收眼底的下沉式广场。太和门广场虽大，尚有一道委婉洁白的金水河护栏贯通东西，其上有五座隆起的汉白玉石桥，可是，更大的太和殿广场却空空荡荡。

立刻想到一路走过的一处又一处广场。不必说已经几乎完全变样的天安门广场，只说端门广场、午门广场、太和门广场、太和殿广场——皇城、宫城内部超过10 000平方米的大场地，全部集中在中轴线上，与那些最重要的建筑组成最重要的建筑空间。

第一次准备从天安门门洞走进紫禁城的人根本不可能想到，等待他的至少是三座几乎同样大小的深深的门洞，三座同样高耸的门楼，三处一处比一处开阔广大的广场。天安门高34.7米，端门高34.37米，午门高35.6米，太和殿高35.05米。原大明门至天安门之间的广场宽60米，天安门与端门之间、端门与午门

45

46

45 太和殿广场。

46 太和殿广场。右为广场东侧的体仁阁，明初称文楼，明代曾在此楼存放《永乐大典》，清初改名体仁阁，后为内务府缎库。与体仁阁相对的广场西侧为弘义阁，明初称武楼，清初改名弘义阁，后为内务府银库。

之间的两个广场各宽100米，午门与太和门之间、太和门与太和殿之间的两个广场各宽200米。午门前的凹形广场面积9 900平方米，太和门广场面积26 000平方米，太和殿广场高台下面部分的面积就超过30 000平方米。一个广场比一个广场宽大广阔，直至太和殿广场成为建筑群内部的最大广场。

正是这样的广场空间的营造，不管是从过去的大明门开始，还是从现在的天安门开始，使人愈往里走，愈觉得高深莫测、气势雄伟、博大开阔，愈觉得其中弥漫着无比的威严。

这威严一层又一层地包裹每一个身临其境者的身体，一次又一次地震撼每一个身临其境者的心灵。当站在太和门后面，看见更宽阔的太和殿广场的时候，看见巍峨地矗立在广场最高处的太和殿的时候，虽然仍是惊异不已，但已经深信不疑：在这样的建筑世界里，什么样的空间奇迹、什么样的惊异感觉都有可能随时产生。

皇帝的广场就是这样，最深、最核心处的广场最大，最接近皇帝的广场最大。以每平方米站立四个人计，太和殿广场足可容纳十几万人。可是，在皇帝面前，在皇帝的宝座面前，再大的广场也得沉下去。太和殿广场四面的围房统统建在高台上，太和殿建在更高的三层汉白玉台基上。皇帝站在最高处，四下刚好与他站立的台面齐平的屋檐朝他匍匐而来。在皇帝的眼底脚下，沉下去的空荡荡的广场上即便站满了人，站了十几万人，也无非如空旷广场的七层墁砖地面上又多墁了一层砖而已。

皇帝的广场是没有也不需要生命的广场。皇帝的广场既不养草栽花，也不植树造林。没有花草树木，更显空旷博大。从树丛中走过，从林荫道走过，与从空旷中走过的心理感受、精神状态绝对两样。没有草木的气息，没有生命的气息，才算得上冷静冷漠，才够得上威严威慑。皇帝登极、大婚、万寿的大典如果在树影婆娑中举行，皇帝出巡、回宫的壮观队伍如果行走在林荫道上，皇帝的威仪就不能与日同辉了。如果在午门前的树林中献俘，城楼上的皇帝将帅如何炫耀、彰显和体验胜利的荣光？如果在午门前的树林中杖击大臣的屁股，被惩治的臣子怎能被光天化日下的重创羞辱到极致？

皇帝的广场通常情况下是空无一物的，但它的形制绝对容得下万千世界。皇帝随时可以举行规格最高、最盛大的仪式，站在最高处讲话的声音可以通达四面八方，而跪伏或站立在广场上的一个人、十个人、百个人甚至十几万人，他们的存在与否，皆可忽略不计，就像无数从砖缝石缝间长出来但很快就被无遮无拦的酷热太阳晒萎晒死的荒草。

皇帝的广场上只上演程式化的正剧、悲剧。这样的露天舞台上只允许一位主角发出一种声音，只允许一位天下最高音歌唱家尽情高歌、声震云天。其余所有的人都有规定好的位置、规定好的职责，如太和殿广场上清晰可见的破碎旧砖、磨出裂缝的石头，尤其是御道两侧早已苍老发白但仍很整齐地指示固定位置的那些叫作仪仗礅的坚硬石头。即便可以发出些声音，除了震天动地的“吾皇万岁万万岁”，其他无外乎是些整齐协调的对皇帝声音的应声与和声。

一个接一个的“皇帝的广场”，其作用就是凝天下之神，聚天下之气，其发出的声音就是天地之音、天子之音、帝王之音。这就是“皇帝的广场”这一空间创造出来的音响效果，这就是独特的紫禁之声。或许这就是所谓的“大音希声，大象无形”吧。

紫禁之声的基调，紫禁之声的主旋律，早已被天地对应、天人合一的中轴线规定好了。被中轴线穿起来的一个个宽广的广场，是起伏的旋律中不断产生高潮的绝妙空间。中轴线两侧连续对称铺排着大大小小的院落，其中的各种和声，通过宽宽窄窄的通道汇入一个又一个广场。紫禁城在建筑空间的调度上，以群落及单体建筑的大小、高低、宽窄、疏密的无穷变化与奇巧组合，精妙调配，创造出一部主旋律突出、多声部协调的恢宏的中国建筑交响曲。

协调一致、配合和谐的紫禁之声因此主次分明、循序渐进。主调、和声……序曲、前奏、协奏、鸣奏、交响……由弱到强，由慢到快，由低到高，一次又一次出现，一遍又一遍回转，产生一个又一个高潮，不断陈述、一再强化着君权神授、受命于天、唯我独尊的鲜明主题。

最后，我们在高高的景山上看到和听到的，就是这样一部既悠长又嘹亮、既激越又恢宏、主题鲜明、叙事宏大的紫禁城交响曲。

寂寞栏杆

在宏大的紫禁城建筑中，集中在中轴线上的重要建筑，形式大于内容，或者说形式即内容，主要功能不在实用，重在礼仪。太和殿最为突出、最具代表性。在太和殿周围建筑空间的构成中，又以簇拥着太和殿的层层叠叠的洁白的汉白玉栏杆最为突出、最具代表性。不只是太和殿的栏杆，紫禁城里所有的栏杆都如此。只具礼仪性的审美作用、只有单纯的装饰观赏价值的，大概唯有数不清的栏杆了。正如紫禁城把中国古代建筑技艺发展到极致一样，紫禁城也把中国的栏杆艺术发挥到了极致。

最好看的是和蜿蜒的金水河融合在一起的栏杆。任何人经过天安门，都会觉得搭在天安门前一座座金水桥拱形桥面上的一排排白色石栏杆漂亮极了。可是，一旦穿过午门，立刻会惊讶不已：原来更漂亮的河、更漂亮的桥、更漂亮的栏杆，在紫禁城里面。

如果遇上蓝天白云的好天气，所有走过白色石桥的人都会惊喜地发现：洁白的栏杆漂在水里，飘在天上，在蓝天白云的

47

47　层层重重栏杆，簇拥着、烘托着三台之上的三大殿。

波动间隐现出没。由西向东漂过宽阔的太和门广场的逶迤的金水河，就这样始终被洁白的栏杆上上下下、水里水外地护卫着。正是由于栏杆的呵护与提升，金水河才有了飘动起来的姿势。金水河上的五座金水桥当然是太和门广场上栏杆最集中的地方了。远远望去，那里隆起了一片白色的石林。白色的石林作为中心，牵引着正前方太和门前的白色栏杆，牵引着太和门两侧昭德门、贞度门前的白色栏杆，牵引着西北角、东北角的白色栏杆，牵引着西面熙和门、东面协和门前的白色栏杆——四面被红墙、红门、红窗和黄色的大屋顶圈起来的太和门广场，方方正正，达数万平方米，就这样被白色的石栏杆牵引着与金水河一起飘动起来了。

将紫禁城中最重要的太和殿、中和殿、保和殿高高地托举起来的三层台基，其上的栏杆层层叠叠，无疑最为壮观。同样是洁白的汉白玉栏杆，与金水河融为一体时，因临水而分外地

灵动；而与三大殿巨大的“土”字形台基融为一体时，则因靠土而无比庄重。

通体精雕细刻、充满神圣宗教气象的三重须弥座高台，已经足以奠定紫禁城中最大宫殿至高无上的地位了；围绕三重须弥座，由1 453根望柱、1 414块栏板、1 142个螭首组成的石栏杆，努力地向上簇拥着、装饰着那座稳定的“土”字形高台。特别是蓬蓬勃勃生长着的上千根云龙云凤望柱的铺排与拥护，更让天子的宫殿永远稳稳地矗立于超凡脱俗的境界之中。上千根望柱层层升高、直指云天，上千根望柱雕云雕龙雕凤，上千个龙头从望柱旁伸出，上千块栏板云头飘忽。栏杆上有云翻卷，云中有龙腾跃、有凤飞翔，青铜香炉上有香烟飘扬缭绕，这些把天子的宫殿缥缈成天上的玉宇琼楼。

且不说成千上万的雕栏玉砌烘托的是天下最高大、最壮观的宫殿，任何人在任何时候从任何一个方向和角度，不论是近

距离观看，还是远距离眺望，栏杆弥漫开来又聚拢起来，纯洁的栏杆世界之上的任何存在，都会使人心中升起敬畏之感、至尊之感、神圣之感。

高台和围栏在视觉上凸显出建筑的重要性。紫禁城中三大殿的台基无疑是最大、最高的，周围的栏杆无疑是最多的。其余重要的建筑，如乾清宫、交泰殿、坤宁宫、钦安殿、文华殿、武英殿、奉先殿、皇极殿、慈宁宫、寿康宫等，还有太和门、乾清门等，也统统建立在高低不等的台基上，统统由栏杆护卫着。高台和栏杆早已成为识别和欣赏重要建筑的导引和标志。在紫禁城重要的区域，几乎到处都能看到它们俊俏秀美的身影。

栏杆作为建筑组合中的一部分，并不是必要的，但有时候在有些位置上，却是最重要的，往往承担起最独立和最出色的建筑角色。它们独立的空间形象、排列组合的群体效应，总能给单调的空间增加丰富的活力，在规整的环境中焕发勃勃的生机。就说色彩吧，那种温润的白，在紫禁城大红大黄主宰的色彩世界里，却白得出色；而当大雪将紫禁城覆盖为白色世界的时候，它们纯净地凸显，更显出本色且出色的雍容尊贵。还有声音，走近那些与金水河相伴相生的临水栏杆，仿佛看见琴的弦、琴的纽，听见琴的声音融入流水；走近那些与高台相拥相长的朝天栏杆，仿佛看见无数的笙管齐鸣，听见雄壮整齐的鸣奏曲直入云天。尤其是在日落人静时分，天籁与栏杆之音浑然天成。

走进紫禁城，壮丽无比的宫殿群自然令人神往；可是，当你看到那些洁白的汉白玉栏杆的时候，眼前还是一亮——最引人注目的竟在一瞬间变成栏杆了。它们是紫禁城方正里的委婉、庄严里的灵动、大红大黄里的纯净。或者说，它们的委婉使紫禁城更加方正，它们的灵动使紫禁城更加庄严，它们的纯净使紫禁城更加艳丽。

一看到这样的栏杆，一听到这样的栏杆之音，很难不想到倚栏、抚栏、栏杆拍遍的古诗古词。然而，紫禁城里的栏杆，皇帝的栏杆，可不是用来倚或抚的，更不是用来拍的。当然，除了皇帝，绝没有敢倚敢抚的，更没有敢拍的。尤其是拍栏杆，总是居高临下者的姿态和行为。自觉在高位上，自以为有能力和权力左右天下，可实际上不是也不可能这样，便只好拍栏杆去了。只是皇帝的栏杆太多了，天下的栏杆太多了，所谓的“栏杆拍遍”终归是空话，是急话，是气话，是没办法的话，也是发泄愤懑和牢骚的话。仅紫禁城中的石质栏杆接连起来，就有十几里路长，不要说拍遍了，若不认真、不用心、不凝神静气，数遍数清都不易。不过，皇帝们是很少拍他们的栏杆的，别人不能也不敢拍。世界上数量最多、材质最佳、雕刻最好、最亮丽的汉白玉栏杆，在皇帝的时代里，其实是最寂寞的。

紫禁城里的栏杆簇拥着繁华的宫殿，最热闹，也最寂寞。

“座”拥天下

紫禁城总能带给我一些奇异的感觉，它常常让我忘记了它是建筑，让我注意不到它的建筑性特征。

我异常清晰地记得，2003年10月28日，一个深秋的傍晚，数万游人离开紫禁城后，为纪念故宫博物院建院80年而拍摄的

48

大型纪录片《故宫》的开机仪式在三台之上太和殿前的平台上举行。

仪式结束后，所有参加仪式的人们伫立在宽敞的高台上，久久不肯离开。居然没有一个人说话，人人凝视沉思。喧嚣北京中的紫禁城寂静得出奇，仿佛听得见夕阳余晖那迷蒙的橘红色慢慢涂抹在红墙金瓦上的声音。

午门、端门、天安门、太庙的背影，越来越清晰。人民大会堂、国家博物馆的侧影越来越清晰。广袤的华北平原、泰山、黄河、长江、珠江、东海、南海、青藏高原——万里江山奔来眼底。真有些“天地为一朝，万期为须臾。日月为扃牖，八荒为庭衢。行无辙迹，居无室庐。幕天席地，纵意所如”的感觉。置身这重重叠叠灿烂辉煌的皇宫核心，眼里心里什么都有，却也什么都没有了。

这个时候，我站在这样的位置上，更真切地感到太和殿不只是一座建筑，更是一处“座”拥天下的位置。

这样的建筑，这样的位置感，当然是为皇帝创造的，当然是皇帝创造出来的。朱棣下决心把他经营多年的北京定为他的都城。但只有京城是不够的，不显其尊，因为京城的平民百姓可与他共享；他要有皇城，有了皇城也是不够的，不显其独，皇族官宦可与他共享；他要有宫城，皇帝独有独享的宫城。反

48　太和殿。

过来说，他坐拥宫城是不够的，要有皇城；坐拥皇城也是不够的，要有京城；坐拥京城还是不够的，要有天下，要有上天之天下，天子之天下。于是，他把他的这座宫殿命名为奉天殿（嘉靖间重建更名皇极殿，清顺治重修更名太和殿）。

中轴线是最重要的。最重要的建筑都在中轴线上。中轴线上最重要建筑的核心是太和殿。太和殿比中轴线更重要。像一个人的心脏一样，四面八方的建筑群落将太和殿团团围定。事实上，是太和殿的位置，决定了它周围所有建筑的位置。是的，这座宫殿一定要端坐在中轴线的轴心处。它必须是伟大中轴线上的原点。以太和殿为核心，以中轴线为基准线，整座紫禁城纵横线索网络清晰，大小群落铺排有序。

太和殿是皇帝登极的大殿，只有在这个地方才能确认皇帝的身份，确立皇帝的地位。皇帝是什么？皇帝就是太和殿。太和殿是什么？太和殿就是皇帝。太和殿是皇帝的宫殿。皇帝来了。眼前是他的宫殿，里面有他的位置。只有他可以轻松地走进去。不想走可以不用走，可以让别人用大轿子抬他上去。可以从云龙出没的三层大石雕阶石上凌空而上。如果那样的话，一定会有一种飘上去、飞上去的感觉，甚至有一种飘上天、飞上天的感觉。他进去了，他刻意地站在中央，他必须坐在中央。高高在上，一切尽在指掌之间。我即天子，天子即我；我即天，天即我。我融入天际，天地之间唯我独尊。别人——臣民——只可望但绝对不可即。没有旨意，没有召唤，没有允许，不可上台，不可入内。上来、进来亦不可昂首挺胸，必得低头、弯腰、下跪。

为此，必须把这座宫殿打造成天下的核心。必须把这座宫殿建成“座”拥天下的宫殿。这座宫殿的位置、基础、体量、外部内部空间、结构、材料、色彩等都必须是“座”拥天下的。

北极星高悬在它的上方。它在地上的位置如同北极星在天上的位置。它指向所有，所有指归于它。

它的面前是紫禁城建筑群内部最大的广场。任何建筑都不可挡住它通达万里的视线。超过30 000平方米的空旷广场足以把任何人的视野引向无限。

它的基础必须是最雄厚、最坚实的。为了它的坐落，26 000平方米的“土”字形台基拔地而起。它坐落在“土”字的“十”字交会处，在世界上最大的“土”的中心。“土”字台基深入地下8.5 米，高出地面8.13米。打桩、换土、投石、填砖、夯筑、加筏，16.63 米厚的坚实基础牢牢地镇住了600多年间任何一次强烈的地震，泰然自若地守护着普天之下莫非王土的不可动摇的地位。

它的包裹、装饰是最鲜亮、最壮丽的。环绕三台的一层层汉白玉须弥座，1 453根雕龙雕凤的汉白玉望柱，1 142个与云龙云凤浮雕望柱配套的汉白玉螭首，一块块汉白玉挡板护栏，一条条汉白玉台阶通道，曲折有序，逐层上升，环绕巨大的“土”字台基，铺排成林立浩瀚的白色三台。高台上下总计56 000平方米的巨大空间、重重叠叠的汉白玉三台、森林般的巨木，将深入大地的宫殿推向云天，将皇帝的宝座推向云天，将皇帝推向云天。

所有的东西都是独一无二的，甚至连色彩也唯我独有。浩瀚的汉白玉闪烁着的白，满目的红色的墙、红色的柱子、红色的门窗闪烁着的红，无边的黄色的屋顶和千千万万条龙闪烁着的黄——大面积的、单纯的、强烈有力的白、红、黄，把本来很遥远的天空的蓝吸收过来、融合进来。浩瀚的天空因此成为天子宫殿的重要组成部分，天上的色彩因此成为人间宫殿色彩的重要组成部分。白、红、黄、蓝，这些最基本也最亮丽、最鲜艳的色彩，使得天子的宫殿无比的辉煌壮丽。

在汉白玉世界簇拥着的高台上，如从厚土中生长出来似的，72 根需数人合抱的森林般的大木柱和更多的一根又一根数不清的木料撑起高达 26.92 米的殿宇，构成唯一的面阔 11 间、进深 5 间、面积 2 377 平方米的最大木构单体建筑。

在如此高大空阔的殿宇中，只在正中设一高台，高台上只有一宝座，那就是凌驾一切之上的孤零零的皇帝的宝座。最大的广场上只有一座最大的房子，最大的房子里只有一座最高的台子，最高的台子上只有一个最高的座位，最高的座位上只有一个人坐着。

与孤独的宝座日夜做伴的是遍布殿宇内外无处不有的 13 433 条金色的龙。

这里是龙的世界。

“座”拥天下的宫殿，是坐拥天下的结果。宫城皇城的营建，驱使了“十万工匠，百万役夫”，死伤无数；耗费钱财，耗费举国上下各类资源，更是无可计量。只有皇帝有这样的权力。

中国的古建筑以木料为主。建造紫禁城一定要用名贵的木材。名贵的木材主要来自云贵川、湖广一带。太和殿用的是楠木。巨硕的楠木大多生长留存在山高水远的深山老林之中。崇山峻岭，虎豹蛇蝎，瘴气毒物，史载采伐人员“进山一千，出山五百”。至于将如此大、如此多的木料经山中的河流和运河千里迢迢输送到北京，同样难以想象。仅此险恶艰难的准备木料一项，足足持续了十几年之久。

除木料外，紫禁城使用了大量的石料。中轴御道、重要宫殿的须弥座、汉白玉栏杆，尤其是大小宫殿前后雕龙雕凤的丹陛石，虽说开采自不算远的京郊房山、门头沟，但开采和运输绝非易事。太和殿所在的三台的最后面，即从保和殿后面走下高台的台阶中间，斜铺着一块紫禁城中最大的云龙大石雕。长16.57米、宽3.07米、厚1.7米，重量超过200吨。这么大、这么重的一整块石料，怎么弄到紫禁城里？明朝史料里有记载。开采用工：10 000多民工，6 000多士兵。运输：数万民工先修路，紧接着在道路两旁每隔一里掘水井一口，然后选择在滴水成冰的冬日，从井里提水泼在路面上，直到泼出一条明亮光滑的冰道。20 000多民工，1 000多头骡子，整整拖拉了28天，才将这块巨石安放到位。大约过了350年，不知出于什么原因，乾隆皇帝下令将原初的海水江崖、卷草雕刻，以及飞腾于流云间的九条高浮雕巨龙，统统凿掉，凿去的厚度约0.38米，再按照乾隆帝的意旨和审美趣味，重新雕刻成现在的样子。到底是原来雕的好，还是后来雕的好，谁也说不清了。

无数的能工巧匠，无尽的劳役死伤，建造起来的皇帝的宫殿，实际用处并不是很多很大。这么重要的太和殿，也就是皇帝即位、皇帝大婚、册立皇后、元旦、冬至、皇帝生日等庆典用一用。一年中有数的几次而已。这已经足够了。因为真正的作用、最大的作用，在于它“座”拥天下的地位、标识、符号、象征性意义，在于以程序和仪式强化声势、强化威严、强化集

权的意义。白手起家的汉朝皇帝刘邦是讲究实用的，他不大满意萧何大兴土木地建未央宫。萧何说：“天子以四海为家，非壮丽无以重威。”一说到树立和显示皇权之威，刘皇帝也就不说什么了。“壮丽”到底怎样“重威”，能起多大作用？好像用处真的不小，从苏辙求见一位大官的信（《上枢密韩太尉书》）中就可得到例证——“至京师，仰观天子宫阙之壮与仓廪、府库、城池、苑囿之富且大也，而后知天下之巨丽”。还有一位叫江淹的在《诣建平王上书》中的感受更能说明问题：“日者，谬得升降承明之阙，出入金华之殿，何尝不局影凝严，侧身扃禁者乎？”

坐拥天下对大多数皇帝而言，是坐享天下。江山是别个打出来的，基础是别个奠定的，天下是不少人支撑着的，就像太和殿矗立在雄厚的基础上，靠粗壮的柱子支撑着一样。皇帝是坐着的，并不支撑；但只要坐在那个位子上，他就以为是他支撑着，他以外的任何人都变得无足轻重。

但那个开阔的广场是重要的，林立的汉白玉栏杆、栏板是重要的，云龙大石雕是重要的，太和殿是重要的，太和殿殿顶上的“大吻”是重要的，檐角的十个脊兽是重要的，黄、红、白、蓝的颜色是重要的，以太和殿、太和殿里的宝座为标志的那个位置更是重要的、真实的。由于是一处坐拥天下的位子，争天下、抢天下就是争抢这个位子。争到这个位子，就是争到了天下。任何一个人只要能坐到这个位子上，就可以坐拥天下，就觉得自己真的拥有天下了，也可以坐享天下了。如此演化的结果是坐并不重要，谁坐也不重要。谁坐在那里都可以坐拥天下，坐享天下。清朝主宰紫禁城的十个皇帝中，不就有五位不足十岁

49

的皇帝坐在那里了吗？不到十岁的皇帝能做什么？皇帝不也成了符号与象征？成了程序与仪式？

说到底，紫禁城不是为皇帝建造的，太和殿也不是为皇帝建造的，是为了可以“座”拥天下的那个位子建造的。所有的建筑都是为了凸现那个位子。只有这个位子定了，其余才可才好安排、布局、落实。

以太和殿为核心，前方的太和殿广场、太和门广场，是太和殿宽阔的胸怀；左前方有体仁阁、文华殿建筑群，右前方有弘义阁、武英殿建筑群，左文右武，是太和殿伸出的怀抱天下的手臂；左顾是太和殿的主人们颐养天年的地方，如皇极殿、宁寿宫、养性殿、乐寿堂、颐和轩等，右盼是皇太后、太妃嫔们休憩礼佛诵经的地方，如慈宁宫、慈宁宫花园、寿安宫、英

49 太和殿2 377平方米的内部空间中，只有一座高台和一个座位。

华殿等；正后方是帝后的寝宫，左右各有六宫粉黛的住所，再往后有他们专享的花园，还有太和殿的子孙们读书的地方。太和殿需要时时左顾右盼，并时时回首眷念——这样，以太和殿为核心的整座紫禁城就既直上云霄，又四面铺排；既象征家国，又象征天下。

顺着太和殿的方向，延伸到紫禁城南，左有祭祖的太庙殿，右有祭天下的社稷坛；再往前，左有祈祷风雨的天地坛，右有扶犁耕种的先农坛……紫禁城北，则是可以将紫禁城尽收眼底的万岁山；再往北，还有晨钟暮鼓、声闻四达的钟鼓楼高高耸立。前后呼应，左右对称；远近、大小、高矮、轻重、缓急……统统在太和殿的统领下，一一排定了。

没有这条中轴线，这座城市就失去了纲领，所有的建筑都会变得散漫无当；没有中轴线上的紫禁城、太和殿，中轴线就失去了灵魂，所有的建筑不管铺排得多么有序，多么流畅，都不会出现震撼人心的高潮。是理念意志，还是艺术审美？不管

50

是什么——大山有主峰、余脉，大河有主流、支流，大树有主干、枝条——这样的核心与群落，这样的规划与布局，真的可以说是“天人感应”“天人合一”了。

50 太和殿东侧面、后立面。

龙世界

真不知道龙的形象、动态、图案，好在哪里，美在何处。但是，只要和君命天授、君权神授捆绑在一起，只一句“真龙天子”，龙就成了皇帝们的专有专用，而不管其吹胡瞪眼、张牙舞爪得多么难看、多么让人恐惧。而且，越到帝制的后期，越到明清时期，张牙舞爪得越夸张、越恐怖。越恐怖，皇帝们越受用。

紫禁城就是龙的天地。太和殿完全是龙的世界。太和殿是中国现存古建筑中规模最大、形制最高的殿宇，也是聚集了最多龙的地方。从下到上，从外到里，铺天盖地。

在巨石铺排的御道与宫殿须弥座的起降承接之处，在两边台阶的中间，一律斜铺高浮雕龙纹巨石。太和殿的最宽、最长。当从太和门后边伸出来的御道穿过宽广开阔的太和殿广场，伸到太和殿台基前时，迎面而来的是又宽又长的大石雕——江涯海水，流云腾龙，直上太和殿，直冲云霄。

太和殿、中和殿、保和殿在高高的台基上依次排列。三大殿坐落在宽广的“土”字形台基上。台基高8米多，上下三层，

51

51　三大殿三台拐角处的螭首构件。

俗称三台。拾级而上，千余云龙云凤汉白玉石雕栏杆望柱、千余汉白玉石雕螭首，层层环绕。龙凤望柱向天林立，螭首横出凌空。螭首又是龙头形排水口，口内凿有圆孔，若遇暴雨骤降，刹那间千龙吐水，景象壮观。

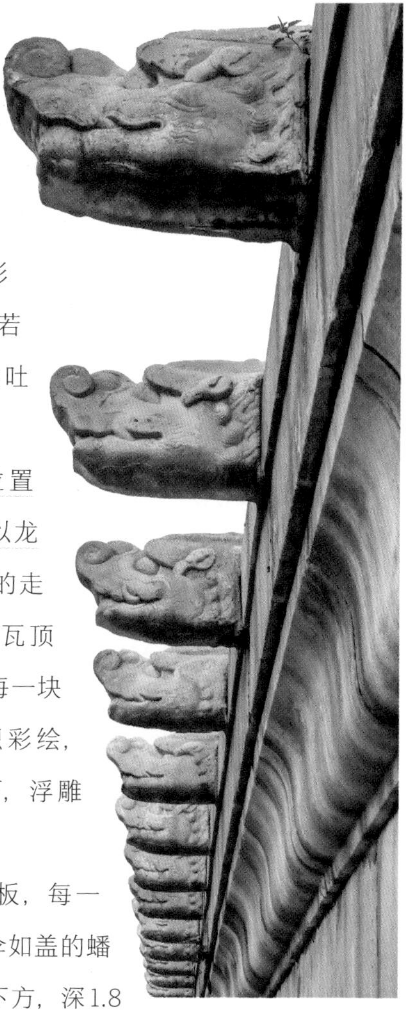

太和殿顶正脊两端位置最高的两个大吻，表面饰以龙纹，又称龙吻。殿顶四角的走兽，领头的是龙。黄琉璃瓦顶重檐数不清的瓦当滴水，每一块浮饰一条龙。檐下大面积彩绘，通体和玺金龙。门窗上下，浮雕金龙。

太和殿内，龙井天花板，每一方框内一条金龙。正中如伞如盖的蟠龙藻井，向上隆起，上圆下方，深1.8米，口径6米，金色巨龙盘卧，口衔宝珠，龙首下探。地面正中偏后，设置须弥座木质高台，高台上设置镂空金漆龙椅，即皇帝的“宝座”。宝座后为雕龙金漆屏风。宝座前设宝象、甪端、仙鹤、香筒，高台到地面的台阶间设香炉。1915年袁世凯称帝，把“宝座”换为高背靠椅，原座不知去向。1959年，故

宫博物院专家朱家溍考证寻查，在一处库房中找到已残损的原物，修复后复归原位。须弥座宝座两侧矗立6根粗壮圆柱，遍体贴金，再用沥粉贴金工艺在每根金柱上各绘一条盘旋巨龙，在海水江涯云纹的烘托下，张牙舞爪，岂止气吞江山！殿内两侧，各陈设一对高大龙柜，上下组合，柜门对开，浮雕云龙。据记载，明朝时为四对八组，由于屡遭火灾，不复存在，现在看到的是乾隆时遗物。

太和殿前，开阔的平台上，陈设日晷、嘉量，意在掌控时日；陈设铜龟、铜鹤，意在永固江山。平台与下沉式广场之间的三台云龙云凤石雕望柱栏板间，分层陈设18个铜鼎。每当皇帝驾临太和殿，大殿内的宝象、角端、仙鹤、香筒、香炉内，一起点燃檀香；大殿外的铜鹤、铜龟、铜鼎内一起点燃檀香与松柏枝。里里外外，上上下下，香雾飘忽缭绕；石雕木雕，彩绘贴金，上万条各式各样的虚拟之龙时隐时现。集中各种力量，用尽各样手段，制造神秘，制造威严，为的是烘托出一个活生生的、穿着龙袍的“真龙天子”的神秘威严，为的是让天下臣民真以为这就是凌驾一切之上的唯一的“真龙天子”。这个“真龙天子”，也以为自己真是“真龙天子”，一定要继续做好以前的“真龙天子”们做的事情，一定要更加随心所欲、无所不能地造出和留下更多非常理、非理性的事迹来。

跪拜之地

太和殿是皇帝为举行皇帝的仪式建造的。太和殿是仪式之殿。

皇帝仪式的核心是让所有人向皇帝跪拜。太和殿是跪拜之地。

在太和殿举行的最隆重的仪式，是皇帝的登极仪式。大多数情况下，新的皇帝是在办完前一位皇帝的丧礼之后，举行正式的登极仪式。每个朝代的登极仪式基本上是统一规范的。天亮之前，负责仪式的官员已经在殿内殿外，备置好所有器具，如安放皇帝御玺的宝案、发布诏书的诏案、样式繁多的卤簿仪仗等。时辰一到，皇室王公、文武百官、外来使臣，在礼部官员引导下各就各位，等待皇帝即位。首先礼部主管官员到乾清门报告大典时辰到，奏请皇帝出内朝，往外朝。这时午门钟鼓齐鸣。皇帝先到太和殿后边的中和殿坐定，掌管仪式的主要官员和侍卫跪拜后，分头到各自岗位执事。接着，礼部尚书跪拜，奏请新皇帝驾临太和殿。

王公百官，殿内殿外，台上台下，跪拜者众，排列路线长，

52 太和殿内皇帝登极的座位。乾隆帝题匾“建极绥猷”，意为帝王秉承天的旨意，按公允的准则治理国家，安抚四方。

52

那时又没有现在的扩音器，如何使这么多人的三跪九叩整齐划一？司仪再声嘶力竭，远处的也听不清楚，况且也不好听。于是，有了专司鸣鞭的鸣鞭官。长鞭用黄丝编织，鞭梢涂蜡，摔在石地或砖地上格外响亮。仪式即将开始，鸣鞭官挥摔长鞭，三声响亮清脆的鞭声在太阳刚刚照亮的太和殿广场上回荡。第一次鸣鞭是警告臣下，皇帝要出场了，皇帝正在走向宝座。鞭声响起，所有人立刻屏息静气，太和殿广场寂静无比，所以也叫净鞭、静鞭。皇帝登上高台，在宝座上坐定，鸣鞭官再挥长鞭，鞭声再次响彻广场，所有人在鞭声的指挥下，静悄悄齐刷刷地三跪九叩。想来场面奇特而壮观。三跪九叩结束，太和殿内，在皇帝的注视下，专责大臣捧起皇帝的御玺，饱蘸红色印泥，极其庄重地盖印于即位诏书上。礼仪官将盖好大印的即位诏书呈放在龙亭里，护送到天安门，金凤衔诏，颁布全国。仪式结束，鞭声第三次响起，皇帝起驾还宫，众臣退场。

其他如元旦、冬至、皇帝生日等盛大庆典，凡皇帝驾临太和殿，仪式程序大体如此。一样的鸣鞭，一样的三跪九叩。比起这些仅仅是仪式性的大典，殿试后由皇帝亲自主持，在太和殿宣布殿试结果，被称作“传胪”的仪式，倒是多了些实在的内容。所谓的金榜题名，对天下学子确有极大的刺激诱惑作用，不过，跪拜的次数也更多了。传胪在殿试后第三天隆重举行。卤簿仪仗一应俱全，王公百官全部参加。早早恭候在午门外的殿试后的进士们，由礼仪官引入，列队于太和殿广场。待皇帝就位太和殿，鸣鞭三响，乐声大作。先是阅卷官向皇帝行三跪九叩礼，接着进士们向皇帝跪拜；接着唱读新科状元的名字，状元跪拜；唱读榜眼的名字，榜眼跪拜；唱读探花的名字，探花跪拜；接着唱读其余进士们的名字，唱读毕，所有新科进士向皇帝三跪九叩。接着，鸣鞭三响，皇帝回宫，进士们出宫，仪式结束。对于这些经过层层考试选拔出来的天下学子中的“精英”，四书五经的内容规范，起承转合的方法束缚，一而再，再而三的应试训练，早将他们导入毫无生气、更无任何创造性的僵死模式中。走进皇宫参加殿试的荣耀，皇帝主持太和殿传胪的功名诱导，加上一次次三跪九叩的形体调教，估计终其一生，都会清楚地记得自己的名字怎样被皇帝的传胪官唱读

53 太和殿。

53

着飘荡在太和殿的上空。

看看太和殿的仪式，印象最深的是鸣鞭，是三跪九叩。太和殿前的鸣鞭，让我想到自小的见识。小时候极羡慕牧民手中的鞭子。那长长的鞭子，居然对羊群、对牛马有着神奇的管束力。牧民用鞭子牧的是羊，是牛，是马；皇帝的鸣鞭牧的是官，是民，是天下学子，是所有的人。几千年来这样的很有效的牧术、治术，源头就在“太和殿”。

几度兴废太和殿

太和殿的设计建造、基础、结构、造型、装饰、空间、角度、色彩……无论从哪方面看，尤其是与蓝天白云的关系，其视觉效果，确实完美地实现了造一座人间天上的“天子的宫殿”的目标，确实也足以如此这般地激励和抚慰它的使用者，诱导和威慑它的跪拜者。

可是，真实的情况，却是皇帝们把自己装扮成“天子”，把自己显示和行使绝对权力的地方装点成“天上的宫殿”，除了强化尊严和权威，皇帝们的内心深处还隐藏着一个求得上天保佑眷顾的希望，不过，这希望，仅仅是形式上的安慰而已。真有实实在在的“眷顾”，倒是皇帝们最害怕的火灾，特别是来自上天的雷击之灾。上天对于皇帝的宫殿，对于太和殿，真正发挥的作用，不是保佑，而是毁灭。

据不完全统计，明清两代500多年间，紫禁城总计发生火灾61次，其中明确记载由雷击引发的火灾24次。依次排列在中轴线上的重要建筑，太和殿、中和殿、保和殿、太和门、午门等，更容易遭受雷击。太和殿最高大、最雄伟、最突出，拥有

54

55

54 太和殿大修时，拆下来的“大吻”还没有安装到位。

55 雨后的太和殿西北侧。在明朱棣帝之后及清康熙帝时期，先后两个长达20年的太和殿烧焦的废墟期，不知这里是什么样子。

最空旷的空间，被雷击的次数最多。

最早的一次，也是来得最快的一次。永乐十八年九月，“北京宫殿将成”，朱棣皇帝迫不及待从南京迁都北京。永乐十九年（1421）正月初一，北京宫殿正式启用。崭新的紫禁城、奉天殿一派辉煌。还不到100天，朱棣登临奉天殿的兴奋期还没有过去，奉天殿即遭雷击，三大殿全被烧毁。实在是来得太快了。《明史》记载简到不能再简：“夏四月庚子（初八），奉天、华盖、谨身三殿灾。”倒是大概来祝贺迁都还未离开的外国使节记得具体。据一位目击这场火灾的波斯贡使的描述，当时火焰照耀，看起来直如“十万火把”。这份记录，也收入哈菲兹·阿不鲁的编年史《历史精华》中，他记道：这场火灾，迅速地延烧至妃嫔的住宅与朝中的衙门以及宝库，总计烧毁了“250间房子”，并烧死了“很多男人跟女人”。大火无法控制，终夜肆虐，直至第二天下午才扑灭。《钦定日下旧闻考》记：“三殿灾，火势猛烈。奉天门东庑切近秘阁，学士杨荣麾武士三百人，将御书图籍舁至东华门河次。”

朱棣从侄子手里夺得皇位之后，最重大的一件事就是肇建北京紫禁城，迁都北京。朱棣无论如何想不到，也想不通，他的宫殿为什么这么快就化为灰烬？如果他真的相信君命天授，这来自上天的惩罚会使他更加惶恐不安。确实如此。震惊之下，他下了一道诏旨反省自己：朕心惶惧，莫知所措——我是不是敬天事神有所殆欤？政务有乖欤？善恶不分欤？曲直不辨欤？忠言不入欤？国用无度欤？民生不遂欤？民力凋敝欤？他号召文武群臣大胆地提出意见，若真有不当，一定改过，以回天意。他还下旨免除了几年前未收上来的赋税和上一年受灾田粮；自己的生日不搞庆典活动。生日那天，朱棣对群臣说："上天垂戒，奉天等三殿灾，朕心勤惕，寝食不宁，方反躬省愆，遑遑夙夜。"他好像是真心实意地征求群臣意见，可是，当有人再度提出不该迁都时，朱棣震怒，将主事萧仪下狱，使之冻饿而死。

如此行径，表现出来的正是朱棣被天火烧出的最大痛点和极度空虚。他一任三大殿烧焦的废墟裸露在他的紫禁城里。在此后的三年里，朱棣三次出征漠北，似乎在一次又一次地证明

56

56 被大火烧怕了的皇帝们，做梦也想不到在他们的帝制结束之后，现代的消防技术能够达到如此高度。

他迁都的必要与正确。但收效甚微。最后一次，朱棣死在回京途中；或许他不愿意再回到已是废墟的宫殿里。朱棣死了，奉天殿继续废墟着。20年后，中间隔了两个皇帝，到正统五年（1440），三大殿才得以重建。

紫禁城、太和殿烧得最惨的一次，是嘉靖三十六年（1557）夏四月的雷击。据《明世宗实录》记载：雷雨大作，火光骤起，三大殿至文武楼（体仁阁、弘义阁）、奉天门、左顺门、右顺门、午门、午门外左右廊尽毁。也就是说，紫禁城前朝部分几乎全部被烧毁。仅清理现场，就调动了30 000名士兵、5 000辆小车。木料烧光了，石料一尺以上及尚可用之砖瓦堆留备用，汉白玉石烧成石灰者，亦堆留备用。嘉靖四十一年（1562），重建主要工程完成。三大殿更名为皇极殿、中极殿、建极殿。

除天灾外，还有人祸。李自成撤出紫禁城时，就放火烧了皇极殿。清顺治皇帝进入紫禁城，只好在皇极门（太和门）颁诏天下，改朝换代。顺治二年（1645），重修皇极殿，第二年建成，改名太和殿。康熙八年（1669），太和殿重修，当年完工。康熙十八年（1679）十二月，6名太监在西膳房做饭时引发火灾，两小时后烧着了太和殿。康熙皇帝重修太和殿刚刚过去10年，虽然比朱棣皇帝的100天长了许久，但对康熙的打击同样很大。时遇地震大赦天下，康熙说：烧毁宫殿之罪不赦。6名太监被

57

58

在太和殿顶看“大吻”。由13块琉璃构件组成，重达4吨的庞然大物的实际高度，
57 从我站立之处算起超过4米了。

也许只有这些隐藏在太和殿须弥座深处的
58 大石块，留得住几度废墟的记忆。

绞死。16年后，方重建。康熙三十六年（1697）建成。几乎与朱棣时的太和殿废墟一模一样，紫禁城又一次在将近20年的时间里，其核心之处，一直是废墟一片。

与朱棣皇帝的废墟期相同的是，康熙皇帝也没有立即收拾废墟，也让他的太和殿废墟长久地裸露在他的眼皮子底下。能这样一天天地看下去的人意志非凡。康熙皇帝看着太和殿的废墟，东南西北地忙着收拾他的国家：平三藩；收复台湾；指挥中俄战事，解决边界问题；三次亲征漠北，治理北疆。与朱棣不同的是，康熙的收获让他自己很满意。到康熙有心境收拾他的宫殿里的一片废墟的时候，他便格外地用心了，尤其是对防火大事。

太和殿大屋顶上大屋脊两头，安装着两个昂首向天的“大吻”。这两个大吻的地位太重要了。它们处于天下最核心、最重要的建筑的制高点，处于至尊至荣的天子的宫殿的最高处。它们绝非一般的建筑构件。关于大吻的说法不止一种。有说由鸱尾演变而来，言海中有鱼，虬尾似鸱，激浪即降雨。有说为“龙生九子”之一，好登高瞭望，能降雨防火。据说与其他走兽

一起立在檐角的龙首也是九子中的一个。在康熙皇帝心里，实实在在是祈望能降雨防火的。他知道，这金銮宝殿明代就被烧毁过多次，到他手里又一次被烧毁了。为此，他也像朱棣一样，很自责了一番；为重修，着实费了他太多的物力财力心力和时日。他被火烧怕了。据说大吻构件烧制好后，康熙皇帝特派重臣到窑厂恭迎，礼仪如迎接皇帝一般，如迎接他自己一般。

类似的说法还有。如后三宫的后面有天一门，有供奉玄帝的钦安殿，说是天一生水，玄帝救火。宫殿正脊中间龙口处置宝匣，说是与大吻一样可以镇火。用这样的方式和想象防火，适得其反。由于大吻拉有金属链，宝匣中有五金，意在护佑，实为招引雷击。真能起点小作用的是金水河的河水，还有遍布宫中的百余口水井，300余口铜铁水缸。每口水缸口径1.6米，高1.2米，重1 696千克，可容水2 000升。严冬缸底置放炭火融冰。可是，对于庞大的木头构建起来的宫殿建筑群，不过是杯水车薪。另外，接受历次火灾教训，重修时扩大建筑间距离，特建防火墙、防火门，倒也起到一定作用，但不解决根本问题。

只有树立现代防火意识，运用现代防火技术，紫禁城才可确保万无一失。现在，紫禁城里的每一处建筑，都安装有接地的避雷针、避雷带；有全天候全覆盖的安全监视监控；有所有观众进入紫禁城时的防火检查；有经常性的消防教育与消防演习。特别是消防演习时，一排排消防车喷洒的水柱，越过高高的太和殿屋脊，康熙的太和殿大吻立刻被水雾迷蒙，让人顿时放下心来。

太和殿大修

清军入关，清朝取代明朝统治中国，一改历史上改朝换代之际，新朝对前朝的宫殿采取焚烧、拆毁、废弃的一贯做法，对明朝已经使用了225年的紫禁城，拿来就用。当然，有些是必须改的，如名称，大明门必须改叫大清门。有些可改可不改，也改了，如三大殿改名为太和殿、中和殿、保和殿。还有些是必须修缮的，李自成离开时放了一把火，烧坏的、烧毁的必须修，必须建。再有是根据需要及皇帝个人的爱好，不断增加新的建筑。乾隆皇帝最喜欢增补，添建得最多。至于数百年来自然的损害，更是得年年月月地维修，过去宫里叫作“岁修”。不光是清朝，明朝的几百年里，也在不断地修缮、增补，也得精心保护。紫禁城自从建起来之后，就是一个不断修缮、不断保护的过程，一直到现在，肯定还会延续到未来。

太和殿的修缮最频繁、最艰难。烧毁了就得重建，坏损了就得修补。太和殿的石料、木料特殊，光备料少说也得三年五载。明朝的几次重建和常态的维修，留下的记载太少。清朝入住紫禁城的第一位皇帝顺治帝，首要的大事就是修复李自成烧

59

59　大修中的太和殿殿顶。

过的太和殿。第二位皇帝康熙帝在位时间长，修太和殿的任务就格外重。也许因为刚刚入住紫禁城的清顺治皇帝修复太和殿太过匆忙，仅仅过了20多年，康熙皇帝就得再修一次。10年之后——这次时间更短——太和殿被烧毁，康熙还得重建。尽管拖了将近20年，也必须重建。

康熙三十四年（1695），康熙皇帝重建太和殿。

但是这次重建却遇到了最大的难题。太和殿上一次重建是在明朝天启年间，距此时已经过去69年，人们不知道太和殿确切的建筑比例与数据。爱读书的康熙皇帝亲自查寻资料，结果非常失望。一位叫梁九的人使这件事情有了重大转机。年逾古稀的梁九，从明朝崇祯年间进入工部，已经在工部干了40多年。根据《梁九传》，梁九按照十比一的比例，用木料做了一个太和殿的模型，就靠对这模型组件的放大制作，完成了太和殿的结构搭建。令人称奇的是，放大出来的每一个木件，安装上去分毫不差。而且，这次重建太和殿的所有材料以及尺寸被详细记载在《太和殿纪事》这本书当中，这是关于太和殿修建的唯一详细记录。

康熙三十六年（1697），崭新的太和殿矗立在原来的位置上。

康熙皇帝对太和殿的这次重建，改变了它原有的9开间形制，变成了11开间。乾隆三十年（1765）有过一次大修，但没有改变康熙重建时的规制。一直到现在，我们看到的太和殿，还是康熙重建过的样子。此次重建，除了将9开间改为11开间，另有两大变化。一是强化防火功能。康熙十八年火灾，御膳房的大火很快延及西配殿西斜廊，一直烧到太和殿，康熙皇帝眼睁睁看着把太和殿烧光而没有办法。这次重建，吸取眼见的教

训，康熙皇帝下令取消西斜廊、东斜廊，改为西防火墙、东防火墙。无疑这是一项有效保护太和殿的重大举措。二是因大木不足，只好大幅度缩小建筑面积。据记载，初建的奉天殿面宽95.34米，进深47.67米，面积4 500多平方米，几乎是康熙皇帝重建的两个太和殿的面积。在太和殿历次重建重修中，不用说配齐与初建一样大的巨型楠木，就是以其他一样大的木材代替，也越来越困难了。这应该是太和殿体量缩减的重要原因。300年后的21世纪初，太和殿落架大修时，人们发现康熙皇帝重建太和殿，使用的不少木料不是整木，而是拼接组合起来的，包括大体量的梁柱。

在2002年开始的故宫“世纪大修”期间，不管于公于私，不论熟人生人，见面后的第一个话题，几乎都是：故宫修好了没有？修得怎么样了？什么时候才能修完啊？从21世纪初开始，一直到紫禁城落成600年的2020年，故宫大修工程历时近20年，大修经费为20亿元。自20世纪初以来规模最大、修缮建筑最多的紫禁城维修举国关注，举世瞩目，可记可说的事太多。2008年北京奥运会前夕，作为故宫大修中的核心工程，太和殿大修顺利完工。10多年过去了，彩绘一新的太和殿慢慢褪色，大修中的两件事，仍记忆犹新。

一是起诉风波。故宫太和殿正修得紧要，忽一日，接到法院传票，言有参观者（后知该参观者即是位年轻律师）起诉，律师代理，状告故宫修太和殿没有公告观众，买了门票进去看不清最重要的“金銮宝殿”（因施工，太和殿四周有围挡），要求赔偿损失。公民有此等维权意识自是可喜之事，其实故宫大

60

修是报纸上有公告、售票处有明示的（在那么宏伟开阔的午门前做出非常醒目的公示是一件不容易做到的事情）。媒体关注此事，我对记者们说，紫禁城自落成后，大修小修就没断过，至于像眼下这么大规模修太和殿，了解明清历史的人们都知道，几百年不遇，有多少人能赶得上呢？能亲眼看看真的是有缘分了。见记者们笑了，我又补一句："是不是需要另收费啊？"

二是到故宫博物院看超级装置艺术。故宫大修开展顺利。积累了好几年的经验后，修缮力量、修缮工程集中到中轴线的重要建筑上。故宫中轴线是观众聚集的热线，但一年365天，

60 大修中的太和殿，让所有观众看到了特殊的景观。

61

62

太和殿殿顶的修缮即将完工。看得出来，难以计数的琉璃构件只要能用，则复归原位。如琉璃瓦，脱釉不严重的，继续使用；

61 脱釉严重的，则复釉回炉后再用。

大修太和殿时架设的运输材料的空中走廊，不影响观众在下面

62 来来往往。

连一天的正常开放也没影响过。故宫博物院向观众承诺，故宫大修还要继续下去，且不管修多少年，都不会影响哪怕一天半天的开放。故宫博物院想得更周到、更深远的是，一定要让成百万、上千万的观众，见证百年不遇、数百年不遇的故宫大修。不仅如此，还要让观众面对大修现场，身临其境，既直观又深入地学习中国古代建筑文化、建筑科学、建筑工艺、建筑艺术和文物保护的知识。

就拿太和殿来说，就有很多知识可供游客学习，诸如太和殿为什么要大修，用什么方法大修；太和殿建造修缮的历史；太和殿的使用；太和殿的结构体量；太和殿的重檐、斗拱、和玺彩画是什么样子的；太和殿脊兽的形制、样式、名称；还有皇帝的宝座、殿内的其他陈设；等等。

为此，故宫博物院组织专家学者，策划方案，编写内容，精心设计，像对待一次重要的大型展览一样，把修缮太和殿的工地围挡，做成全面展示太和殿相关知识的图文并茂的展板。大修工地立刻变成了巨型露天展场。看看矗立在宽阔广场上正在修缮的太和殿吧：最外边的一圈展板比足球场上的广告牌还要气派，还要漂亮，还要引人注目；展板后是重重叠叠、层层

向上的汉白玉栏板、栏杆；再往上，大殿前的平台是摆放整齐的料场；正中便是高高在上的被绿色的施工网笼罩着的庞然大物太和殿。不管什么时候看过去，阴晴雨雪，朝晖夕映，总显出隐隐约约的大气象。不论什么时候走过，总见不少观者在展板前比照着太和殿指指点点地浏览着。

有艺术家、设计师相互告曰：到故宫去，看世界上最有历史感的超级装置艺术。

故宫大修，不仅为国人关注，也吸引了世界的目光。

2007年5月底，故宫博物院承办了由中国国家文物局、联合国教科文组织世界遗产中心、国际文化财产保护与修复研究中心、国际古迹遗址理事会联合主办的“东亚地区文物建筑保护理念与实践国际研讨会”（下称“北京东亚会议”）。这一大型国际会议，很有些现场会议的特色。来自日本、韩国、泰国、伊朗、法国、德国、意大利、芬兰、英国、美国、加拿大、澳大利亚、中国等20个国家及国际组织的60余名专业人员出席研讨。所有与会人员头戴安全帽，极为仔细地现场考察了大修中的太和殿工地。

会议之前，世界遗产委员会据有关报告质疑北京故宫、颐和园、天坛等世界遗产地正在进行的维修工程是否过于仓促，是否缺少足够依据，是否有清晰的指导原则。经过实地考察和讨论，形成《北京文件——关于东亚地区文物建筑保护与修复》（下称《北京文件》）及附件《关于北京世界遗产地保护与修复的评价与建议》（下称《评价与建议》）。会议以文件形式肯定了上述遗产地修复的工作方法及其效果。经过充分讨论产生的文件被评价为“将成为今后中国、日本、韩国等东亚国家木结构文物建筑保护维修的纲领和实施准则，并在世界范围内有参考价值”。

故宫大修直接引发了世界文化遗产保护领域及保护历史上一次重要会议——“北京东亚会议”的召开，也正因为这次会议，从世界范围的角度证明了故宫大修的公众瞩目度，证明了故宫大修的世界性。所以说，故宫大修不是一个简单的维修工程，也不是一个简单的、投资了几十个亿的大工程，这里面凝聚了非常丰富的过去、现在和未来的历史文化的信息。这次大修终将变成历史被记载下来，事实上它已经成为重大历史事件。

我个人认为，之前产生疑问可能与信息不对称甚至错位有关，更与世界多样性文化有关，而之后消除疑问并形成共识是充分交流、相互了解的结果。互相交流就是互相尊重。尊重他人的历史、他人的文化、他人的创造，也尊重自己的历史、自己的文化、自己的创造。各自对世界、对人类的贡献在于根据各自的实际做出创造性的努力。由故宫的大修实践引发的这次国际会议及其成果就是最好的证明。

从《北京文件》及其附件《评价与建议》可以看出，“北京东亚会议”的召开、故宫太和殿大修的考察，实际上就起到了把以上问题看明白、说清楚的作用。我认为至少表现在这么几个方面：一是就故宫大修工程而言，以保护人类的文化遗产为基础、为目标，大家是一致的。故宫的大修，专家们在考察之后，看到了这是和多少年来形成的世界文化遗产的保护准则（或者叫原则）相一致的。而且，故宫又根据自己的特色，对世界文化遗产的保护做出或者提供了一些新的东西，就是有特色

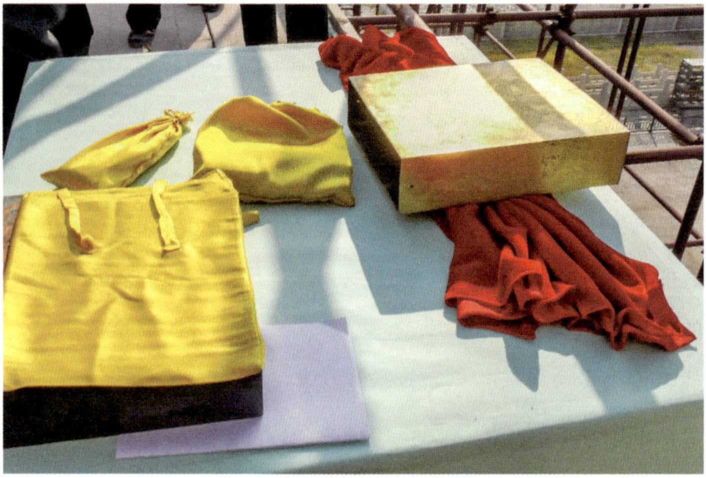

63

63 太和殿殿脊正中空心琉璃砖内康熙时的龙纹鎏金铜匣。装入新书写的《太和殿修缮记》后，连同五药、五谷、五色线、金元宝等原物，复归原处。

的东西，符合中国，甚至东方古代以木建筑、木结构为主的所有历史建筑保护的特性，为世界遗产的保护提供了一些新的视角和经验，受到世界文化遗产组织和专家们的高度认可。这也说明，只要我们有自己的作为，就会有自己的地位。简而言之，就是西方有西方的特色，东方有东方的特色。二是以故宫为代表的修缮，对世界文化遗产特别是古代历史建筑的科学保护观的形成、科学保护实践经验的积累，提供了自己独特的东西，或者说做出了自己应有的贡献，丰富了科学保护观。三是大家公认的国际准则，确实是具有指导性的，就好像一些科学原理一样。但是，原理或者原则不能理解为教条，更不能当教条来执行，要根据保护对象的实际情况采取符合其特点与需求的保护方法。四是世界上的任何一个区域和任何一个国家都应该根据各自真实的历史建筑的现实状况去创造最适合自己的保护方法。我觉得这些都在科学保护的范畴之内，因为它体现着、贯穿着一个核心观念，也就是大家公认的保护准则——真实地保护被保护者的真实。

皇帝屋脊上的中国民工

大修太和殿的高潮是“合龙”仪式。

那一天艳阳高照。脚手架的平台与太和殿的重檐齐平。大家异常兴奋地聚集在平常可望而不可即、现在伸手可触的第二层屋檐前。眼前就是现存中国古代最大的屋顶，最高的屋檐、屋脊。不站在这个地方，不站在这么一个高度，不站在这么近的距离，怎么也想象不出黄灿灿的琉璃瓦竟可以铺排出如此广阔的大场面。

仪式开始了，头戴安全帽的郑欣淼院长庄重地宣读完书写在宣纸册页上的《太和殿修缮记》后，连同五药、五谷、五色线、金元宝等康熙时的原物，一起装入龙纹鎏金铜匣里，由工匠抱着，沿着屋顶正中待合龙的瓦垄间爬到高高的屋脊上，放进高高的屋脊正中的那块空心琉璃砖内，再用琉璃瓦严盖密封。

那个金灿灿的龙纹鎏金铜匣，以及放在里面的“镇殿之宝”，至少是康熙重建太和殿时的原物。那时候，一定也是在这样的合龙仪式上，以这样的方式抱上去放进去的。不过，现在，那个金灿灿的匣子里多了一份300多年后的、21世纪之初

64

64 一位来自河北省平山县的农民工小伙子，把装入21世纪《太和殿修缮记》的300多年前康熙时的龙纹鎏金铜匣子，放进太和殿屋脊正中的空心琉璃砖内。

65

的修缮记文本。

我也跟着怀抱金灿灿的龙纹鎏金铜匣的工匠爬上去了。我看着那个脸蛋红扑扑的壮实的小伙子，从容不迫地把匣子放进屋脊正中的空心琉璃砖里，又仔细地把绛色的石灰泥巴均匀地抹在四周，再将黄色的琉璃瓦端端正正地压在上面，然后把砖瓦间的缝隙涂抹得严实又光滑。我很羡慕他。我真想和他一起

65 太和殿檐角的仙人脊兽。其他宫殿的脊兽为1至9个，唯独太和殿为10个，加上前面的“仙人骑鸡”和断后的龙首，共12个，唯一的最高等级。

完成这道工序。

我们手扶着紫禁城中最高的屋脊聊了起来。正北，景山上的万春亭近在眼前。南望，午门、端门、天安门，方方正正的国家博物馆、人民大会堂，以及圆圆的亮晶晶的国家大剧院尽在眼底。可是那时候，我只觉得我们的上下四周一派空明。我问他是哪里人，他说他是从河北平山县来的农民工。我立刻想到，他极有可能正是300多年前——康熙三十六年太和殿重新建成时，在同样的地方做好了同样的活儿的那个人的后代，可能是建造和不断修缮紫禁城的无数死伤者、劳役者的后代，也有可能是不堪忍受多年的繁重劳役的逃亡者的后代。

此时此刻，站在最高的太和殿的最高处，站在多少个皇帝的宫殿的屋脊上，站在这个小伙子身边，在我的想象中，所有的人，甚至全世界的人都在凝神静气地看着这个站立于皇帝的屋脊上的从容不迫的小伙子，看着这个来自中国农村的朴实憨厚的农民工。我忽然觉得他变得特别高大。真正建造起皇帝的宫殿的是他们。皇帝的意志和想象是靠他们的劳苦和牺牲实现的。让皇帝的宫殿保留到今天的也是他们。皇帝早已不存在了，他们还在。我一定得站在他的身后，和他拍张照片留作纪念。

从“华盖”到“中和”

在汉白玉簇拥的高高的三台上，矗立着三座雄伟华丽的宫殿：最前面的是主殿太和殿，太和殿后面是中和殿，中和殿后面是保和殿。三大殿三位一体，共同构成高台上的一个整体：紫禁城的“金銮宝殿”。

比较起来，夹在太和殿与保和殿之间的中和殿体量最小——太和殿建筑面积2 377平方米，保和殿1 240平方米，中和殿只有580平方米。但由于处在中间的位置，更由于形状特殊，从稍远点的地方看过去，反倒是中和殿更加引人注目。

太和殿面阔11间、进深5间，保和殿面阔9间、进深5间，平面都是长方形的。而中和殿的平面却是正方形的，面阔、进深各3间。平面呈长方形的房子常见，正方形的少见。中和殿，一座特殊的正方形宫殿，端端正正地坐在长方形宫殿之间。

太和殿、保和殿的黄琉璃瓦大屋顶，从最高处的正脊向前后两侧舒展下来，而中和殿却是黄琉璃瓦四角攒尖式屋顶。四道脊，四面扇形屋顶，从四面八方一起向上，集聚于屋顶中心最高处的宝顶。浑圆的铜鎏金宝顶，在阳光下熠熠放光。

66

与常见的三面封闭的房子不一样，也与基本上三面封闭的太和殿、保和殿不大一样，中和殿四个相同的立面一律安装通透的隔扇，外有廊柱环列。远远望去，像一座华美的亭子，像一辆帝王车驾的伞形华盖——中和殿最初的名称就叫华盖殿。

太和殿内皇帝“宝座”的上方，有一个很大的藻井，布满龙形图案，正中间巨龙蟠卧，龙首下探，龙口里衔一颗硕大浑圆的宝珠，名为“轩辕镜”。宝珠金光闪烁，正对宝座。这样一种特殊的“装置艺术”，除了寄托防火和护佑“龙位”的愿望，还有一层通天的寓意。藻井位于殿顶正中，抬头向上望，至大至深的龙藻井，便是天子的宫殿和天子通达上天的通道。太和殿里的宝珠，到了中和殿，便穿过殿顶直上穹苍，直接与上天衔接了。由此，位居中间的中和殿，在建筑空间的组合上成为三大殿的中心。

每当举行朝贺庆典，皇帝总要先在中和殿接受执事官员的行礼，然后去太和殿升座受群臣磕头拜贺。每年春季皇帝祭先农坛、行亲耕礼前，先要在中和殿阅视祭文，检点亲耕时用的农具。皇帝亲祭太庙、社稷坛、地坛、日坛、月坛、历代帝王庙、至圣先师庙，也要提前在中和殿阅视祭文。清代每十年修纂一次皇室谱系，都要在中和殿举行仪式，呈皇帝审阅。中和殿既是皇帝出场、登台、亮相前的休整、过渡、预备空间，也是皇帝在紫禁城里集中显示自己连通天上人间、领受上天恩泽、与各路神灵对话、承续皇家香火的中心所在。

于我，每每站在三大殿的东面或西面，打量三殿之间的关系时，往往会生出一些奇怪的联想。比如，中和殿夹在两座体量巨大的宫殿之间，虽然显得低矮，却有直上云霄之势，盯着它看，有时会突然想到康熙、雍正和乾隆的关系——中间的一个挑着两头沉重的担子。夹在两个在位60余年又自命不凡的皇帝中间，雍正在位虽短，执政时却如他刻下的印章“为君难”：一头要勉力收拾康熙帝晚年留下的“烂摊子”，一头要辛苦积攒供好大喜功的乾隆帝挥霍的大本钱。

67

67 中和殿内。乾隆帝题匾“允执厥中”，意为治国理政应持不偏不倚的中庸之道。

从“谨身”到“保和”

太和殿初名奉天殿，保和殿初名谨身殿。把这两个殿名连起来，殿主人的心思表达得倒也得体：虽然主要的意思是说皇帝的位子是上天赐予的，但要保住这位子，皇帝还得“谨身”才是，要整饬自身、严格要求自己才是。谨身殿在嘉靖时更名为建极殿，清朝改名为保和殿，如乾隆题写的对联所示，“保和”的意思是：皇帝的子孙恭敬用心地承继家业，领导调理天下的臣民百姓，永保自家的帝业无穷无尽。这些心思落实到保和殿的责任和功能上，主要有两条：一是皇帝请吃饭，二是皇帝考官员。考试有定例，次数少；吃饭比较随意，看皇帝的兴致。比起太和殿、中和殿来，凭这两条，保和殿的使用频率就高一些。

皇帝请吃饭很重要。保和殿在建筑结构上采用了很有创意的减柱法，殿内中间靠前面的部分减少了6根金柱，因此空间分外宽敞，很适合作为皇帝专用的宴会厅。

比较常规的宴会是公主下嫁宴。公主多，皇帝的女儿不愁嫁，宴会次数就多。清朝皇帝的做法，先是纳彩礼。男方将彩

68

69

68　太和殿后的中和殿、保和殿。

69　保和殿内。乾隆帝题匾“皇建有极”，意为治理国家要遵循一定的准则。

礼抬来，额驸（满语，即驸马）分别到太后、皇帝和皇后处行礼。皇帝在保和殿设宴，宴请额驸及其父亲、其族中的在朝官员，以及三品以上的文武大臣。虽说举办的是公主下嫁宴，但作为主角的公主并不在保和殿的宴会上露面。公主以及皇室与额驸家中的女性成员，参加另在后宫内廷举办的宴会。

例行的宴会是除夕宴和元宵节宴。每年除夕及正月十四、十五，清朝的皇帝们都要在保和殿设宴，招待外藩、王公及文武大臣。殿前设中和韶乐、丹陛大乐，歌舞大作，宴会气氛隆重热烈。嘉庆二年（1797）腊月三十，照例除夕宴。这时候的乾隆皇帝，虽然已经禅位退休，但退而不休，亲自主持了两人一桌的盛大宴会。宫廷大乐响起，嘉庆皇帝陪侍着太上皇来到保和殿，待太上皇安坐在正中的御座上，自己才坐在御座东侧另设的小座位上，面西陪侍。文武官员列座陪食。嘉庆皇帝向父皇敬酒。太上皇举杯祝酒。文武官员各得赏赐。

宫中的大小宴会不止在保和殿一处举办。中和殿方正通透、不大不小，有些像如今既豪华又典雅的包间，更适合皇帝举行

70

小范围的近臣、重臣宴会。作为后宫的乾清宫，曾多次举行皇家宗室宴会，也举办赐宴群臣的廷臣宴。在位最长的康熙帝，在乾清宫、皇极殿举办过上千人的千叟宴。乾隆75岁在位时和85岁退位后，曾举行两次千叟宴，赴宴老者均超过3 000人，规模之大实难想象。如此大操大办，是否与乾隆帝觉得自己老了有关？宴会上，乾隆帝特别把90岁以上的老人召请到自己的御座前，亲自赐酒，又命皇子、皇孙、曾皇孙们向老人们行酒。赴宴老者年龄最高的达105岁。105岁的老者来自福建，在子孙的搀扶下千里迢迢进紫禁城赴皇帝宴，人们只当盛世盛事传为佳话，岂不知老人饱受多少劳苦。说不定不少老者因此而离世，只是这种负面的信息不记不传而已。即便如此，几乎所有人都会把受邀赴宴当作一生中最大的荣幸，哪怕为此丢掉性命也觉

70 从太和殿屋脊处看中和殿、保和殿及后廷的东西六宫。

不虚此生，死了也要“谢主隆恩”。举办者与参加者都明白，吃饭不重要，吃什么不重要，重要的是在什么地方吃，谁请你吃，和谁一起吃。这正是在专为“仪式”而设的地方不断制造“仪式”的重大意义。

再看保和殿的考试。清朝顺治以来，保和殿就是御试翰林院官员的地方。自乾隆五十四年（1789）开始，国家的最高等级考试——殿试，在保和殿举行，此后成为定例。殿试的仪式感很强。殿试前一天，布置考场，保和殿内外设黄案各一，殿内摆放试桌，试桌上贴参试贡士姓名。殿试日，内阁官双手捧试卷置于殿内黄案上，礼部官员引贡士由午门两侧的旁门入宫。所有执事官员和贡士依次向放置试卷的黄案三跪九叩。礼部官员发试题，贡士们再下跪，接题，三叩头，入座应试答题，太阳落山前交卷。阅卷大臣昼夜阅卷，第三天黎明将选出的前十名答卷呈皇帝亲阅，由皇帝确定名次。皇帝确定的前三名，就是状元、榜眼、探花。在太和殿传胪，即正式公布之前，前十名还得接受皇帝的一次面试——下跪，磕头，简单的问答。仪式虽简，却很重要，也很必要，至少可以确保皇帝亲自阅定的佼佼者，不因智商、情商、形象缺陷而有失体统。殿试之后，还须参加仍是在保和殿举行的一系列复试、朝考，如参加翰林院官员的选拔。

召入皇宫殿试，由皇帝亲自定夺名次，真正的意义在于使这些层层考出来的精英，进一步意识到自己确实是天子的门生，进一步强化效力皇帝的忠诚度。

一宴会，一考试，齐了。保和殿的职能既简单又全面——通过宴会凝聚皇家宗室、群臣天下，通过考试将天下学子纳入彀中。保和殿诚如乾隆之意，真的是在尽力“保和”啊。

三台三殿之上

矗立在太和殿广场上的三台三殿，无论如何都堪称天才的设计。即使算不上原创，也是天才般的继承、创新、发展。

三台之下是大地。

三台之上是三殿。

三殿之上是苍天。

典型的“三段论”：天、地、人。当然，这人可不是一般的人。

高筑台是中国建筑文化中的一个重要传统，意在抬高、提升地位——提升建筑的地位，提升建筑拥有者和使用者的地位。历来的威权者、历来的帝王，总是千方百计地以自我的权威之力驱使群体之力，以抬高自我地位，到达超越俗世的境界，并以此反证自己的权威和力量。

但弄不好就是“危楼高百尺”，高而危。紫禁城中的三台三殿不是这样，虽高已超百尺，但显示出的不是危楼，而是伟楼，是稳固、雄伟、宏大的建筑建构、政治建构和文化建构。

在超越性的巨大平台上，构成超越性的宫殿空间——紫禁

71

城的三台三殿做到了极致。

三台三殿的建构空间，由向下、向上、向前、向后四个维度的超越性，构成整体的超越性。

向下。三台深入地下8米多，打桩填石、纵横加筏的地基尽管不在视线之中，但地面之上同样超过8米的三台，同样的打桩、垒石、填砖、加筏，逐层向上收缩，加以汉白玉巨石的包裹，汉白玉栏杆、栏板的装饰，不仅彰显着坚如磐石的稳定感觉，还营造出亮丽、温馨、和谐、安然的氛围。

向上。三台三殿形成共同的视觉指向——直上云霄。层层向上的栏杆、根根向上的望柱，密集而整齐地、齐心协力地簇拥着三台向上，托举着三大殿直上云霄。三大殿让檐角灵动的角兽与苍天对话，太和殿、保和殿让笔直的正脊、昂首的大吻触摸蓝天白云。居中的中和殿表现更出彩。它以相对小巧的精致造型，以

71　从三台西北侧看中和殿、太和殿。

四角攒尖向上托举起的金光闪烁的宝顶，向前、向后、向上，越过太和殿、保和殿的檐角屋脊，于无形的虚空中画出优雅的弧线，延伸、融入无垠的天空，或将无垠的天空导入三大殿的建筑空间，使碧云天成为天子宫殿的构成部分。

向前。近处是宽阔的广场，远处是无限辽阔的远方，既是满眼皆空，一无所有；又是满眼繁茂，包揽所有。三台前是30 000多平方米的巨型下沉式广场，四周的围房统统建在超过2米的高台上，三大殿更是建在超过8米的高台上。四周围房，四角崇楼，看起来完整无缺，实则九门环列，门道通畅。要“满”要“有”，招之即来；要“空”要“无”，挥之即去。

向后。三台的后边，即保和殿的后面，或保和殿两侧的平台以北，如一首乐曲高潮后的舒缓。三台三大殿与远处的景山之间，是皇帝非常充实、丰满、丰饶的天下之家，也是家之天下。脱离了三台三殿，完完全全落到平地上的三宫六院，平铺直叙，一览无余，尽收眼底。同时问题也来了。任何一位外来者，面对此景此情一定一脸茫然，一定担心自己迷失在大同小异的门道中。由于太过丰饶、太过铺排、太过茂密，就是皇帝本人，若不由太监引导，照样找不到门道，照样迷失在自我营造的“迷宫”深处。

从建筑审美的角度欣赏，三台三殿在造型艺术、环境艺术方面已发挥得淋漓尽致，可谓无与伦比。但审美功能与实用功能的关系比较复杂。比如，我们可以从建筑审美出发，高度赞美天才般地将中国古典文化中的哲学思想和诗情画意，将天地、天人、高下、虚实、有无、盈亏、疏密、缓急等大智慧的文化要素和文化概念，作为宫殿建筑形态、建筑空间、建筑

72

环境的灵魂，从而创造出三台三殿，创造出紫禁城这样的中国建筑文化、建筑艺术经典。我们甚至可以断言，今天和未来的人们，特别是建筑设计师、环境设计师，乃至一切从事设计的人，都能够从中获得无尽的启迪和创新的灵感。当我们从实用功能来看，从使用者的使用效果来看，又会生出许多别样的感慨。比如太和殿，作为最大的广场上最大的房子，因使用者的自我拔高与追随者的集体哄抬，由本来很宏伟的建筑，变成空空荡荡、大而无当、不接地气、不干实事的造神空间。在这样的空间里，只会生长空无、虚妄、自大，只会产生主子和奴才。从前朝高高在上的舒展的三台三殿，到平缓的后廷，再到密集的东西六宫，使用者来不及体会建筑空间的强烈节奏给予的高潮过后的舒缓，便落入女色、权力移交、权术宫斗、家族利益的考验之中。历代帝王，大多很难经得住自己对自己的这般“殿试”。

72 从乾清门看保和殿后面。斜铺在台阶正中的就是那块故宫最大的云龙大石雕。

天地家国

同在一条中轴线上，高高在上的前三殿以最强烈的仪式感指向天，宣告皇帝是天子，皇权为天授；平缓落地的后三宫则以明确的实用性指向地，由“乾”到“坤”，由天到地，经天地“交泰”，而“乾清”，而“坤宁”——建筑空间的变化，显示着由天地到天下、到家国的过渡与转化。

前朝后宫之间

也许由于三大殿矗立的高台足够开阔，在开阔的平台上围绕着太和殿、中和殿和保和殿转来转去，并不觉得行走在高高的台地上，只把高台当平台。但当你终于觉得已经看够了三大殿，决定去看三大殿后面的皇帝后宫的时候，当你走到保和殿后面的时候，你会惊讶地发现，出现在你面前的是无边的低

73

73 位于高处的保和殿与低处的乾清门之间的乾清门广场。

地，一大片黄色的殿宇井然有序、连绵不绝地在你的眼底铺排开来。当你走下高台，走到台下，走向殿宇迷宫的时候，你会强烈地感受到，在皇帝的紫禁城里，前朝和后宫的高度及其空间布局的区别竟是如此之大。

反差虽大，却并不突兀。大有大的气势，小有小的适度，恰到好处。

三台之后的第一个空间，是一块东西长、南北窄的狭长广场。主导这一空间的，无疑是面向广场的后宫正门乾清门。这广场，便被称作乾清门广场。

乾清门广场东西宽200米、南北长50米，面积10 000平方米。算上午门前的凹形广场，这是紫禁城的第四个广场，也是最后一个、最小的一个。从午门广场往皇宫内部走，广场一个比一个大，太和门广场比午门广场大，太和殿广场比太和门广场大。而保和殿后面的乾清门广场，虽然东西宽度与太和殿广场保持一致，但南北长度却很短，总面积比太和殿广场小得多。最大的广场是掀起高潮的空间，最小的广场则是趋于平缓的空间。从需要特别张扬的仪式空间，到需要平静舒适的生活空间，一定要有一个自然的过渡空间。所以，狭长的乾清门广场恰到好处。

广场虽小，位置却很重要。乾清门广场把紫禁城分隔成前后两大板块，即前朝与后廷。乾清门广场是两者之间鲜明而严格的分界，也是贯通紫禁城前朝与后宫、东区与西区的主要通道。通往前朝，除保和殿后云龙石雕两侧的三台台阶外，东有后左门，西有后右门；进入后廷，除乾清门外，东有内左门，西有内右门；通往东区的是东门景运门，通往西区的是西门隆宗门——可谓四通八达。但由于后宫是皇帝和他的大家庭日常饮食起居的地方，所以护卫看管得格外严密。每当日落之后、满天星斗之时，所有的大门一律紧闭，不管白天有多少人走动，乾清门广场立刻变得死一般空寂。

中国古代任何一座皇宫的建造，都是家国一体的格局，从明到清的紫禁城尤甚。从空间功能的变化看，从明到清，清尤甚。三大殿主要用作举行浩大隆重的形式主义仪式，真正的治国理政场所，皇帝直接行使至高无上权力的地方，不在殿，在门，即御门听政。

明朝是在三大殿前的太和门御门听政，清朝后退到三大殿后的乾清门御门听政。明朝的皇帝在前朝的太和门御门听政，背靠最大的太和殿广场，面朝第二大的太和门广场，面朝弯曲典雅的金水河和金水桥，面朝雄关式的午门，所谓家国一体，很有些指点江山、治理天下的格局。清朝的皇帝在后廷的乾清门御门听政，背靠的是后宫的粉黛，面对的是狭窄的广场——保和殿高耸的后背挡住了远望的视线，同样是家国一体，却越来越落入家国不分的窘境里了。到后来干脆钻进红墙深处的养心殿，既办公，又起居，兼休闲，家就是国，国就是家，办事的效率确实提高了，格局却是越来越小了。

隆宗门内军机处

自从康熙皇帝在乾清门御门听政以来，乾清门广场就热闹起来。康熙皇帝特别勤政，执政听政的时间又很长，上朝的大臣便格外辛苦。明朝御门听政在太和门，虽然绝不允许在皇宫里使用代步工具，但大臣们坐轿子到东华门、西华门外，走到太和门还不算太远；清朝上朝的大臣们要步行到乾清门，增加的路程可不算短。康熙皇帝大概体谅到朝臣的辛苦，尤其是对那些年事已高者。康熙二十一年（1682），康熙帝特别批准年老体弱的南书房翰林朱彝尊可从东华门骑马进宫，到景运门外的箭亭下马。对于如此老弱者，骑马也不是一件轻松的事。此后，逐渐有所放宽，允许上了年纪的大臣骑马或坐轿进宫上朝。到乾隆朝中后期，放宽到级别二品以上、年龄60岁以上的大臣可以骑马或坐轿进宫上朝。紫禁城本是禁城，后廷是禁中之禁。进入景运门、隆宗门，便可至后宫各处，因此这两座门是绝对的“禁门”。允许上朝的官员，有条件骑马乘轿的，不管何人以何种状态、何种理由，到这两座门外必须下马落轿，然后步行进入乾清门广场，到达指定位置。代步工具、随从人员乃至其

74

他人等，一律在两门之外二十步远处站立等候。

禁卫森严，抑或与放宽规定有关？隆宗门闹过一次匪夷所思的大乱子。嘉庆十八年（1813），不足百人的“天理教”教徒居然攻入紫禁城，攻打隆宗门，差一点攻入内廷皇帝起居兼处理政务的养心殿。天理教流行之地正是多出宦官的地方。首领林清策动组织了一支小队伍，串通宫中太监，里应外合，顺利冲进西华门，直冲隆宗门，目标养心殿。宫中顿时大乱。正在乾清门内的上书房读书的皇子绵宁（即位后改为旻宁，即道光皇帝）闻讯，持一把鸟枪直奔养心殿。这时，已有几个人爬上养心殿西侧院墙，绵宁举枪击落两人。众侍卫赶到，暴乱平息。绵宁又急忙去看望安慰大受惊吓的皇后。当时不在宫中的嘉庆

74 紧贴着后宫宫墙的军机处的屋脊距宫墙的墙脊还有一段距离。

皇帝回宫后表彰绵宁“奋力捍卫”“忠孝两全”。紫禁城遭此大乱，嘉庆皇帝向天下颁发“罪己诏”，并下旨保留动乱中射入隆宗门匾额和房檐椽子上的箭镞，以为教训与警惕。200多年过去了，现在的人们依然能清楚地看见生锈的箭头插在门匾上，细心一点也能找到椽头上那个。

就在隆宗门内北侧，养心殿南的红墙下，有一排连脊小平房，共12间，看起来一点也不起眼，却是赫赫有名的军机处所在地。其实那里不全属于军机处，东头两间是侍卫值房，西头三间是总管内务府大臣值房，只有中间7间才为雍正以来宫廷、国家的机要中枢军机处所用。明清两朝没有设宰相职位，明朝和清初的内阁大学士是皇帝的高级秘书，雍正帝特设军机处，取代了内阁，军机处从此成为离皇帝最近、直接为皇帝服务的机要秘书班子。一墙之隔的北边，就是皇帝办公起居的养心殿大院子。

这么一个重要的机构，这么一些重要的人物，居然挤在这么一处狭窄的空间里，不只是今天的人们难以理解，就是当时的目睹者也难以理解。曾有军机大臣的助手描述，屋小如舟，十几个大臣借着烛光埋头写字，如十年寒窗苦读之书生。有的大臣描述：“军机处几间破屋，中设藜床，窗纸吟风，奇寒彻骨。”

隆宗門

75 | 隆宗门“宗”字旁的箭镞，现在依然清晰可见。

当初，军机处的南窗上边，悬挂着雍正皇帝题写的“一堂和气”匾额。也许，皇帝自己也觉得这些干活的大臣太受委屈了，尤其是意见不一时，需要他们献计献策时，连个商量的地方都没有，才写了这么几个字挂在那里。到了清朝晚期，军机处倒也有过新意：光绪三十四年（1908），军机处的北墙上挂出一块“预备立宪”的“上谕”。

八字宫门朝南开

紫禁城里殿多，宫多，院落多，房屋多，门也多，其中最显赫的是同在中轴线上的太和门和乾清门。但两座门不一样。

太和门是前朝三大殿的正门，乾清门是后廷后三宫的正门。三大殿举行重大典礼和隆重仪式，太和门前后通透、内外开放；后三宫既是皇帝日常起居之处，也是处理要务之地，是宫中最为隐秘之地。作为重要门户，乾清门虽然也曾像太和门一样举行御门听政，但绝不会门户洞开，最多是对外有限开放、向内严密封闭。

两门的整体形象也各有特点。同为殿宇式大门，太和门前后空间开阔，高大宏伟；乾清门的前后空间及体量小了许多，典雅而安稳。太和门前一左一右两座青铜狮子是紫禁城中最大的，昂首云天、气度非凡；乾清门前的两座青铜狮子小了许多，但通体鎏金、金光闪闪。太和门的须弥座台基高3.44米，乾清门的须弥座台基高1.5米。太和门面阔9间、进深4间，乾清门面阔5间、进深3间。

差异最大的是大门后面的景象。太和门后是宽广的下沉式

76

广场，是需要沿着一级级台阶走下去的开阔洼地；乾清门后则是平整的通道，在汉白玉栏板、栏杆的护卫下直通乾清宫。乾清门与乾清宫之间虽然也是下沉式广场，但深度与面积均比太和殿广场差太多，又被中间的通道分隔为东西两部分，基本上消解了广场的空旷感。

从太和门到太和殿，常举办重大的典礼，需要创造出隆重的仪式感，需要抑扬顿挫的节奏感，需要先抑后扬——先走上去，再走下去，再走上去，走向最高处，最后掀起最大的高潮；从乾清门到乾清宫，或从乾清宫到乾清门，主要是皇帝自己的移动，例如皇帝御门听政、处理政务，以及餐饮、就寝等日常活动的转接，需要平静平稳，需要稳定稳重、不急不缓、神宁气定，需要平铺直叙。

乾清门与太和门虽然都是殿宇式大门，人们在进出时都觉

76 站在前朝三台上保和殿的后面，看八字宫门朝南开的乾清门。

得是登堂入室，不觉得是进门出门，但它们在形态上有一个非常明显的区别，就是乾清门的两侧伸出了两座醒目的八字形琉璃大影壁。影壁高8米、长9.7米、厚1.5米，两端与红色宫墙连接。影壁上下分别装饰有琉璃顶、琉璃须弥座，四角饰以琉璃菊花、牡丹花，一起烘托出影壁中心盛开的琉璃缠枝宝相花。宝相花就像现在在盛大庆典中摆放的豪华花篮，只是它永远盛开，似乎时时刻刻都在欢迎和欢送每一位出入宫廷的人。其实不是。和太和门比，乾清门只是大大地强化了门的感觉。古语说："八字衙门朝南开，有理无钱莫进来。"进出这个八字门，可不是有理无理、有钱无钱的问题。

康熙皇帝坚持在乾清门御门听政，成为其执政的常态。雍正皇帝及其后皇帝们的执政处则以养心殿为主，军政要事直接交办一墙之隔的军机处大臣。但康熙皇帝开创的乾清门听政还得继续，于是改为数日或一月一次了。不管是上乾清门，还是进养心殿，乾清门东侧与军机处对应的12间小平房，一直是文武大臣等待皇帝召唤的地方，所以也被叫作九卿房。

雍正皇帝执政时期还有一个改变，就是把皇子皇孙们读书的地方，从康熙时的乾清宫西南角，转移到乾清门内东侧的南庑。这样，读书的皇子皇孙与听政的皇帝就近在咫尺了。皇帝们听政的时候，间或听到皇子皇孙们的琅琅读书声，大概会感觉格外踏实且干劲倍增吧。

皇子皇孙们读书的五间房子叫上书房，少年弘历（后来的乾隆皇帝）成为乾清门内上书房的首批学生。雍正皇帝时常到上书房转转，特意写了“立身以至诚为本，读书以明理为先”挂在墙上。正在读书的少年弘历写诗赞颂父皇的题联，诗中写道：“妙义直须十四字，至言已胜万千书。”想来雍正看后极为满意，甚是欣慰。乾隆皇帝即位后，御门听政时，忽然听到上书房传来皇子们的琅琅读书声，当年情景悠然而现，遂提笔赋诗：“明窗晴旭暖，忽忆十年初。”

乾清宫

乾清门直对乾清宫，乾清宫后为交泰殿、坤宁宫，三者合称内廷后三宫。乾清宫是后宫的主体、核心。后三宫的布局、排列、空间、结构类似前三殿，高低、大小、宽窄等似乎一律按比例缩减，可谓三大殿的缩小版。如太和殿建筑面积近2 400平方米，而乾清宫为1 400平方米，少了1 000平方米。相比三大殿及周围开阔的环境，后三宫区域紧凑而精致，确实更合适居住生活。

明朝一代，自建造紫禁城、迁都北京的永乐皇帝朱棣，至跑到景山上吊自杀的亡国之君崇祯皇帝朱由检，共14位皇帝居住在乾清宫。清朝的顺治皇帝、康熙皇帝也住在乾清宫。在300多年中，乾清宫一直作为皇帝的寝宫与处理常规性政务的宫殿，其重要性不言而喻。

与三大殿的命运一样，就建筑本体而言，火灾是它们共同的克星。有史料记载，乾清宫四次毁于火，五次重建。最后一次毁灭性火灾发生在嘉庆二年，连同东西两边的昭仁殿和弘德殿，以及后边的交泰殿一起被烧毁。一年后重建，与康熙时太

77

78

77　乾清宫前东侧的微型社稷金殿。

78　乾清宫内正中皇帝的座位。

和殿被烧毁后重建相隔100余年。

乾清宫前宽敞的平台上，像太和殿前那样摆放着铜龟、铜鹤、日晷、嘉量以及鎏金香炉，体量自然小一些。比较特殊的是，平台前的丹陛下面，有高1.8米、宽1.1米、长10米的通道，东西走向，石砌，拱形，两头设门，俗称“老虎洞”，可能是为着太监、宫女和侍从往来服务时走动方便。若非有意寻找，现在的人一般不会注意到。明朝以嬉戏误国的天启皇帝，和太监们捉迷藏时，最喜欢在有月亮的晚上藏在老虎洞里。乾清宫前平台东西台阶的北面，各有一座雕镂精致的汉白玉文石台，这也是太和殿前没有的。文石台三层，四周刻江崖海水纹，其上各安放一座仿木构建筑的铜镀金微型宫殿，东边的叫社稷金殿，西边的叫江山金殿。两座金殿形制相同，重檐，下层呈方形，上层为圆形攒尖顶，金光闪闪，分外醒目。

乾清宫内，正中设宝座，宝座后五扇屏风，屏风上方高悬清顺治帝题写的“正大光明”匾。康熙帝颂扬父皇“正大光明”四字“结构苍秀，超越古今”“挥毫之间，光昭日月”。宝座两侧楹联，前为康熙帝题写，后为乾隆帝题写。康熙帝题“表正万邦，慎厥身修思永；弘敷五典，无轻民事惟难”。乾隆帝题

“克宽克仁，皇建其有极；惟精惟一，道积于厥躬”。现存“正大光明”匾额为顺治帝题、康熙帝摹，康熙帝题联为乾隆帝摹。“正大光明”摘自《易经》，两联均集自《尚书》。虽为集句，但句句是金句，意义均精到，居然集得如此浑然一体，真是用心良苦。至于能不能做到，就不是楹联的事了。

乾清宫内东西两侧设东西暖阁。西暖阁存放一方康熙帝的玺印，印文为“敬天勤民”，是雍正帝从父皇的印章里选出来的。乾隆帝清点父皇的玺印时，特地把这方印挑出来放在乾清宫西暖阁。乾隆帝在70岁时，为自己制了一方“古稀天子”印，放在乾清宫东暖阁，并做出指示，说子孙里有谁能做到像他这样，就可以用这方印了。从“敬天勤民”到“古稀天子”，从乾清宫西暖阁到东暖阁，从皇帝爷爷到皇帝孙子，执政的理念是越来越退步了。

皇帝的睡觉问题

一想到在数百年的时间里，乾清宫一直作为皇帝的寝宫，问题就来了：1 400平方米的大空间，皇帝一个人，怎么个睡法？能睡安稳吗？睡得着吗？

有一种说法认为，明朝乾清宫的主要职能是服务好皇帝的寝居。皇帝不能睡好觉，肯定是一个很大的问题，就像困扰现代人的失眠问题。太大、太高、太空的宫殿空间不利于睡眠，怎么办？于是，在乾清宫的后部，即靠北墙的地方，房中建房，设暖阁9间，且分上下两层，共置床27张，说是供嫔妃们晚上居住，以备侍寝。伺候皇帝睡觉，用得着这么多床吗？若真如此，也很怪异。又说另有用意，房中的房多、床多，皇帝每晚睡在哪一张床上很少有人知道，以防不测。睡觉睡到这份儿上，还能睡安稳吗？

还有一种说法认为，皇帝们并不是这么一种睡法。嫔妃们分散住在乾清宫两侧的东西六宫，今晚需要哪位侍寝，招来就是，或皇帝亲自到那位嫔妃的宫中就寝。另有记载，乾清宫东西两边的昭仁殿、弘德殿是很严密精致的小院落，皇帝们一般愿意把这两个地方作为他们的寝宫。这倒比较符合实际，严密精致的空间环境确实有利于入睡。

不管怎么说吧，皇帝的睡觉问题始终是个不好解决的大问题。或者说，这个问题根本就无解。站在三大殿高台的后边望几眼后宫，有时候会突然生出一些特别的想法：在占紫禁城近三分之一，也就是大约20万平方米的后宫区域，怎么可能、怎么需要日日有成千上万的宫女太监活动呢？后来的皇帝们或许会说这是古已有之的传统，不应该不继承吧？以宫女为例，有资料显示，汉朝时五六千，晋朝上万，唐最高时有四五万，宋朝数万，明清数千。其中也有可能是某个朝代某个皇帝时的特例。总之，一个男人陷入女人和太监的世界里，而且是几百几千个女人和太监的世界里，能算正常吗？能保持正常吗？

79

80

81

79　乾清宫内西侧。

80　西六宫后部。

81　在三台上看东六宫一带。

所以，明朝的皇帝们，真有些很变态的。如二十多年不上朝的嘉靖帝、万历帝爷孙俩，木匠活干得比皇帝活好得多的天启帝，还有那个上吊前疯狂的崇祯帝（在乾清宫挥剑砍死自己的嫔妃，砍断自己女儿长平公主的右臂，在昭仁殿刺死年幼的女儿昭仁公主），等等。嘉靖皇帝前期还算勤政，后来迷方士，迷丹药方术，居然数次选民女入宫，制作“红丸”。深受其害的是宫女们，弄糟身体的是嘉靖皇帝——连上朝的力气也没有了。或许因为再也不能忍受如此变态的摧残了，或许还有其他原因，十几个宫女齐心协力，差点把嘉靖皇帝活活勒死，史称“壬寅宫变”。这类发生在宫里、与宫女太监直接相关的奇异之事并不少见。

一时的荒唐愚昧不可怕，可怕的是这样荒唐愚昧的制度竟然可以在堂皇的皇宫里延续几千年，真是不可思议。

“正大光明”背后的秘密建储

在诸多皇帝里，虽然康熙帝是一个在多方面都得到认可的好皇帝，但也难以克服家国一体的体制性弊端，比如选择接班人问题。

康熙8岁当皇帝，12岁结婚（实际年龄11岁零6个月），新娘比他大3个月。不到14岁，第一个儿子出生。最后一个儿子出生时，他已经65岁。结婚早，在位时间长，在清代皇帝中，康熙帝子女最多。据档案统计，康熙帝共有200多位妻妾（有名分的和无名分的），为他生育了35个儿子、20个女儿。

如何选定继位者？康熙帝决定沿用历史上各王朝立嫡长子的办法。康熙十四年（1675），下诏立嫡长子胤礽为皇太子。33年后的康熙四十七年（1708）废皇太子，第二年复立，3年后再废。康熙帝为什么会在这么重大的问题上反复无常、无计可施呢？想想看，在册立太子之后30多年的时间里，父亲和儿子之间，皇帝和太子之间，大大小小的矛盾、相互看不惯的别扭，能少得了吗？在康熙看来，他的皇太子从一个聪慧的少年，逐渐变成了一个缺乏仁爱、行为乖戾的中年“油腻男”，这让他无法

82

忍受。而当太子的地位动摇和变动之际，太子和那么多皇子之间，皇子和皇子之间，以及各自的关系网、利益圈内部，争位夺利，乱象纷纷，更让他烦躁不安、屡屡发怒。第一次废太子后，康熙帝把他的皇子们召集到乾清宫，指名训斥，说到怒不可遏时拔刀威胁，真的是方寸已乱了。有论者甚至说，康熙帝因接班人废立之事而烦恼苦闷，中风而亡。两废太子后，康熙帝再没有公开建储，使雍正帝如何取得皇位成为一大疑案。

康熙帝被接班人问题困扰成何等模样，实际的继位者雍正帝看得清清楚楚。他坚决不会重蹈父皇的覆辙。他早已想好，这是他一上台就必须解决好的问题。雍正元年（1723）八月，雍正帝在乾清宫召见王公大臣，郑重宣布一项重大决定，即从他开始，实行新的皇位继承人制度。具体程序是：在位皇帝亲自书写一份传位于某皇子的密诏，密封在一个匣子里，放置在

82 下一个皇帝的名字，被在位皇帝放在明晃晃的“正大光明”后面。下一个皇帝是谁？只有在位皇帝知道。

乾清宫内正中高高在上的“正大光明”匾额后面；与此同时，皇帝另写一份同样内容的密诏，随身携带。宣布毕，在四位总理事务王大臣的见证下，雍正帝将密封的锦匣藏在“正大光明”匾后。

雍正十三年（1735）八月，雍正帝的第四个儿子成为清朝第一个以秘密建储制继位的皇帝，这个皇帝就是乾隆帝。乾隆帝对历朝历代的建储法做了一番比较，认定父皇开创的秘密建储“实为美善”，进一步将秘密建储确定为“建储家法”。

乾隆三十八年（1773），乾隆帝将亲手写下的密诏藏于“正大光明”匾后。乾隆六十年（1795）九月初三日，取出密诏公布天下的还是乾隆帝。乾隆帝的第十五个儿子颙琰（嘉庆皇帝）正式被公布为继位者。这一天，正是乾隆即位60年整的日子。

在“正大光明”的背后秘密建储，虽然名与实、知与行、说与做的“悖论”太过明显，但好歹也算是一项无奈的制度性改革吧。

南书房与上书房

乾清宫大院四围的房屋，一部分为皇帝日常生活所必需的服务设施。敬事房为总管太监之所，专管宫内一切服务事务；御茶房专供皇帝茶饮、四时节令果品，所用之水专取自西郊玉泉山；端凝殿存放皇帝的冠袍带履；御药房常贮药400余种，

83

83 中间是乾清宫通向乾清门的甬路。乾清门西侧的倒座房，就是小皇帝康熙智擒鳌拜的南书房。

御医负责皇帝及后宫保健，常在太监带领下去各宫把脉、煎药。除此之外，大部分房屋是皇帝及皇子皇孙们读书、研修，以及陈设存放珍稀图书、文房用品的场所。不管爱不爱学习，爱不爱读书，不管是真爱还是假爱，皇帝们总愿意把后宫的中心地带装点成非常文雅、有文化气息的地方。

乾隆九年（1744），乾隆帝就曾下诏从宫中各处藏书中挑选善本，列架陈设在乾清宫东侧的昭仁殿里，并亲笔题写“天禄琳琅”匾额，悬挂于殿内。30年后，乾隆帝命大臣重新整理、鉴别、研究，编成《钦定天禄琳琅书目》十卷，详记每一部书的刊印年代，及流传、收藏、鉴赏情况。当时昭仁殿共藏宋金元明版图书429部。乾隆四十八年（1783），乾隆帝在昭仁殿后室特辟一室，存放宋版《易》《书》《诗》《礼记》《春秋》五经，命名“五经萃室”，亲题匾额，悬于室内。可惜嘉庆二年藏书全部毁于火。嘉庆皇帝旋即重新收贮、编辑《钦定天禄琳琅书目后编》659部，恢复“五经萃室”。昭仁殿藏书很有特色，宋金版用锦函，元版用青绢函，明版用褐色绢函，分架排列，方便随时抽览。

位于乾清门内西南侧的南书房是一个有故事的地方。那里初为康熙小皇帝读书处。康熙8岁即位，权臣鳌拜把持朝政，根本不把小皇帝放在眼里。康熙14岁亲政后，在继续读书学习的同时，挑选了十几名与他年龄差不多的八旗少年，组成“宫廷卫队”，天天练习布库（摔跤）。鳌拜看见小皇帝与一群小儿摔跤打闹，并没有当回事。忽一日，康熙帝召鳌拜到南书房议事，并观看布库表演。康熙帝沉着冷静，命令众布库少年一拥而上，将桀骜不驯的鳌拜伏地擒拿，随即公布鳌拜30条大罪，不仅一举清除了鳌拜及其同党，更使满朝文武官员见识了少年皇帝的非凡禀赋。

康熙帝或许因此对南书房情有独钟。此后，他经常挑选翰林院中才品兼优者入值南书房，如学士张英、高士奇等，与他们一起讨论学问、赋诗撰文、写字作画，甚或咨询政事，让他

84

84 乾清宫前面的这一片下沉式广场，是皇子皇孙们练习射箭的地方。

们代拟谕旨。因靠近皇帝，南书房被视为要地，获选入值者亦以此为荣。乾隆帝在即位那一天，待隆重的仪式结束后来到南书房，一个人静静地坐了一会儿。可见此地影响力之大。

与皇帝们的研修之地南书房对应的，是乾清门内东侧的上书房——皇子皇孙们读书的“教室”。老师是翰林院推选出来的，被称为上书房师傅。皇子皇孙6岁入上书房读书。开学日，第一次上学的，先到上书房东边房子里供奉孔子牌位处行礼，再向师傅行拜师礼。课程内容有三部分：一是四书五经等汉文儒学经典，二是满文和蒙文，三是弓箭骑射。乾清门与乾清宫之间甬路东面的下沉式广场，是年幼的皇子皇孙们练习射箭的地方；而西面曾是康熙小皇帝和他的小卫队练习摔跤的地方。皇室注重教育，文治武功，不可偏废。

在上书房读书没有“毕业”的概念。父皇身体好，寿命长，当皇帝的时间就长，于是太子等待的时间就长，读书的时间也长。嘉庆帝36岁登极，道光帝39岁登极，这两位在上书房的时间都在30年左右，都是上书房的“老学生”。

交泰殿女主人

交泰殿与中和殿的造型，交泰殿和乾清宫、坤宁宫的位置关系与中和殿和太和殿、保和殿的位置关系，简直是一模一样的。只是交泰殿在体量上小了许多。中和殿面阔、进深各五间，交泰殿面阔、进深各三间，一样的正方形平面，一样的四角攒尖顶，一样的铜镀金宝顶闪闪放光。前朝的中和殿是皇帝上朝前专用的休息室、预备室，交泰殿则不只是皇后的休息室、预备室，也是皇后领导后宫、管理后廷所有女人的中心。在宫殿的装饰上，三宫有明显的区别：交泰殿前面的乾清宫是金龙和玺彩绘，交泰殿和后面的坤宁宫则变成龙凤和玺彩绘。

交泰殿内，正中专设皇后宝座。每年的元旦、冬至和皇后生日（千秋节），皇后都要穿戴礼服，在隆重的礼乐中落座，接受拜贺。每年春季，如皇帝亲自参加耕种仪式一样，皇后要举行一次礼仪性的活动，亲自动手采桑养蚕，叫作亲蚕礼。亲蚕仪式前一日，皇后会到交泰殿查看准备工作，检点采桑用具。太监们将事先停放在乾清门外龙亭里的采桑工具恭恭敬敬地端到交泰殿，摆放在供皇后阅视的桌案上。皇后采桑用的是金钩、黄筐，陪伴皇后采桑的妃嫔用的是银钩、黄筐，其余随去的命妇们用的是铁钩、朱筐。皇后一一看过后，太监们再将工具放回龙亭，待第二天使用。皇帝的“亲耕”和皇后的“亲蚕”，虽然都是做做样子的“仪式”，但事关皇家的吃饭穿衣问题，也与天下百姓的吃饭穿衣问题密切相关——民生事大，做做样子也有高度重视、示范带动的意义与作用。

“乾清”谈的是天，“坤宁”说的是地，《易经》有言：“天地交，泰。”天地之气在交泰殿融会贯通，阴阳相交，生养万物。不管事实如何，这名称上的功夫绝对到家了。即便偶有问题发生，也要尽快抹平。崇祯帝的周皇后是交泰殿的最后一位明朝女主人。崇祯十二年（1639）元旦，因深得崇祯帝宠爱而与周皇后关系紧张的田贵妃到交泰殿向周皇后朝贺，周皇后让其在门外的寒风里等了许久，朝拜时亦无话可说。而与晚来的袁贵妃却相见甚欢，说个没完没了。田贵妃大恨，事后向崇祯帝哭诉委屈。崇祯帝到交泰殿找周皇后问询，气头上一掌将周皇后推倒在地。皇后绝食，甚至想要自杀。崇祯帝冷静之后，颇为后悔，命宦官给周皇后送去一条貂皮褥子和几句问候。帝后复和好。

在康熙帝、乾隆帝的心目中，交泰殿的作用更大、更实在，从他们给交泰殿题写的匾联中可见一斑：匾“无为”，康熙帝题写；联“恒久咸和，迓天庥而滋至；关雎麟趾，立王化之始基”，乾隆帝题写。联的意思是说，接受恒久和谐的天赐之福可以达到极致的境界，淑女与王子能够创造帝王基业的新开端。多么美妙而崇高的帝后婚姻啊。而最重要的，全在于帝王的家业后继有人！这是不是“无为”而治的最高境界呢？

85

和前朝的三大殿一样，后三宫当然也是建在高台上的。但后三宫的台基就低多了。三大殿的台基是三层，后三宫的台基只有一层。值得注意的是，在交泰殿台基下的东西两侧，各有两排低矮的小房子，共四排20间。小房子的屋顶虽然也是黄琉璃瓦铺排，但高度未超过交泰殿的台基。站在小房子门口，举手即可触及屋檐；弯腰入内，即使正常的个头，也会碰到屋里的横梁。小房子与周围的宫殿相比，差异大到令人惊异。但从外表看，从与整体建筑环境的关系看，却又很协调，若不是特意关注，甚至根本感觉不到它们的存在。为什么会在巍然宫殿下面配置这么低矮的小房子呢？原来，这是专为太监安排的值房。皇帝的“乾”也好，皇后的“坤”也罢，乃至皇帝、皇后的“天地交泰”，必须有太监这样的“非人”之人全天候服务到位。

85 乾清宫、坤宁宫之间的交泰殿。台阶两侧的小房子是太监的值房，在后三宫中体量最小、等级最低。

交泰殿里的时间与印记

除了专为皇后设置的宝座，除了康熙帝、乾隆帝亲自书写的匾联，交泰殿里另有三样物件也很醒目：一是东侧的铜壶滴漏，二是西侧的自鸣钟，三是排列于宝座左右的25枚清代宝玺。

西侧的自鸣钟，为机械制动的报时器。有记载说，它是明朝万历年间传教士利玛窦从意大利带来献给万历皇帝的。皇帝兴趣甚高，特命工匠给大钟量身定制了一座精美的木阁楼，用银1 300两。利玛窦看了感慨道，阁楼上下刻满了人物、亭台，鸡冠石、黄金装饰闪闪发光，艺术水准与欧洲相比毫不逊色，真是配得上帝王的陈设啊！清嘉庆二年，陈设在交泰殿的自鸣钟与交泰殿一同毁于火。交泰殿当年重建，宫廷造办处次年重造自鸣钟，仍将其放在交泰殿，一直到现在。豪华的自鸣钟通高5.85米，分上中下三层。一层背后有门，内设三组机轮，中间一组驱动时刻指针，右一组击钟报刻，左一组击钟报时，一刻一响，一时一鸣。二层向东的一面为标刻罗马数字的表盘，背面也有门。第三层为楼顶。自鸣钟每月上弦一次，数十年无差。报时钟声嘹亮，声传数百米外。此钟一鸣，神武门上即鸣钟鼓，

86

86 交泰殿内。

宫城外钟鼓楼随即响应，向全城报时。在相当长的时期里，交泰殿的自鸣钟是宫中乃至整座北京城的标准时间发布者。

交泰殿东侧的铜壶滴漏，也称铜壶刻漏，是乾隆皇帝命令制造的。铜壶滴漏是古代的计时器，历史悠久。其原理是依据水滴落下的节奏计算时间，每到一个时辰，滴水满，标有时辰的水箭便浮出水面——水满箭尽，水则泄出，非常形象地显示着时间的流逝。乾隆时制造的这座铜壶滴漏超级“高大上”，似乎要与原产于意大利的自鸣钟一比高低。在位置上，铜壶滴漏放在左侧，古代以左为上，表示其地位高于右侧的自鸣钟。它

87 交泰殿内铜壶滴漏。

87

确实也高一些，通高5.91米。铜壶滴漏同样做成楼阁状，也是上中下三层，内部结构复杂精致，箭是铜人抱箭，且置于如舟之铜鼓之上；外形重檐方亭，更显豪华气派。乾隆皇帝写《刻漏铭》赞道：“迎日揆景，举分测辰……器与道偕，是验是虔。”将其运行原理提升到天地运行之道的高度，比较起来，自鸣钟则“淫巧徒传”了。虽然乾隆皇帝对“漏”很是得意，但是它用起来颇费劲，须有专人看管，尤其是在寒冷的冬日，要常用热水换冰水，防止冰冻无法运转。乾隆时代一过去，铜壶滴漏就不再使用了。嘉庆皇帝也有改父皇做法的理由——康熙皇帝写过赞美自鸣钟的诗句:“昼夜循环胜刻漏，绸缪宛转报时全。”看来，在对待外来事物上，比乾隆老的和比乾隆小的，都比乾隆实事求是些。

清代的25枚宝玺，也是乾隆帝确定并放在交泰殿里的。被历朝历代渲染得神秘莫测的所谓传国宝玺神话，是从秦始皇的“万世传国宝玺”开始的。一块刻着“受命于天”的玉石，竟被视为王朝正统的信物和象征，在改朝换代时被争抢，真真假假的传说经唐宋延续至元。明清两代均有“获得传国玺”的事件流传，据说乾隆帝亲自鉴定为假。其实，皇帝们心里明白，传国玺只不过是一种可以利用的说法而已。明人就说过:“受命以德，不以玺也。”乾隆帝说:“即真秦宝，亦何足贵?”“何得与本朝传宝同贮?”乾隆帝抓得准，什么宝不宝，传本朝、本朝传才是关键。所以他为“本朝”确定“二十五宝”，比明朝的“二十四宝”多了一宝，并隆重地放在后宫的“天地交泰”之处。至于宝玺上刻的文字，刻来刻去，与秦始皇的还是一脉相承。比较紫禁城里明代的“二十四宝”和清代的“二十五宝”，其印文大同小异，意思则完全一样。印文一字不差的就有13方，如“皇帝奉天之宝”“大清受命之宝”“皇帝之宝”“皇帝信宝”“天子信宝”“天子行宝”“皇帝尊亲之宝”“皇帝亲亲之宝”“制诰之宝”“敕命之宝”“广运之宝”，等等。

交泰殿及其殿内标志时间的传统的铜壶滴漏和外来的自鸣钟，以及标志皇权的“二十五宝”，是空间、时间与皇权关系的集中体现，交泰殿在这里是皇帝理想中“乾清”与“坤宁”之间“交泰”的节点。对于永恒的天地之间的“时间性”帝王而言，最重要的是对权力的“即时性”把控，就像交泰殿中“二十五宝”的印文反复唠叨、反复“钤印”的那些意思。

对于皇帝的宫殿来说，交泰殿里皇后的宝座重要，康熙帝和乾隆帝题写的匾联重要，为宫中和京城制定标准时间的铜壶滴漏及自鸣钟也重要，但更重要的还是证明皇权、象征皇权的二十五宝玺。虽然历史上一家一姓不可能一脉相承，但“受命之宝”“奉天之宝”“皇帝之宝”却传承了几千年。

坤宁宫：洞房花烛

交泰殿后面的坤宁宫，是皇宫里后三宫的最后一座宫殿。

坤宁宫格外聚人气，明晃晃的大玻璃窗前总是挤满了向里探望的人群——一定得看看皇帝娶媳妇的洞房到底是什么样子。可是大多数人并不清楚，与皇帝皇后的洞房同在一个屋檐下，仅仅一墙一门之隔，就是每天要在大锅里煮四只整猪，定时定

88

点举行萨满祭祀的地方。

当然只有清朝才这么做。明朝的几百年里，坤宁宫一直是皇后的住处。坤宁宫的最后一位明朝主人就是那位被崇祯皇帝一掌推倒的周皇后。也许是因为小时候生活在江南，这位周皇后非常喜欢茉莉花。60盆上好的茉莉整齐地排列在坤宁宫前后，花开时节，坤宁宫内外花香四溢。周皇后身着素白纱衫，采茉莉花插于发髻，动静飘香。崇祯十七年（1644）三月十八日，李自成攻陷北京城，崇祯皇帝将周皇后、袁贵妃叫到身边，狂饮几十杯酒后，挥剑砍向袁贵妃，袁贵妃应声倒地。周皇后立即跑回坤宁宫，自缢而死。

明朝的末代皇后吊死在坤宁宫，并没有影响清朝的皇后入住。从康熙皇帝开始，坤宁宫又成为皇帝大婚时的洞房。不过，当了皇帝才结婚的不多，除康熙皇帝外，前有顺治皇帝，后有同治皇帝、光绪皇帝，逊帝溥仪也算一个。同治皇帝和光绪皇帝的婚礼都是由慈禧太后操办的，最奇怪的是国家衰败得不成样子了，皇帝大婚的典礼却越发盛大了。光绪皇帝的婚庆规模最大，也是中国帝制历史上最典型的皇帝大婚典礼，准备了近两年，耗银550万两。仅银两，按时价折成粮食，就够190万人吃一年。另外，还留下了宫廷画师们精细描绘的光绪皇帝大婚全过程的八大本《大婚典礼全图册》。真乃末世浮华啊。

如今在坤宁宫外隔着玻璃窗看见的，大体上就是那时洞房的样子。光绪十五年（1889）正月二十七日，19岁的光绪皇帝

88 | 坤宁宫前。

89

在玻璃窗的反光下，坤宁宫外对皇帝的洞房特别感兴趣的观众，似乎进入洞房了。

奉慈禧之命迎娶22岁的慈禧侄女隆裕皇后。完成了一系列皇后进宫的礼仪后，傍晚时分，在坤宁宫举行帝后合卺礼。各宫各殿各门都用大红喜字、大红绸装饰，彩灯高悬。坤宁宫东暖阁龙凤喜床上，摆放着装有金银珠宝五谷等物的宝瓶，床帐绣五彩百子图，大红缎床褥绣龙凤双喜，明黄、朱红缎被彩绣百子图。喜床上方悬匾“日升月恒”，配联“宝瓯长绵，八极人天欢喜；金萱并茂，九霄日月光华”。皇帝和皇后先坐在龙凤喜床上吃子孙饽饽，然后坐在南边炕上，皇帝左、皇后右，面对面共进合卺宴。高一尺的合卺宴炕桌上，18个大大小小的金盘、金碗、金碟等，满盛着饰有双喜、龙凤呈祥字样的猪羊鸡鸭各式精美菜品。皇帝和皇后礼仪性地用过合卺宴后，再晚一些时候，还要吃一餐长寿面。花烛之夜过后，在第二天天亮之前，再共进一席如合卺宴般丰盛的团圆宴。

上自帝王，下到平民，娶媳妇嫁闺女，一样以吃为主。

坤宁宫：萨满祭祀

从雍正皇帝开始，皇帝的住处转移到养心殿，皇后也不在坤宁宫居住了。除了大婚时的皇帝和皇后在坤宁宫举行合卺礼，居住三天，坤宁宫的用处，就是日复一日地举办萨满祭祀活动。

萨满祭祀的传统，是由清皇室从关外带到北京紫禁城的。仿盛京皇宫里专用作祭祀的清宁宫的结构布置，把坤宁宫原来的西暖阁隔墙拆去，与正堂连通，形成较大的祭祀空间。西面的墙上悬挂天神像、布偶、黑色布幔。正中北面靠后窗，安置三口可煮整只猪的大锅。东暖阁仍保留，用作皇帝和皇后大婚时的洞房。

萨满祭祀的内容是祖先崇拜、多神崇拜，所祭之神主要是满族始祖，也祭蒙古神、释迦佛、观音菩萨、关帝君等。坤宁宫的萨满祭祀，分为每年元月和春秋的大祭，每日的朝祭和夕祭。祭祀仪式的突出特点是用煮熟的整只猪祭神和舞蹈般的跳神。坤宁宫前，竖立一根三丈高的神竿，又叫祖宗竿子，祭祀时，上挂敬献给神的猪颈骨肉。在祖宗竿子的东北边设案，堆放祭祀猪肉。

大祭时，皇帝亲率王公、臣僚分食祭神猪肉。祭神肉是不放盐的，对平日里吃着有滋有味饭菜的“食肉者”来说，吃下一大块无盐肥猪肉是一项相当艰难的任务。有机警者会悄悄地在宽大的袖筒里带些盐巴，吃时偷偷地撒在肥肉上。皇帝和王公大臣在坤宁宫正堂吃肉的同时，皇后率贵妃等女眷在东暖阁吃。大祭一次杀猪煮猪39只，常态性的朝祭与夕祭，每祭都要用两只整猪。祭过神的猪肉，由侍卫等宫中人员分吃。算下来，宫中全年祭祀用猪将近2 000只。特供祭祀用猪，也是一项不小的产业。

站在坤宁宫前，看看东边的皇帝洞房，看看中间和西边的萨满祭祀场地，想想皇帝皇后洞房花烛的情景，想想平日里在皇帝洞房处杀猪的情景，想想天天腥臭弥漫、烟熏火燎的煮猪情景，想想各类人等埋头大吃无盐肥猪肉的情景，想想这些情景竟然能够一成不变地维持了几百年——现在的人们真的不能

90

想象。

康熙皇帝、雍正皇帝、乾隆皇帝，这些自以为，也被不少人奉为很有作为、很爱学习、很有文化、很是儒雅的皇帝，就没想过把萨满祭祀活动变得文雅一些、好看一些吗？恐怕不是没有想过，而且想得很深很远。这根本不是一个审美问题。在事关家族、民族集团利益，事关皇权传承的重大问题上，他们一定会选择不忘祖宗、牢记当初、代代相传，最有效的法子是坚守祖宗的规矩仪式，日日操练，朝夕强化。多保留些煮猪吃肉、跳大神的神秘感更有效。

90 坤宁宫与交泰殿之间的小广场——萨满祭祀竖祖宗竿子，放堆肉案子，“萨满太太”（女巫师）且歌且舞的地方。

钦安殿里的玄天上帝

三宫之后，中轴线上的最后一座宫殿，既不是为皇帝建造的，也不是为皇后建造的，而是营建紫禁城的皇帝朱棣为一尊神建造的。这尊神的名字最终也是朱棣确定的，叫玄天上帝。这座宫殿的名字叫钦安殿，是中轴线上唯一的神的居所——神殿。

钦安殿位于坤宁宫后面的御花园正中。前些年大修，发现其梁架均由巨大的楠木构成，为典型的永乐时期风格；周围的汉白玉雕花栏板、栏杆和望柱，是紫禁城中雕刻最精美的，这也是明初的特征。凭这两条，足以证明钦安殿600多年来未有重大损毁。明嘉靖十四年（1535）添建院墙，钦安殿院落自成格局。院墙南面正中设门，名天一门，取义“天一生水”，以避火患。中轴线上的宫殿，钦安殿是唯一没遭受过火灾的。没遭过火毁，又有乾隆、道光两朝留下的《钦安殿陈设档》为依据，因此有专家认为，钦安殿的外部建筑与内部陈设是紫禁城里极少有的明朝原状。

钦安殿内供奉的主神是玄天上帝。殿内有大小神龛14座，从神32尊，还有经书与各种供器。正面排列3座大神龛，神龛内各有一座玄天上帝铜坐像，高两米。正中龛内铜像为永乐时铸造，面部鎏金，披发跣足，着盔甲，手持断魔雄剑，坐在宝座上，前面供龟蛇（玄武）。东西两侧的玄天上帝铜像为清朝仿明朝像铸造。

玄天上帝由真武神演化而来。真武神即玄武神，原为古神话中的北方神，即水神。元自北方来，元代开始尊称真武神为“帝”。明永乐皇帝尊奉真武帝，应与朱棣镇守北方、兴于北地、迁都北京有直接关系。另有一说，朱棣率军南征“靖难”，真武显灵以天兵助朱棣夺取帝位。因此，永乐帝将真武神推到最高神的地位，奉为“玄天上帝”。永乐时，每年元旦、三月三日、九月九日及朔望日，都要举行国家祭祀典礼。

从钦安殿的陈设看，明永乐皇帝、弘治皇帝和嘉靖皇帝，以及清雍正皇帝、乾隆皇帝、嘉庆皇帝和道光皇帝，比较热衷于在钦安殿做斋醮（道场）。早期，因后宫坤宁宫直通钦安殿，不便大张旗鼓。自嘉靖皇帝建坤宁门与后宫隔离，建院墙封闭钦安殿后，斋醮活动就热热闹闹地开展起来了。明嘉靖皇帝和清雍正皇帝表现最积极，都曾诏江西龙虎山道士主持钦安殿活动，安排太监充当道士每日到钦安殿值班，诵经焚香。自康熙皇帝为太后做道场后，钦安殿道场在清朝成为定例（可能也与清政府来自北方有关）。每年元旦，皇帝会到钦安殿拈香行礼。每遇节令，钦安殿即设道场。

御花园里钦安殿中的道场，实在是皇宫里的一道风景。想来不管是明朝还是清朝，越是位高权重者，越是不肯轻易放弃拜佛、拜神、做道场，越是要树立偶像、朝拜偶像。他们中的

91

大多数大约因为明白自己的出处或来路而缺乏应有的自信，所以很需要凭借虚幻的偶像增加自信、获得他信。尤其是拜玄天上帝，更能确立“天子”的身份，自然会成为皇帝们愿意继承的传统。

91 坐落在汉白玉须弥座上的钦安殿面阔五间、进深三间，四周为龙纹、龙凤纹汉白玉栏杆、望柱。殿前月台宽敞。乾隆年间于前檐接盖抱厦五间，后拆除，21世纪初大修时复原。此为大修复原抱厦后大殿前狭窄的走廊。

拥挤的御花园

进天安门，进端门，进午门，入皇宫，一直向前走，虽然建筑有高低，有大小，有上下，有起伏，有过渡，有节奏，但一条青石御道一以贯之，真正做到了主体鲜明、重心突出、大气磅礴。虽然主体之外的建筑也不少，但与主体比起来，只能成为视觉上的空间隔断，可以忽略，而始终吸引眼球、紧紧吸引眼球的是太和殿、中和殿、保和殿、乾清宫、交泰殿、坤宁宫。

一旦过了坤宁宫，出了坤宁门，进了御花园，视觉突变，感觉突变，突然走进另一个世界——这正是紫禁城中轴线北面的御花园的独特之处。

虽然几百年前的环境问题远没有时下这么严重，可是那时候的皇帝营建自己的都城、皇城和宫城时，还是很讲究环境风水、很有生态意识的，而且只要想到就能做到。且不说紫禁城西边及西北的南海、中海和北海，北边的景山，南边的太庙和社稷坛，远一点的天坛、地坛、日坛、月坛和先农坛，更远的南苑、颐和园、圆明园、玉泉山等，均是些山水环绕、草木森

92

93

92　御花园西边的千秋亭。

93　御花园东边的万春亭。

森的去处；单是皇宫里称得上园林的也有好几处：慈宁宫花园、建福宫花园、宁寿宫花园、御花园。

御花园最有名，不只是参观必经之地。御花园北边紧靠红色的宫墙有一座用太湖石堆起来的假山，叫堆秀山。堆秀山巅有一座高高在上的亭子，叫御景亭。山顶的山石已经超过宫墙，从红色的宫墙外边看上去，高高的御景亭仿佛浮在高高的红色的宫墙上方。

一位年轻的导游指着堆秀山上的御景亭，不无同情地对围着他的游客说：“进了宫的女人们再也没机会出去了，只能站在那上面看一眼外面的世界。”围着他的年轻人和老人不无同情地连连点头。

小伙子说得不错，外面的人严禁入内，里面的人不得轻易出外，连皇帝也不例外，更不用说女人和小孩了。堆秀山上的御景亭是皇帝重阳登高用的，想来平常日子里也不是谁想上就可以上去的。所以，一定要建一处御花园，好让皇帝，乃至皇帝的女人和孩子们，有一个自由自在地接近花草树木、穿行亭台楼阁的地方。

就像本居于田野间的财主，起宅修院，也要在最后边的位置修一处或大或小的后花园，为的是既要和一墙之隔的田野划清界限，又要在自家的院子里弄出一块有些田野味道的地方；既不让自家的女人孩子和左邻右舍的农妇农子混为一体，又要让他们享受到一些自然田园之乐。即便是家道中落的绍兴周家，被鲁迅自称为小康人家的周家，也有一个给自家小孩子们带来无限乐趣的百草园。紫禁城里的御花园就是皇帝给他的女人和孩子们修造的“百草园”。

94

按说东西宽140米、南北纵80米，占地约12 000平方米的御花园已经不算小了，可是自明初建园以来，历朝皇帝总想给他们的女人孩子更多更好的花木亭台，弄来弄去，硬是把一个移天缩地的御花园塞得满满当当。

处于中心位置的钦安殿体量最大，加上围墙，至少占去2 000平方米。其余不到10 000平方米的园子里，以钦安殿为中心，左右对称，建了近20座亭台楼阁，又占去4 000多平方米——御花园一半的面积就被建筑占据了。但由于建筑的造型布局精巧多变，名字又充满诗情画意，移步换景，倒也不觉得呆板枯燥。如钦安殿的东北是堆秀山，山上有御景亭；西北对应的则是两层楼的清望阁（清朝改名延晖阁），上层高出宫墙，同御景亭一样，可以登临远眺，景山、西苑乃至京城尽在眼中，西山亦历历在目。如东面有摛藻堂、凝香亭、浮碧亭、万春亭、

94 从神武门城台看御花园堆秀山上的御景亭。御景亭左侧为钦安殿造型特殊的殿顶：四条正脊围成平顶，中置鎏金宝顶。为紫禁城中独有。

绛雪轩，西面有位育斋、玉翠亭、澄瑞亭、千秋亭、养性斋。假山、真水、奇石遍布，苍松、翠柏、绿竹、牡丹、芍药、玉兰遍植；甬路两侧，又有五彩卵石铺就人物、花卉、山水、戏剧典故图900余幅，行走其间，没法不眼花缭乱。被建筑界誉为“紫禁城中亭式建筑之首”的千秋亭和万春亭，在眼花缭乱中反倒失色不少。至于田野般的自然趣味，就更难感受到了。由此想来，拥挤的风景其实根本关不住可以在御花园里游来游去的女人和孩子的心，反而更让他们总想着攀上堆秀山，去看近水，看远山，看林野茫茫。

被扭曲的生命

一场大雪压断了御花园里的不少树枝。

故宫博物院研究明清家具的一位专家拣出一根杯口粗的柏树枝，数数年轮，足足160年。紫禁城中，碗口粗、桶口粗、一人合抱乃至两人合抱的古树老枝有的是。

乾隆年间的《钦定日下旧闻考》记载："御花园内珍石罗布，嘉木葱郁，又有古柏藤萝，皆数百年物。"乾隆《咏御花园藤萝》诗中有"禁松三百余年久"句。大概御花园里既有古柏藤萝，又有古松。现在御花园的古柏藤萝在东侧的万春亭北。不知从什么时候开始，枯死或老死的连理古柏枝干，被年年嫩绿一回的藤萝攀缘缠绕。

可以确切算出时间来的，是古柏藤萝的北边、位于摛藻堂与堆秀山之间的一株古柏。据乾隆皇帝自己说，他在下江南的船上做了一个梦，梦见御花园里的这株柏树跟着他下江南了。江南太阳如火，这柏树就站出来为他遮阳。回宫后，乾隆皇帝特地到御花园看望这株柏树，并亲封此柏为"遮阴侯"，还写了一首诗："摛藻堂边一株柏，根盘厚地枝拿天。八千春秋仅传说，

厥寿少当四百年。”时在乾隆十四年（1749）。从那时至今，又过了270多年。就按400年加270年算，这株柏树至少670岁，可知这“遮阴侯”是元朝的遗老了。“御园古柏森森列”，其中不少看起来比“遮阴侯”还要苍老。想想这地方曾是元皇宫的区域，它们比紫禁城还老也在情理之中。

按照现在对文物级的古树名木的挂牌保护管理办法，紫禁城里树龄300年以上挂红牌的一级古树105棵，树龄100年以上挂绿牌的二级古树343棵。

其中数量最多的是柏树，想来除了取其长寿的寓意，还与柏子谐音“百子”有关。松槐的数量次之，与周代朝廷植三槐，后人以三槐代“三公”（周代三种最高官职）相关。御花园里的龙爪槐正好是三棵，最大最老的那棵，主干周长达163厘米，据说树龄在500年以上。虽说500年只长了3米高，但盘结如盖、老态龙钟的枝干上长满绿叶，年年槐荫罩地。

御花园内坤宁门两侧，各有一株楸树卧在土里。树不高，可根部已经非常非常老了。传说楸树是清朝的皇帝从东北老家移来的。此后，征战各处，凡胜，必带当地的土回宫，培于树下。土堆便越来越高，树反而显得矮了，但地位更高了。

御花园里有名的绛雪轩，因轩前有5株古海棠而得名。乾隆为此写诗多首，如“绛雪百年轩，五株峙禁园”“名轩因对花，取意缘体物”。算来这几棵古海棠至迟在康熙初年就有了。确实也有记载，康熙春日赐宴于内苑，曾“观花于绛雪，玉树临风”。花苞如胭，花开如脂，花飞如雪，的确是喝好酒、吟好诗的好景致。

可惜这样的好景致早已消失了。现在正对着绛雪轩的，不是“丹砂炼就笑颜微”的香雪海棠，而是一丛不怎么惹眼的灌木太平花。不过在春末夏初的和风里，倒也能开出一堆素雅清甜的小白花。然而，比起香雪海棠来，那气势可就差多了。

可宫里的人却很看重，把太平花称作“瑞圣花”，甚至把宫廷的命运与它们联系在一起：花若开得繁盛，天下就祥和太平。

被英法联军劫掠焚毁的圆明园，废墟间竟有太平花开放，光绪皇帝专陪慈禧太后去观赏，群臣聚会赋诗，以为大清国就要“复兴”了。1911年，御花园里的太平花开得格外旺盛，紫禁城里的最后一位皇太后高兴得不得了。可是没过多久，她就得为6岁的末代皇帝签发“退位诏书”。

我常常看见人们欢欢喜喜地在御花园里一株又一株的“连理柏”前照相留影。其实，帝王们并不关心“在天愿作比翼鸟，在地愿为连理枝”的世俗心愿。他们关注的是史籍中记载的“王者德化洽，八方合为一家，则木连理”，相信的是“木同本异枝，其君有庆”的说法。于是，下面的人便用人工扭曲的手段捏造出天示的祥瑞来：钦安殿前的连理柏，是把分植的两株从上面拧在一起的；万春亭旁的连理柏，是把一株从中间劈开分植两处，让上部还连着。那拧起来的结，那劈开的伤痕，不管过去了多少年，仍显露得清清楚楚。

人们更惊奇一株又一株松柏的躯干上为什么布满那么多大大小小的瘤状突起而显得凹凸不平，没有其他的解释，只能说被扭曲的生命因见证了无数被扭曲的生命而更加凸凹不平，太苍老的生命因见证了太多的苍老而更加苍老。正是这些苍老的生命，用它们的苍老苍劲且苍翠与红墙黄瓦的绝色组合，与流动的风、飘移的日月光影的绝色组合，无声地抚慰着寂寞的宫殿。我经常看见一群群的参观者，站在仍然枝繁叶茂或虽然已枯干却依然顽强挺立的松柏周围，久久不肯离去。

御花园里的英语老师

御花园西南角的养性斋，是一座颇为特殊的建筑。转角楼，平面呈凹字形，双层，上层出回廊。这样的结构造型在紫禁城里是稀有的。更为特殊的是，这里曾是末代皇帝溥仪的英

95

语老师庄士敦办公和居住的地方。

1919年，即五四运动那一年，溥仪14岁，一个名叫庄士敦的英国人进入紫禁城，成为溥仪的外籍“帝师”——英语老师。庄士敦出生在英格兰，是牛津大学文学硕士。进宫之前，分别在香港、英国租借地山东威海卫工作，汉语流利，对中国文化和宗教有比较深入的理解和研究。选择英国人庄士敦做溥仪老师的主要原因是当时中国政府的执政者希望中国能够逐渐发展成像英国那样的君主立宪国家。能够决定这件事的人们，不仅要求庄士敦教溥仪英语，还希望他对这位年少的逊帝有多方面的影响。在此后的几年里，紫禁城的御花园中，经常出入一位蓝眼睛、黄头发、白皮肤、西装革履的“洋老师”，有时候又变成身着中国宫廷式官袍和顶戴的“洋师傅”。这个现象很有意思。英国是老牌的资本主义国家。17世纪西方资本主义已经形成，英国就是代表。18世纪西方工业革命的龙头也是英国。火烧圆明园的有英军，侵入紫禁城的八国联军中也有英军。中国和西方的关系，竟以这种奇异的方式投影于少年逊帝。

这个时候的北京，与故宫仅仅一墙之隔的地方，则完全是另一个轰轰烈烈的崭新世界。位于故宫东北角不远处的北京大学，在辛亥革命之后很快成为五四运动的发源地。新文化新思想风起云涌，新人物层出不穷，各类社会团体活动频繁，传播信息和宣传各自主张及言论的报纸杂志花样翻新。新气象与旧

95 御花园西南角的养性斋。

宫殿，新青年与遗老遗少，新文化、新道德、新思想与旧文化、旧道德、旧思想，民主科学与封建愚昧，新世界与旧世界，也就一条护城河的距离。

庄士敦从进入紫禁城的那一天起，在教溥仪英语的同时，自然也在有意无意地用西方的文化思想影响他这位下了台的中国皇帝学生。超出所有人的想象，比溥仪大30多岁的庄士敦与溥仪相处得非常融洽、非常亲密，远远超过了溥仪与其他“遗老”“帝师”的关系。因为只有庄士敦才有可能在人格平等的基础上对待溥仪，不把溥仪当作“皇帝”，而只是当作一个孩子来亲近，这连溥仪的父亲也无法做到。在溥仪看来，庄士敦完全不是一位古板的“帝师”，更像是一位慈祥的大叔。溥仪让庄士敦给他起一个英文名字，庄士敦列出一串英国皇家贵族的名字让他选择，溥仪选了“亨利”，在以后的许多年里一直使用。溥仪婚后，还亲自给婉容起名“伊丽莎白”。

庄士敦鼓励溥仪吸取新鲜的空气，建议溥仪阅读新的报刊，接触新派人物。庄士敦是有选择的，他选择倾向英美自由主义的新人物，建议溥仪见见胡适。

1922年，在庄士敦力主下，宫里给溥仪装了电话，溥仪试着玩，电话就打到胡适那里了。胡适虽已是新文化运动的大名人，但还是有些异样的兴奋，毕竟是“皇帝”亲自打过来的。溥仪接着把胡适请进宫里，当面“垂询”。胡适惊讶于深宫里的溥仪居然也看新报新刊，也读他们的新诗。溥仪居然还很具体地问到康白情、俞平伯的新诗，并说他赞成白话，也试着写新诗。这肯定使这位极力倡导白话文，出版了中国第一部新诗集《尝试集》的新人物大为感动。他们还谈到皇产的问题，以及出国留学的事。胡适给溥仪出了些皇产清理、独立生活的主意。在清室财产是公还是私的问题上，胡适持清室私有论，主张作价有偿收归国有。也许是胡适的主张深得溥仪欢心，1924年溥仪再度召见胡适。溥仪被逐出故宫后不久，胡适还到溥仪住处拜访，说了些鼓励溥仪出国访问的话。这和庄士敦的主张非常一致。胡适很想以他的方式影响这位“寂寞”“可怜”的“年轻人”。

1924年，来自英国殖民地印度的大诗人、诺贝尔文学奖获得者泰戈尔访华。庄士敦向溥仪介绍泰戈尔，推荐泰戈尔的诗，建议溥仪邀请泰戈尔来紫禁城，溥仪很高兴地答应了。泰戈尔来访，陪同并做翻译的有诗人徐志摩及才女林徽因等。溥仪在御花园迎接，在养性斋设宴招待。泰戈尔把自己的一幅大白胡子画像赠送给溥仪。白胡子诗人与摩登男女和皇帝在御花园里吃饭、喝咖啡、喝英式下午茶，也算是御花园里难得的别致风景。

庄士敦一方面真诚地关爱呵护着他的小学生，另一方面一直担心溥仪无法走出皇宫的牢笼。虽已败落却仍很壮观威严的皇宫的控制与诱惑、太后效仿慈禧的管束、遗老遗少们日日的磕头请安，尤其是既没文化又极贪婪且善于逢迎拍马钻空子的太监们的围攻——庄士敦为溥仪深感不安，甚至深感恐惧。

事实证明，仍被关在禁宫深处的末代皇帝溥仪，不可能被庄士敦轻易地“西化”，也不可能因阅读新报新刊，以及与胡适、徐志摩这样的新派人物来往而被“新化”。

庄士敦想“西化”溥仪，也想“西化”中国，但他没有那么大的能力，最后的结果却是他自己反被“中国化”了。至少在行动上，他对溥仪完全是臣子对皇帝的姿态——磕头、请安，一律遵循宫里的规矩。在他的人生历程里，与溥仪在一起的岁月，毫无疑问是他最得意、最风光的时期，也是日子过得最滋润的时期。一切来自中国式皇权的余威。庄士敦离开溥仪以后，不论是在中国还是在英国，只要有机会，就会想办法去拜谒溥仪。晚年回到英国以后，他似乎已经无法融入西方文化了。他一直惦记着溥仪，溥仪似乎是他永远的“皇帝”。他无法摆脱回到英国后的孤独。他在英格兰高地买了一座小小的岛屿，在小岛上盖了一座房子。他给小岛取名“国王之岛”，给房子取名“帝室”，房子门口挂了一面旗子，旗子上写着“满洲国”三个字——因为那时的溥仪正做着伪满洲国的伪皇帝。

后宫里的末代顽主

清朝最后一个皇帝溥仪3岁登极，6岁退位。溥仪6岁后虽然不是皇帝了，但仍住在紫禁城中，直到19岁才离开。在这段时间里，原皇宫的后宫依然以“小孩子”逊帝溥仪为中心，维持着“小皇宫”的状态。中国末代“小皇帝”虽然失去了皇帝身份，也失去了皇帝权力，可是，依然使用着皇帝的尊号和年号，维持着皇帝的架子，依然被宫中的人前呼后拥，日日接受宫里人的磕头请安，虽然只是在不为外部知道、不为外界关注的小范围里。

在英国老师担心溥仪的体魄、智能和精神被严重扭曲的同时，从另一方面看，宫中秩序已非往昔，退位后的溥仪很少受到约束与管教，与之前的少年皇帝、皇子皇孙比，他的少年生活无疑是几百年里最肆无忌惮、随心所欲、快乐快活的。

小朝廷虽然没什么正经事可干了，可吃闲饭的并未减少。溥仪即位的宣统元年（1909），管理宫廷事务的内务府官员共1 000多人，民国初减到600多人，到溥仪出宫时还有300多人。另有太监、宫女上千人，溥仪裁减过一次，到出宫时，还有太

96

监400多人、宫女100多人。光是养这么多人，需要多大的开支？仅吃饭一项，溥仪一声“传膳”，立即有十几名太监抬着7张膳桌、捧着数十个朱漆金龙食盒送进养心殿。据一本旧账所记，在寒冬到来前的一个月里，就给溥仪做了皮袄、皮袍、皮褂和棉衣裤等53件，正式工料不算，仅装饰针线零星杂项就花掉银圆2 130块。

溥仪没能从英国老师庄士敦那里得到什么真才实学——事实上庄士敦也给不了他多少新文化、新思想——倒是从老师的言谈举止中知道了不少皇宫之外的新鲜事，乃至中国之外的新鲜事。庄士敦让溥仪订阅了10多种外国杂志画报，溥仪就命内务府按照上面的宣传图片，买洋狗，买洋式家具，买钻石，买西服，买庄士敦佩戴的那种怀表、戒指、别针、领带。溥仪养的中外名犬，最多时有100多只，如羊群一般。一些曾被叫作“奇技淫巧”的新奇玩意儿纷纷进了故宫。身居故宫深处的溥仪绝对是那时的时尚少年：念英语，看电影，听留声机，养洋

96 21世纪初复建建福宫时，特别将被烧毁的痕迹保留并展示出来。

狗，玩玩具，剪辫子，穿西装，吃西餐，戴墨镜，骑自行车，玩照相机，弹钢琴，读新报刊，打电话，光着膀子打网球，穿着时尚运动服打高尔夫球……英国三枪牌、双枪牌、美人牌，德国蓝牌，法国雁牌、狮子牌，这些品牌的自行车有20多辆，玩腻了送人，再买。后宫里不少通道上的门槛被锯掉，就是为了给溥仪在宫里骑自行车转悠开辟无障碍通道。后来看见庄士敦开着福特牌小汽车到宫里上班，便又喜欢上小汽车，花大价钱买了美国通用的别克轿车。溥仪在庄士敦的影响下沾染了太多的西方“绅士范儿”，与本来就有的小皇帝派头一混搭，活脱脱一个“中西合璧”的小顽童、小顽主。

维持小皇帝的奢华生活、小朝廷的体面排场，挥霍浪费，仅靠民国政府的优待皇室费显然不够，何况政府也常常无力如数支付。钱不够花怎么办？只好用宫中的金器、古玩向银行抵押借钱。后来由抵押借款，发展到倒腾宫中文玩。对溥仪来说，他觉得自己还是皇帝，紫禁城就是他的家，他有权支配那些东西。虽然自我感觉底气十足，但到底心虚，随意赠送宫里的珍贵物品总不是十分地理直气壮了，往宫外转移也多半有些偷偷摸摸的样子。就这样，溥仪还是把宫里好多珍稀物品赠送给当时的各级政府官员，具体多少不可计数；通过弟弟溥杰转移出宫的物品也不可计数，光是历代书画就有千余件。上行下

97

效，他身边的那些人也变着法子往外拿。庄士敦提醒溥仪，说自己的住宅所在的地安门街上，就有多家由太监、内务府官员开的店铺，得管一管。溥仪说，那好吧，明天就查。当天晚上集中存放古物的建福宫就被大火烧毁了。事后光从灰烬里就捡出数十斤烧成一片片、一团团的黄金。金佛像及历代书画、瓷器、青铜器、古籍善本，到底烧毁多少，谁也无从知晓了。也许溥仪并不怎么心痛，他可能也知道这么多东西迟早不是他的。所以，他把废墟草草整理了一下，就做了自己的网球场和自行车车技训练场。

97　21世纪初复建的建福宫主体建筑延春阁。

最后的神武门

紫禁城的北门神武门，与同在紫禁城中轴线上的南门午门，一南一北，隔宫守望。

神武门初建时名玄武门。玄武之名，古已有之。以往朝代的宫殿北门，也有叫玄武门的。中国古代四方神中，玄武主北，玄武神历来被奉为护佑国家的北方大神。建造紫禁城的皇帝朱棣，守护北方，崛起于北方，故把北方大神的地位提到最高，重新命名玄武神为玄天上帝，也在尽力把自己打扮成玄天上帝的化身。紫禁城内中轴线上最北面的宫殿钦安殿，祭祀的就是玄天上帝。玄武门就在玄天上帝的身后。清朝因避康熙皇帝玄烨名讳，才改名为神武门。

神武门门楼上设钟鼓，南与午门门楼上的钟鼓、北与北京城中轴线北端地安门外的钟鼓楼相呼应。每天晚上，依据更点敲钟击鼓，从头天晚上的起更，到第二天凌晨的五更，每更一人，轮流值班。日日暮鼓朝钟，虽可为宫廷与京城统一时辰，但这依时按点的钟声鼓声，大概也会影响皇帝的睡眠。清朝的时候，皇帝不在宫中居住时，每天起更前，神武门鸣钟108声，

98

99

98 1925年故宫博物院成立时，出现在神武门入口处正中门洞上方的木质匾额。

99 现在神武门入口处正中门洞上方的“故宫博物院”石质匾额。

每更击鼓，第二天五更后再鸣钟；皇帝在宫中居住时，每更只击鼓，不鸣钟。

同样是鸣钟击鼓，神武门与午门的钟鼓声是不一样的。午门的钟鼓声配合皇帝的行动，由皇帝的行动决定，如皇帝临太和殿大朝会，午门钟鼓齐鸣；皇帝出宫祭社稷坛、天坛、地坛，鸣钟；祭太庙，击鼓。由皇帝的行动决定的午门的钟鼓声是仪式性的，而神武门的钟鼓声则是时间性的，是由时间决定的。午门的钟鼓声制造和渲染皇帝的威严与气势，神武门和钟鼓楼的钟鼓声则是用时间显示规范与制度，用声音提醒遵守与服从。

遵循古代前朝后市的布局，明朝于每月的初四、十四、二十四日在神武门外开设民间市场，偶或举行盛大庆祝活动，是京城百姓可以近距离观望皇宫的难得时机。清朝取消了市场，但遇有值得大庆的事情，也会在神武门举行盛大庆典。如康熙皇帝取得削平三藩、收复台湾的重大胜利后，在神武门外举行盛大的露天宴会及歌舞娱乐表演。搭建高台，演出戏剧，甚至推出使用真虎、真象、真马的类似马戏团的表演。入夜，彩灯、明月、宫墙、城楼相辉映，鞭炮连天，神武门外京城民众彻夜狂欢。据说演出间歇，康熙皇帝还亲自登上高台，向百姓们抛撒银钱。不过，此种行为不是康熙皇帝的作风，康熙皇帝再兴奋，再表示“与民同乐”，大概也不会如暴发户般用金钱戏弄百姓。

从神武门开市来看，明朝还真有些市场、商业、商品意识与空间。在皇宫的后门外固定时间开市，很可以起到些作为权力中心的宫廷鼓励开放市场的作用。但也有与此相关却很怪诞的事情发生在神武门内。有的皇帝可能对民间的买卖交易既好奇又甚有兴趣，遗憾的是不可能每逢开市就跑到神武门外混进生意人堆里。明朝最爱游乐的正德皇帝朱厚照，忽然冒出一个主意，并立即实行：在神武门内东西两侧靠城墙的叫作廊下家的长房里，开设六家店铺，分别叫作宝和、和远、顺宁、福德、福吉、宝延，店铺货品来自宫中储存财物及各地贡品。宦官扮作店铺掌柜，皇帝扮作做生意的买卖人，手拿账簿、算盘，与一个个“掌柜”讨价还价，你来我往，争得不可开交。为调解商业纠纷，还特设一名“市正”做仲裁。生意做累了，在宦官的簇拥下，皇帝来到仿民间酒肆的廊下酒家。那时廊下家一带栽有不少枣树（现仍有若干），宦官们用熟透的枣做酒曲酿酒外卖，因沾了皇气，居然成了颇有名气的“廊下内酒”，也算宫里的“文创品”吧。宫女们扮作酒肆服务生，招呼皇上买醉。皇上醉了就地倒头便睡，酒醒了再玩，有时连玩数天。如此宫中奇事，或许与明朝市场经济发育有关。若由此有力推动商业发展，也算幸事，可惜的是，仅仅是皇帝个人的一己爱好、一时兴起而已。虽然不好与清朝的康熙皇帝热衷于数学、科学仪器相提并论，但从未能把皇帝的个人爱好与努力，通过帝王的集权，推广、转化为社会生产力发展和社会转型进步的角度来看，二者本质上没什么两样。

与皇宫禁地的其他地方比起来，神武门内外确实是一处比较热闹的地方。清朝的皇帝们一年里有不少时间不住在紫禁城里，他们从远处的避暑山庄或近处的圆明园、颐和园回来，多从神武门入宫。神武门也是后妃和皇室成员出入皇宫的专用通道。皇帝出巡，从午门出宫，而随行的嫔妃，则须从神武门出宫。为确保皇家的安全安稳，神武门的严防死守更为紧要。

可是，神武门外人造的“靠山”（景山）靠不住，神武门内祈求玄天上帝的护佑也护佑不了，叫玄武门或改为神武门都不管用。明朝最后的崇祯皇帝朱由检，从神武门跑出去，跑到景山吊死了，长达270多年的明帝国就此终结；清朝最后的宣统皇帝溥仪，也是中国帝制史上最后的一个皇帝，被“请”出皇宫，也是从神武门出去的，长达290多年的清帝国，至少从秦始皇开始的长达2 000多年的中国皇帝时代就此终结——神武门是帝制终结之门。从1925年神武门挂起“故宫博物院”牌匾开始，一人一姓的皇宫禁地转型为人人可以自由出入的公共文化空间——神武门又成为见证历史巨变和文化转型之门。

失衡的内廷

慈禧太后把宫廷治理格局的失衡推向极端。紫禁城内廷中心偏西之后，对后宫的空间布局结构不无影响。东六宫基本无变化，西六宫则不断地进行调整改造。在慈禧居住的40多年时间里，四座宫殿院落被两两打通，西六宫六个院落，变成了四个院落。西六宫的改造，与慈禧的四十、五十寿辰和数度垂帘听政直接相关。

失衡的内廷

紫禁城构建之初的中轴对称，不论从外部还是从内里看，都很严谨。最严整的是后三宫乾清宫、交泰殿、坤宁宫与其东西两侧的东六宫、西六宫的布局。12座方正规矩的院落，整整齐齐、一一对应地排列在后三宫的东西侧。现在看来，一个男人与至少12个女人的关系，竟然被铺排得如此冠冕堂皇，确实匪夷所思；皇帝们却觉得再平常不过，而皇帝的臣民们，除了觉得正常，还不免心生羡慕。

建筑的形态从来规范不了权力、人心。清朝中后期以来，由建筑形制和建筑功能规定的均衡，被内部的变动悄无声息地打破了。最初，也是最大的动作，是雍正皇帝将内廷的中心，即皇帝日常处理政务及居住的地方，由乾清宫转移到西六宫南面的养心殿。从此，位于后三宫西南角的养心殿，以及养心殿南边的军机处，便成为举国瞩目的家国焦点。

国家权力中心在皇宫里的位置向西偏移，固然起于雍正皇帝，但究其根源，与康熙皇帝不无关系。在治国理念上，与明朝的皇帝们明显不同的一点是，康熙皇帝根本不相信明朝皇帝

100

101

东六宫中间的南北通道东二长街两侧各有三宫排列。与之对称

100 的是西六宫中间的西二长街。

后三宫与东六宫之间的通道东一长街。与之对称的是后三宫与

101 西六宫中间的西一长街。

无休止地建城池、修高墙、筑长城保护得了自家天下，他不会延续明朝的做法，去继续修补、加固、抬高宫城、皇城、京城、长城，他也不会把自己困在明朝的宫殿宫城里。当他的地位、他的国家稍稍稳固，他就大张旗鼓地在京城外、在更远的地方，大兴皇家园林。人们熟知的“三山五园”——香山的静宜园，玉泉山的静明园，万寿山的清漪园（后改名颐和园），现在北京大学西面和北面的畅春园、圆明园——基本上是从康熙朝开始营造的。康熙皇帝又在距北京数百千米之远的地方修建避暑山庄、木兰围场。春秋射猎，夏季避暑。夏季主要在畅春园、避暑山庄听政。康熙皇帝开启了“居园理政”模式，最终死在了畅春园内的清溪书屋。雍正皇帝继位后，大规模扩建康熙皇帝赐给他的圆明园，其后乾隆皇帝继续扩建，圆明园成为占地350万平方米，建筑面积20多万平方米的超大型皇家园林。总面积相当于四个紫禁城，建筑面积也超过紫禁城。万寿山的清

102

西一长街西侧的咸和右门。门内为养心殿后通往西六宫中的永寿宫、太极殿的东西通道。与之对称的是东一长街东侧的咸和左门，门内为斋宫后通往东六宫中的景仁宫、延禧宫的东西通道。

102

漪园由乾隆皇帝扩建，耗银448万两，面积达到290万平方米，后遭英法联军毁坏，光绪十四年（1888）慈禧太后重建，耗银500多万两，改名颐和园。康熙皇帝大兴园林、居园理政，被清朝的帝后们一代一代地传承发扬。兴建这么好、这么大、这么多、这么舒适的皇家园林，不去充分地享用，还真有些说不过去。从康熙皇帝开始，清朝的帝后们基本每年一半以上时间居园理政。越到后期，他们在紫禁城居留的时间越少。

紫禁城西边的西苑，占地100万平方米，与紫禁城同大。西苑的基础为元、明奠定，清朝扩建并广泛使用，成为顺治皇帝及其后的各位皇帝经常居住听政的地方。中南海的南海瀛台，是康熙皇帝、乾隆皇帝、光绪皇帝、慈禧太后的重要活动场所。戊戌政变后，慈禧太后“软禁”光绪皇帝，自己在瀛台东北面的仪鸾殿亲自训政，直接处理日常政务，使之成为事实上的政治中心。从雍正皇帝开始，紫禁城内皇帝居住及处理政务的中心向西南偏移，大概与宫城西苑、西郊皇家园林与紫禁城同样发挥政治中心的作用不无关系，与方便出入西苑、往返西郊园林不无关系。

乾隆皇帝本来有一次纠偏的机会，他做了，但他又不想做到位。康熙皇帝在位61年，乾隆皇帝说他不敢上同皇祖，在位60年就会退休。为此，他早早就做了准备，在后三宫的东面修建了退位后享用的太上皇宫殿宁寿宫区，包括宁寿宫花园。乾隆皇帝的设想很不错，等他退位后，他的儿子嘉庆皇帝在西边执政，他在东边吃喝玩乐、吟诗写字，也不失为一种“东西平衡”。但乾隆皇帝退位后根本不想放权，也没有放权。与内廷中心并列的东面的副中心宁寿宫区建好了，花园也建好了，太上皇一天也没有享用，他依旧坐在西面养心殿的宝座上，让嘉庆皇帝坐在他身边的小座位上，看着他继续处理政务，直到他死在养心殿的宝座上。

被称为西太后的慈禧，终于把宫廷治理格局的失衡推向极端。紫禁城内廷中心偏西之后，对后宫的空间布局结构不无影响。东六宫基本无变化，西六宫则不断地进行调整改造。晚清改动较多，动作最大的是在慈禧居住的40多年时间里，四座宫殿院落被两两打通，西六宫六座院落，变成了四座院落。西六宫的改造，与慈禧的四十、五十寿辰和数度垂帘听政直接相关。可是，不管内里发生了多大的变动，从高处看起来，从外面看起来，紫禁城的内廷后宫，依旧是东西两侧密集的黄色屋顶，整齐一致地依附着、维护着高大开阔的后三宫：铺排对称、高低协调、疏密得体。

偏安养心殿

紫禁城里的养心殿名声显赫，为参观故宫必去之地。虽名气大，但比起前三殿后三宫来，很不显眼。作为清朝中后期皇宫里最重要的地方，它既不在中轴线上，又与东西六宫至少在空间、高度等外表上没有明显的区别，连大门也是普通的宫门，且是坐西向东，不是正南正北。门内影壁黄琉璃铺底，当中一幅彩色琉璃组成的绿叶荷花、白羽鹭鸶画面，在红墙黄瓦的宫殿间反倒有点另类，以至于走到入口处，还心存疑问：养心殿是在这里吗？

养心殿位于内廷中心乾清宫西南角，西六宫的南边。始建于明嘉靖十六年（1537），比皇宫里的主要建筑晚建了100多年。康熙年间，这里还是造办处的作坊，制作宫廷用品的地方。康熙皇帝死后，灵柩停放在乾清宫，接班的雍正皇帝住在养心殿守丧治丧。按常规，守丧27日后应居乾清宫，但雍正皇帝说，父皇在乾清宫60余年，我即去居住，心实不忍。雍正皇帝就这样一直住在了养心殿。从此，养心殿成为清朝皇帝的寝宫。雍正乾隆年间，原造办处各作坊陆陆续续搬出，经过不断

103

103 从乾清门与军机处之间的内右门进西一长街，开在西侧宫墙上的第一座门就是进入养心殿区域的遵义门（上）。绕过门内荷花琉璃影壁，便看见坐北朝南的养心殿正门养心门（下）。

的改造、添建，这个地方就成为皇帝们融处理政务、召见大臣、读书休养、生活起居为一体的一组建筑群了。养心殿功能就此彻底改变，宫廷中心就此由中轴线上的乾清宫转移到它的西南角。从雍正皇帝到末代皇帝溥仪，八位皇帝，将近200年，一直偏安养心殿。

以养心殿为核心的养心殿建筑群，南北约63米，东西约80米，占地约5 000平方米，南北三进院。从乾清门西、军机处旁的内右门进西一长街，西侧向东开有一门，叫遵义门，便是养心殿区的入口。

进遵义门，为第一进院。院子南面大连房一排，乾隆年间设为御膳房，有厨子70人，专供帝后及嫔妃们的日常膳食。院子西面小连房三座共30间，呈凹形，房高不过院墙、进深仅丈余，为太监、侍卫及值班官员值房，也是乾隆年间添建。院子北面正中南向，为养心门，琉璃装饰，门前鎏金狮子一对，相互辉映，光彩亮丽。

进门第二进院的正殿即是养心殿。养心殿为工字形结构，建筑面积不到500平方米，被分隔为若干个功能空间。前殿处理政务，后殿为寝殿。前殿正中天花设浑金蟠龙藻井，下设地平宝座，宝座上方悬挂雍正皇帝书写的“中正仁和”匾。左右两侧为东西暖阁。东西暖阁又分别被隔为数室。西暖阁有批阅奏折、召见大臣的密室，雍正皇帝题匾“勤政亲贤”，题联“惟以一人治天下，岂为天下奉一人”，此联若各去掉前两个字，倒是更扼要明了。西南靠窗户的一间小屋子，原名“温室”，为皇帝读书处，大约是取“有太阳照着，读起书来暖洋洋”的意思，乾隆皇帝把王羲之（传）的《快雪时晴帖》、王献之的《中

104

秋帖》、王珣的《伯远帖》藏于此室，改室名为“三希堂”。与西暖阁对称的东暖阁，分为前后室。前室靠窗为通炕，原有匾曰“明窗”，与西暖阁的“温室”相对。始于雍正皇帝的每年元旦（即现在的大年初一）的开笔仪式，在这里举行。每当元旦子时，皇帝提起“万年青”毛笔，先朱后墨，各书吉祥语若干，以祈一年之福。靠东墙，背东面西，设一前一后两个宝座，宝座中间用黄纱帘隔开，为晚清同治、光绪年间慈安、慈禧两太后垂帘听政的地方，现保留慈禧垂帘听政原状。东暖阁后室，也是分为两间，为皇帝在养心殿斋戒时的寝室，原有匾曰“随安室”“寄所托”，倒是颇有意味，到晚清却改成“福寿仁恩”“寿养心门内的正殿养心殿。养心殿面阔、进深各三间。明间与西次间接卷棚抱厦，前檐檐柱位加立多根方柱。

104

寓春晖”这样的俗词了。

从雍正皇帝开始偏安养心殿来看，雍正皇帝确实比较务实。宫廷中心由乾清宫转移到养心殿，帝后们的执政环境与风格发生了巨大的变化，由宏大开阔的空旷，一转为低调的平实。虽然大部分空间局促狭小，但功能齐全、相互连通、紧凑妥帖，做事、休息，既方便适用，又可提高效率。现在的人们并不关注这样的变化，隔着玻璃窗观看的只是乾隆皇帝的“三希堂”和慈禧太后的“垂帘听政”。

养心殿里说“三希”

养心殿的名声，多半在于乾隆皇帝的三希堂。

历史就是这么怪异，当事人觉得非常重要的事情往往为后人淡忘，而当事人茶余饭后的个人爱好兴趣，往往为后人津津乐道。乾隆皇帝一手创造的“三希堂现象”就是一个典型例子。

105

养心殿东暖阁前窗。大块玻璃上方为方格支窗。殿里设阁，阁中分室，室内有楼有斋有轩又有堂，只听名称，真不知内里有多大名堂，其实大多空间都很狭小。只有8平方米的“三希堂”，一半靠窗为炕，另一半为地。想想乾隆皇帝盘腿坐在炕上观书赏帖的样子，若忘却周围的雕梁画栋，不免会想到坐堂的郎中或靠着窗户做针线活儿的邻家老妪。

105

不过，对于养心殿来说，更加值得体味的，是真正属于养心殿的“三希”。

养心殿“三希”之第一希：三希堂主乾隆皇帝。乾隆皇帝之希，首先希在痴迷古帖。乾隆皇帝命名的“三希堂”，实际上是一间只有8平方米的很小很小的屋子，称之为堂，真有些名不副实、其辞夸大。更为夸张的是，在这样狭小的屋子里，居然陈列了128件各样珍玩。且不管乾隆皇帝的空间审美情趣如何，挂在“三希堂”匾两侧的“怀抱观古今，深心托豪素”，倒真是乾隆皇帝的心声。以“三希”作堂名，足见乾隆皇帝对那三件历史悠久的法帖痴迷有加。可是，喜欢书法的皇帝不只乾隆皇帝一个，他的祖父康熙皇帝、父亲雍正皇帝也都喜欢，且写的字都比他好。王羲之的《快雪时晴帖》，就是下边的官员听说康熙皇帝爱写字，主动将自家的“传家宝”进献给皇帝的。康熙皇帝、雍正皇帝肯定也摹习过法帖不止一两次，但绝对没像乾隆皇帝那样，特别把这些法帖放在自己身旁，抽空就拿出来揣摩品味临摹，兴之所至，忍不住就要写些心得体会，居然在仅仅

28个字的法帖前后，留下73处题跋！还在王羲之的字上盖满了红色印章！这就是典型的乾隆式“审美”。这样对待自己珍爱的古代文物，可谓前无古人，后无来者。按照《文物保护法》，乾隆皇帝的行为是百分之百的违法犯法！有人大骂乾隆皇帝糟蹋文物，破坏文化遗产，乾隆皇帝压根没这意识。他根本不是为国家、为公众收藏文物，也不是为历史保存原状，而完全是一己爱好，最多是他们家“子子孙孙永宝用”，所以在乾隆皇帝眼里，这是自己的东西、自家的东西——我这么爱它，我爱我就把玩，我爱我就写它盖它而已！也有人说，乾隆皇帝乱写乱盖也不完全是一件坏事，因为不管什么东西，只要上面留下了皇帝的字，盖上了皇帝的印，足可证明其真，说明其珍，说明其贵，古往今来，只要沾上点皇帝气，便大增值、大涨价。其实根本用不着这么编排，说句实在话，乾隆皇帝如此痴迷，其心可鉴，其情可明，可就是书法不肯长进，只要看看他写在《快雪时晴帖》前面的“神乎技矣”四个大字，就一目了然。或许，按照乾隆皇帝的审美趣味，说不定他还得意于自己的字与王羲之的字很般配。

乾隆皇帝之希，其次希在痴迷宝座。雍正皇帝说，父皇在乾清宫60余年，我不忍再住，便住到了养心殿。乾隆皇帝说，皇爷爷在位60年，我可不敢超过，到时一定退下来。并且早早做了准备，在皇宫的东部为自己建造了退休后享用的宁寿宫及花园。乾隆皇帝对自己的身体还真是信心满满。说过的话必须兑现。自乾隆皇帝入主养心殿，不知不觉就过去了60年。再说，他早已是在养心殿住得最久的皇帝。85岁一到，乾隆正式宣布退居二线做太上皇。可是，真到了要离开住了60年的养心殿的时候，真到了要告别坐了60年的养心殿宝座的时候，他忽然改主意了。他决定以太上皇身份，继续住在养心殿。当然不只是住。乾隆太上皇几年后说：我没有退居宁寿宫，仍在养心殿日勤训政，事无巨细，皆予任之。嘉庆四年（1799）正月初二，89岁的太上皇“圣躬不豫”，嘉庆皇帝赶来守在父皇身边，看着太上皇正月初三死在养心殿。乾隆皇帝终于创造了在养心殿的宝座上坐了64年的纪录。

养心殿“三希”之第二希：皇太后连续两朝垂帘听政，数度训政临朝。太后、后妃听政干政在历史上并不鲜见，帝王们也心知肚明。明白一些的还立下规矩，清朝第一个入主紫禁城的顺治皇帝，特意在交泰殿竖起铁牌，上书“内宫不许干预政事”。可是，许多事情是禁止不了的。到清末，养心殿的垂帘听政、干政、坏政发展到极端。咸丰十一年（1861），6岁的同治皇帝坐在养心殿东暖阁前面的宝座上；宝座后面，隔黄纱屏风；黄纱屏风后，20多岁的慈安皇太后和慈禧皇太后并坐在另一宝座上：中国帝制史上奇异的垂帘听政从此开始。一个儿童，两个年轻寡妇，就这么召见王公大臣，决定军国大事。慈安皇太后虽与慈禧皇太后同时听政，但慈安皇太后身体欠佳，为人平和，且不是皇帝的亲生母亲，实际上是同治皇帝亲生母亲慈禧皇太后独揽朝政，直到同治皇帝18岁亲政。亲政誓言：“恪遵慈训，敬天法祖，勤政爱民。”第一条即是无条件遵循圣母皇太后懿旨。亲政不到两年，同治帝亡。同治皇帝无子，慈禧选择了与同治皇帝同辈且年纪很小的载湉（慈禧胞妹之子），以咸丰之子名义继位，如此则可继续垂帘听政。于是，4岁的光绪皇帝即位，两太后第二次垂帘听政。光绪七年（1881），慈安皇太

106

106 透过养心殿暖阁玻璃窗，可以看到“垂帘听政”原状。若将前后座位之间的黄纱帘落下，恍如即将上演提线木偶剧或皮影戏。

后突然无疾而亡，自此，慈禧皇太后一人垂帘听政。光绪十三年（1887），光绪亲政，慈禧训政。光绪十五年（1889），光绪皇帝大婚，慈禧选定她的内侄女为皇后，慈禧太后一手导演，在紫禁城里异常隆重地上演了一场“侄女嫁外甥”的剧目。光绪二十四年（1898），戊戌变法遭慈禧镇压，光绪皇帝被彻底边缘化，慈禧也就用不着“垂帘”听政训政，干脆直接执政了。光绪三十四年（1908），38岁的光绪皇帝突然死去的第二天，慈禧亦死，终年73岁。光绪皇帝亦无子，慈禧临死前安排了养女所生的3岁的溥仪继位。慈禧太后两次垂帘听政，数度训政临朝，前后共主宰养心殿、掌握朝政40余年。慈禧文化程度很低，虽然用心学习到能够批阅奏章的程度，但多有文理不通的情况和错别字。她在一门心思、千方百计排斥异姓及宗室贵族，死守皇族权力、地位、利益方面极有心计与手段。在世界政治大步走向民主化的大潮中，大清帝国的皇权却日益集中。

养心殿“三希”之第三希：末代皇帝两次登极，两次颁布退位诏书。光绪三十四年（1908），3岁的末代皇帝溥仪登极。宣统三年八月十九日（1911年10月10日），辛亥革命爆发于武昌，宣告废除宣统年号，全国各地纷纷响应，清政府迅速瓦解。1912年1月1日，孙中山在南京就任中华民国临时大总统，宣告中华民国成立。1912年2月12日，隆裕皇太后在养心殿主持最后一次御前会议，以宣统皇帝奉隆裕皇太后懿旨之名，颁布宣统皇帝退位诏书。退位诏书的主要内容为:“今全国人民心理，多倾向共和。南中各省，既倡议于前，北方诸将，亦主张于后，人心所向，天命可知。予亦何忍因一姓之尊荣，拂兆民之好恶。是用外观大势，内审舆情，特率皇帝将统治权公诸全国，定为共和立宪国体。近慰海内厌乱望治之心，远协古圣天下为公之义。”慈禧专权时倒行逆施，核心正在于不肯放弃“一姓之尊荣”。隆裕皇太后在爱新觉罗家数位皇帝统治天下的养心殿处做出如此决定，自是综合各方势力后既无奈又明智的选择，尤其于避免战乱、避免生灵涂炭有大益处。诏书结尾道:“予与皇帝得以退处宽闲，优游岁月，长受国民之优礼，亲见郅治之告成，岂不懿欤!”两千多年帝制的终结，竟然被一纸诏文表达得如此洒脱!真是神来之笔!

隆裕皇太后为退位的小皇帝争取到“尊号仍存不废”及“暂居宫禁”的待遇。虽对外无任何权力，但可以继续住在养心殿，继续当“小朝廷”里的“小皇帝”，致使复辟帝制势力有机可乘。1917年7月1日，“辫子军”统帅张勋率众进紫禁城，到养心殿拥戴溥仪复辟，恢复清朝帝制。尽管溥仪在紫禁城里确实过着任性的“优游岁月”，但已经懂些事理的“空架子皇帝”经不起做“真皇帝”的诱惑。溥仪二次登极，接受朝拜，连发“上谕”。结果没过几天，闹剧结束，溥仪不得不第二次发布退位诏书。同在养心殿里，隆裕皇太后替溥仪颁布退位诏书时，隆裕大哭，溥仪无知无觉，莫名惊诧;第二次由他自己发布退位诏书时，溥仪放声大哭。是人之常情，还是专制帝国之常情?

前殿后寝缩小版

从雍正帝开始，养心殿先后居住过八位皇帝。乾隆帝在养心殿的时间最长，他对养心殿的改造、添建及对室内陈设的改动也最大。养心殿里的文化休闲空间，包括三希堂、仙楼佛堂、长春书屋、梅坞等，都是乾隆帝按照自己的意愿谋划、设计、改造、创建的。欣赏历代艺术品有三希堂，读书有长春书屋，礼佛念经有仙楼佛堂，一个人静静地看窗外的风景有梅坞。梅坞是乾隆三十九年（1774）在养心殿西侧接建的很小的西耳殿，开窗向南向西，其冰裂纹、梅花枝干状的造型别具一格。不过，从这样的窗口看看淅沥的雨、纷飞的雪尚可，要看四时的风光，则不大可能，窗外空间狭窄，视线所及之处几乎看不见一片天空。

政务空间前殿明间与东西暖阁的陈设，乾隆帝也做了调整，重新布置了几代皇帝治国理政的感悟与训诫。把皇祖康熙帝和皇考雍正帝的圣训陈设于东暖阁，把自己撰写的《养心殿铭》陈设于正中明间，把自己精心“集经书成句”的《养心殿四箴》（《敬天箴》《法祖箴》《勤政箴》《亲贤箴》）陈设于西暖阁。或

107 养心殿内明间顶部天花正中设浑金蟠龙藻井，下设地平宝座，上悬雍正帝题写的“中正仁和”匾。宝座后立屏，屏两侧各开一门，左曰“恬澈”，右曰“安敦”。门通穿堂，直达后寝殿。

107

撰或集，自然是一些治者体悟出来的或文人帮着治者总结出来的有关治国理政和修养身心的至理名言。类似的意思，反复地表达在装点于各个不同功能空间的匾联中。除了文字较多些的诗、铭，各位皇帝留下的匾联多达百条。不管能不能做到或效果如何，这些悬挂在墙面上的政治理想和最终目标，都表述得非常清楚：永保家国之基业（康熙帝）；绵宗社万年之庆（雍正帝）；大清国亿万年无疆，欲至于万年（乾隆帝）。

乾隆帝的儿子嘉庆皇帝解释祖父、父亲留在养心殿的文字时说过这样的话:“我皇祖世宗宪皇帝雍正年间始缮葺养心殿为寝兴常临之所，一切政务如批章阅本、召对引见、宣谕筹谋，一如乾清宫。我皇考缵应大统宝，相仍无改者六十余年。予小子仰承堂构，敬绍祖考贻谋，于亲政后亦移居于此，不敢别有构筑。”

也许正是被如此精准的目标捆绑得越来越紧，中国帝制末期的皇帝们在宫中活动的空间也收缩得越来越紧凑。由中轴线上大开大合的太和门、乾清门、乾清宫的听政行政，逐渐收缩到以狭窄的养心殿为中心；由前三殿、后三宫的前朝后寝大格局，改变为养心殿一座房子里的缩小版前殿后寝。

紫禁城本来就由深河高墙层层包裹，比起前三殿、后三宫来，养心殿又多包裹了两层（围墙、围房），封闭得越发严实、密不透风了。乾隆帝在位的60年间，正是法国大革命、英国工业革命、美国独立战争与建国的时代。1793年，乾隆帝接见了英国国王乔治三世派遣的使臣马嘎尔尼勋爵。当时世界上最富强的东西方两个帝国本来有可能由此开始正式对话、交流。可是，这位老皇帝在该睁开眼睛看世界的时候一直紧闭双眼。若干年后，英国送给清朝的就不再是精选的高科技礼物，而是炮舰轰打下的不平等条约。又若干年后，英法联军攻入圆明园的时候，惊讶地发现当年英国国王送给乾隆皇帝的高科技科学仪器和高性能枪炮武器竟然原封不动地躺在圆明园的库房里。

乾隆皇帝越到晚年，越是一心一意、尽心尽意地经营并陶醉在一手打造的安乐窝里。即便很有价值的追求，也局限于从古老的典籍里寻章摘句，闭着眼睛养心养性，或书写装裱，装点门面。清朝后期的皇帝们，就这样紧缩在层层封锁的大紫禁

108

城中小小的养心殿里，用心打理，自得其乐，继续做着天朝上国唯我独尊、唯我独大、唯我独强，大清国亿万年无疆的美梦。

不过，不管怎么说，对于从雍正帝开始的皇帝们来说，养心殿真的是越来越方便、越来越舒适了。酷热的夏天，东暖阁、西暖阁分别装有拉绳风扇，伺候的太监在室外用力转动，室内则微风拂面。吃饭，睡觉，处理国事家事，召见臣属，读书写字，欣赏书画花草，品鉴古玩，礼佛念经，独处幽思冥想，各有专属空间。前后院落，四面围合。一殿多用，一切皆可足不出户，就地解决。

吃饭睡觉尤其方便。膳房在正殿之前，卧室在正殿之后。清朝的皇帝每天吃两顿饭：早7时、下午2时左右，或早9时、下午4时左右。具体时间听皇帝的“传膳”口令。除吃饭外，每

108 养心殿后殿两侧各有耳房五间，东为体顺堂，西为燕禧堂。两宫皇太后垂帘听政时，慈安太后住体顺堂，慈禧太后住燕禧堂。

餐结束后各有一件重要的事要由皇帝决定。早餐结束时，太监端上放着等待接见的大臣名签的盘子，皇帝指定召见谁或不见谁。晚餐结束时，太监端上放着嫔妃名签的盘子，皇帝指定晚上哪位来“侍寝”。

从正殿后的穿堂到后殿睡觉的地方，也就十几步的距离。后殿五间，东西稍间为寝室，各设床帐，皇帝想睡哪边睡哪边。后殿两侧各有耳房五间，东为体顺堂，皇后住处；西为燕禧堂，贵妃居住。两宫皇太后垂帘听政时，东为慈安太后、西为慈禧太后处理政务与临时休息之处。两耳房向南延伸有东西向围房各十余间，房屋小，陈设简单，供侍寝的嫔妃们临时使用。妃嫔们在东西六宫本各有住所，但被皇帝翻了牌签时，侍寝还是就近更为方便。皇帝的卧室，悬挂着“又日新”“天行健”“自强不息”的匾额，妃嫔们的围房挂的是“祥衍宜男”“定生贵子”。理想是一回事，现实是另一回事。清朝的皇帝们越到后来越是不行，不必说衰到什么程度，连一个正规的继承人也得不到了。

东西六宫的生育任务

紫禁城的建筑群中，皇帝的女人们居住的东西六宫最为规整。以乾清宫、交泰殿、坤宁宫为中线，占地各为15 000平方米左右的东六宫、西六宫严格对称。在各自的区域内，同样严格对称：东西两两一排，南北排列为三排，中间一条直道南北贯通。东六宫中间的直道叫东二长街，西六宫中间的直道叫西二长街。两条长街南北两端共设四座门，进门则可通往各宫。有意思的是四座门的名称。东二长街南门名麟趾门，北门名千婴门；西二长街南门名螽斯门，北门名百子门。不仅任务明确，还要永久地悬挂于必经之处。进出东西六宫的皇后和嫔妃们，进门出门，低头抬头，随时随地被提醒要完成的任务。为着高质量完成养育皇帝后代的任务，对妃嫔们有着很高的品行要求，乾隆皇帝亲笔题写了“仪昭淑慎”“赞德宫闱”“敬修内则”之类的匾额，悬挂在每一座宫院里。如此郑重其事地，如此冠冕堂皇地，如此理直气壮地挑拣“优秀”女子，统一集中在“三宫六院”，专职陪皇帝睡觉，专职为皇帝生儿育女，实在是传统皇权文化的一大奇观。

109 西六宫中间通道的南门名螽斯门，对着的北门名百子门。与它们对称的东六宫两门名麟趾门、千婴门。百子已够多，千婴更甚，螽斯就数不清了。成天看着如此大的生育指标，皇帝与皇后妃嫔的压力委实不小。

109

据《宫女谈往录》记载，有一年大年初一丰盛的晚宴过后，光绪皇帝领着隆裕皇后、瑾妃、珍妃进储秀宫拜见慈禧太后。磕头后，慈禧太后就螽斯门的含义训示光绪皇帝的后妃们须早日、多多生子，她说："我也是听先皇帝（指咸丰）的口谕，教诲我这个螽斯门的典故。说螽斯门原来是明朝的旧名，老祖先进关以后，扫除旧宫殿名时，看到螽斯门，说这个名很好，留着它，让咱们子孙后代好繁盛。所以就留了下来。先皇帝还念了两句诗，我就记住什么'宜尔子孙'，说雄的大蚱蜢名螽斯，一振动着翅膀鸣叫起来，好多的雌蚱蜢就来了，每个都给它生下九十九个孩子。这是多么兴旺的家族啊！先皇帝就是盼望我们家族兴旺。"

其实，大过年的，根本用不着这么敲敲打打。没有哪个皇后妃嫔，不想早生、多生——谁还不懂"母凭子贵"的道理。光绪皇帝的瑾妃、珍妃姐妹同时被选入宫时，嫁妆中有一颗翡翠白菜，菜叶上就雕刻着一只蠡斯。这件翡翠艺术品现存台北故宫博物院。

说来也奇怪，皇帝们的生育能力，竟然仿佛与当皇帝的能力成正比。康熙皇帝35个儿子，20个女儿；乾隆皇帝17个儿子，10个女儿；到了最后几位皇帝，一个儿子也没有。不过对于家天下的皇权制度来说，没有有没有的害处，多有多的害处，甚至越多危害越大。在扩张皇族势力、保护皇族利益集团方面，明与清虽做法有不同，但不管是明朝的皇子们封王外放，还是清朝的皇子们封王留京，其建殿造府，占地置田，掠夺优质资源，坐享特权、保护特权、发展特权，亦即坐享皇权、保护皇权、发展皇权的本质都是一样的；其与自家、与地方、与百姓争权夺利，走向败落和衰亡的结果都是一样的。朱元璋的20多个儿子各封要害之地为王，皆享"下天子一等"的特权。朱家的子子孙孙越繁衍越多，到晚明之时，大明版图上竟然有数千个朱家王爷星罗棋布，但他们只是攀比享乐，进一步加速了朱家王朝的灭亡。明末各地起义，首先被杀灭的是朱家王朝的子孙，朱家王爷们几百年巧取豪夺的滚滚财富，成为义军的主要经济支撑。清朝的皇帝把儿子们留在京城封王，到清末，京城仅王府就有80余座，城内王府、八旗切割，京郊王爷庄田、王爷坟遍地，把一座京城变成了皇家特权阶层坐吃山空的奢靡之城，直到占完、贪完、吃完、玩完为止。现在想想，不仅明清两朝，所有皇权体制下形成的庞大皇族利益集团，真的像铺天盖地的蝗虫一样，连续不断地疯狂掠食，积聚起累累财富，而被剥夺的老百姓一方，则饥民遍野。最终的结果是：极限一到，天崩地裂。

西六宫里西太后

清朝末期，西六宫基本上是西太后慈禧独霸的舞台。

咸丰元年（1851），慈禧被选为秀女入宫，初入宫被封为兰贵人；咸丰四年（1854）晋升为懿嫔；咸丰六年（1856）在储秀宫生皇子载淳，即后来的同治皇帝，母以子贵，晋升为懿妃；第二年再晋升为懿贵妃。咸丰十年（1860），英法联军进犯北京，慈禧随咸丰帝逃难热河。次年咸丰帝病死，其6岁的儿子载淳继位，慈禧被尊为皇太后。如果没有被选为秀女入宫，没有被封为兰贵人、晋为懿妃，或者是没生出儿子，儿子没当皇帝，也就没有了慈禧太后的故事。

慈禧入宫后最初住储秀宫，后住太极殿、长春宫，经大修改建，将两宫连为一体，成四进院落。慈禧太后四十寿庆时，又重修、增建游廊、戏台。为庆祝慈禧太后五十寿辰，改建储秀宫，向南与翊坤宫打通，于是两宫连为一体。槛墙隔扇、门窗游廊，遍饰万寿万福图案，张挂群仙祝寿画卷。到五十寿庆时，改建就绪，慈禧再次入住储秀宫，同时在长春宫演戏半月之久。慈禧在储秀宫居住时间最长，前后约40年。西六宫格局

110 光绪十年（1884），储秀宫殿前增设铜龙、铜鹿各一对。鹿尚可爱，但那对铜龙，除了凶、恶，实在找不出其他可观之处。

110

的重大改变，均与慈禧相关。6座宫殿，慈禧占用4座。慈禧晚年爱好写字，尤其爱写大字，西六宫现存匾联中，慈禧书写的有60余条，比乾隆帝的还多。字虽说不上好，但能练成这样，已属不易。对慈禧来说，字写得好不好并不重要，重要的是处处留有自己的痕迹。

在西六宫生活的岁月里，慈禧广为人们说道的事迹，一言以蔽之：专权与花钱。

专权方面，一是发动了两次政变——辛酉政变和戊戌政变，次次成功，结果是垂帘听政和训政；二是指定了两位皇帝——光绪帝与宣统帝；三是三次垂帘听政、训政；四是妄图依靠义和团扶清灭洋。另有与这些专权大事直接关联的两件大事。一是专权的前奏：英法联军进犯北京，火烧圆明园前后，慈禧跟着咸丰帝向东北逃跑到热河，咸丰帝死，发动辛酉政变。二是专权的结果：八国联军进京，慈禧领着光绪皇帝向西南逃跑到西安，等她返京的时候，割地赔款，光白银就赔了4.5亿两，摊派到人头上，每个中国人一两银子。

花钱方面，奢靡是常态，比如脚上穿的绣花袜子，慈禧一天一双，据贴身宫女算计，仅袜子一项，料工等一年就需要1万多两银子。这些就不说了，只说几件“集中力量花大钱”的事。按时间顺序：一是前面提到的慈禧五十寿庆，耗银63万两改建储秀宫；二是耗银500万两重修颐和园；三是光绪帝大婚，耗银550万两；四是为光绪帝父亲家，也是慈禧的妹妹家兴建醇亲王府，花银不详；五是慈禧六十寿庆，耗银1 000万两。1 000万两银子若按时价折成粮食，够350多万人吃一年！

寿庆花钱是有根据、有传统的。康熙帝六十大寿庆典，规模宏大，历时数十天，皇宫、京师至全国总动员。仅唱戏一项，从紫禁城神武门至西郊畅春园沿途，数十里戏台相望，笙歌悠扬，张灯结彩，百戏杂陈。乾隆帝为其母亲崇庆皇太后八次加徽号，六十寿辰、七十寿辰、八十寿辰隆重庆贺，一次赶超一次：六十寿庆，从紫禁城西华门至西直门外高梁桥十余里，数十步一戏台，南腔北调，聚四方之乐；七十寿庆，仅佛教类贡品就有1万余件。乾隆帝为自己的八十寿庆提前两年精心准备，效法康熙帝，超越康熙帝，仅参与演戏者就有6 000余人，为此乾隆帝赏银6 300两。至于耗费多少各类其他资源，实在难以估算。

慈禧太后别的学不来，寿庆却学得太到位了。仿效乾隆帝给崇庆皇太后祝寿，40岁、50岁、60岁、70岁，逢十即大庆。60岁庆典，因甲午战败，活动虽被迫终止，但档案明确记载，尚耗银1 000多万两，相当于当时岁收六分之一。颓败时尚如此，康乾时期号称盛世，国库充盈，耗费国家财力可想而知。有论者说，假如慈禧把寿庆花费的成百上千万的白花花的银子用作军费，也不至于甲午惨败，割地赔款——赔白银2亿两。不用说依慈禧的心思，不可能把银子用在军费上，即使用上了，在当时极端腐败的状态下，也不一定能打赢。一个励精图治全面维新，一个腐朽衰败顽固守旧，优劣胜负，不战自明。

皇帝太后们不仅逢十大庆，平常寿辰，亦举行庆贺活动，连各级官员进贡寿礼都有定例，规定进贡物品、数量。其中“土贡”为地方特产。各类奇珍异宝，不计其数。

实在弄不明白，皇帝太后们的一个生日，为什么要如此兴师动众、大张旗鼓、举全国之力、劳民伤财地大庆特庆，还将之明明白白地定为“万寿节”，作为“法定”三大节之一。认真一想，明白了：花钱赚磕头。帝后们寿庆时，皇宫里几乎所有的人，京城里有资格的各级官员，都要分级分层地向皇帝太后们三跪九叩行大礼。不仅面拜，还有遥拜。外省大小官员，设案望阙，一样地三跪九叩。皇帝的天下独尊，皇权的至高无上，臣民的绝对效忠、无条件服从，就是这么跪拜出来的；国家的败落、民族的危机，就是这么跪拜出来的。

传膳“仪式”

皇宫里如何吃饭，是一个很大的问题。核心问题是帝后们吃什么，而比吃什么更重要的是帝后们怎么吃。

帝后吃饭得遵守三条规矩：一是根本不存在点菜一说，谁也不知道、也不准说帝后爱吃什么；二是任何一样菜品不管多么喜欢，不得取第三匙，因为再取一次，就暴露了爱吃什么；三是备菜、配菜、掌勺、上菜，每道工序都有现场监管检查记录，责任分明。另外，盛菜的碗碟都是银质的——据说菜里如果有毒，银制品就会变黑。

所有规矩只为一个目的：预防有人下毒，确保食品安全。紫禁城里的膳食制作供应总部叫御膳房，位于箭亭广场东南侧，距养心殿、体和殿五六百米，做饭的地点和吃饭的地点距离有点远。饭菜做好后，主管的官员们逐一交给专门负责的太监，太监用黄云龙缎面包袱包好，挨次传递，一直传到餐桌前，当着吃饭人的面打开。这大概也是把帝后的吃饭叫作传膳的原因。

开饭令必须出自帝后口谕，一声“传膳”，所有服务人等一起行动。清宫里每日正餐两次，另有加餐。慈禧太后每天加有早点。关于吃饭地点，早点在住处储秀宫，两次正餐在储秀宫与翊坤宫之间的体和殿。

慈禧每餐120多样菜品，外带时鲜。一样样排列整齐后，慈禧在膳桌前坐定，四个体面太监身旁身后垂手恭立，另有一个经验丰富的老太监侍立一旁，专为太后布菜。慈禧眼睛看哪一个菜，老太监就把这个菜挪到太后面前，用专门的餐具夹舀到布碟里。

早点不算正餐，但花样已经够多：人奶、牛奶茶，红稻米、香糯米、薏仁米，八珍、鸡丝粥，杏仁，牛骨髓茶汤，麻酱、油酥、白马蹄、萝卜丝饼，素什锦，卤鸭肝、鸡脯，等等。总计20多样。

住在储秀宫，吃在体和殿。与北面的储秀宫、南面的翊坤

宫一样，体和殿也是五开间。中间一间为穿堂，贯通前后院。东两间连通，摆两张餐桌，是慈禧太后固定的吃饭处。每遇节庆，穿堂加摆一张桌子，平日的传膳改称供膳，三张桌子供奉天、地、人三才。最东头，天一桌，供天；穿堂，地一桌，供地；中间，人一桌，供慈禧。

一个人餐餐120道菜，到底是为了吃还是为了看？估计慈禧太后每餐能看一眼的也没多少样。到底是吃饭还是吃排场，吃“仪式”？

储秀宫前面的体和殿，是慈禧太后的餐厅；储秀宫后面的丽景轩，是末代皇帝溥仪的餐厅，也是他用最后的早餐的地方。现在的丽景轩餐厅维持原状，摆设的是西餐餐具。在宫里的最后几年，溥仪特别爱吃西餐，这或与来自英国的英语老师有关。为了溥仪的西餐，御膳房特别聘用过四个西餐厨师。

111　位于箭亭广场东南、箭亭东侧的御膳房。

林

体和殿，慈禧用膳处。“翔凤为林”匾为慈禧题写。流水般的传膳从御膳房开始，经箭亭广场，进景运门，过乾清门广场，从军机处东边的内右门进西一长街，往北，进开在西侧宫墙上的大成右门，到达慈禧的餐厅体和殿。

113

113 丽景轩餐厅中摆设的西餐餐具。

114

114 丽景轩室内保留着溥仪时的原状。

从丽景轩的布置看，溥仪的餐厅西化了。可是有意思的是，俞平伯看见并抄下来录入文章发表的菜单，却是中式早膳。很有可能是早上吃中餐，西餐多在中午和晚上吃。既然明显地西化了，应该不会像慈禧太后那样讲究排场地吃“仪式”吧？何况早已是被废掉的皇帝了。事实并非如此，俞平伯记录的菜单中，仅粥类就有粳米豇豆粥、玉米糁粥、小米粥、香稻米粥四种。

与慈禧比，溥仪虽为逊帝，但早餐并不比慈禧的差。其他的权力没有了，只剩下吃的权力，所以，不管什么时候，吃是一定要吃好的。吃过早饭，九十点的时候，还要吃点水果。

溥仪在《我的前半生》里记下了最后的早餐之后发生的事：

> 那天上午，大约是九点多钟，我正在储秀宫和婉容吃着水果闲聊天，内务府的大臣们突然踉踉跄跄地跑了进来。为首的绍英手里拿着一件公文，气喘吁吁地说：“皇上，皇上……冯玉祥派了军队来了！还有李鸿藻的后人李石曾，说民国要废止优待条件，拿来这个叫，叫签字……”我一下子跳了起来，刚咬了一口的苹果滚到地上去了。

半年之后，清点储秀宫文物的俞平伯，也看到了这个被末代皇帝咬了一口的早已萎缩了的苹果。

长春宫里《红楼梦》

慈禧太后居住时间最长的是储秀宫，其次是长春宫。储秀宫里故事多，长春宫里故事也多。

长春宫是紫禁城初建时的原名。或许这个名字很适合作后宫名，因此一直沿用到清朝。明朝天启年间，李成妃就是在此地饱受天启帝乳母客氏与宦官魏忠贤的残忍迫害。长春宫也是乾隆皇帝终生敬重，堪称“德洽六宫”（长春宫乾隆帝题匾）的孝贤皇后居住的宫室。皇后去世，灵棺亦停放于此，据记载，乾隆皇帝为皇后穿丧服12天，还写了一篇悲情满满的《述悲赋》。同治年间，慈禧与慈安垂帘听政时同住长春宫。同治十年（1871），慈安迁出，慈禧独住。光绪十年（1884），慈禧五十大寿时离开长春宫，迁回早年居住的储秀宫。溥仪时期，光绪皇帝的皇后隆裕为皇太后，住长春宫。年幼的溥仪跟随隆裕皇太后住在长春宫西配殿。长春宫的最后主人，是逊帝溥仪的淑妃文绣。

不知何因，咸丰帝对长春宫情有独钟。咸丰九年（1859），慈禧生了载淳的第三年，咸丰帝拆除了长春宫宫门长春门，将长春宫前太极殿的后殿改为穿堂殿，并题额“体元殿”，两宫由此连通。这是宫中第一次将独立的两宫两院合并为两宫一院的重大改建。咸丰十年（1860）春节刚过，咸丰帝特地在改建后的长春宫，宴请十几位亲王重臣。长春宫的宫名、匾额也为咸丰帝题写。东西六宫中，只有长春宫留下了咸丰帝的笔迹。这些，也许是慈禧、慈安垂帘听政时选择住在长春宫的原因。同治十三年（1874），慈禧40岁寿辰，长春宫再次重修，添建了两侧游廊。光绪十年（1884），慈禧50岁寿辰，长春宫正殿对面、体元殿后面，建起了一座戏台。长春宫院落，最终形成现在我们看到的格局：正殿面阔五间，前出廊；东配殿为绥寿殿，西配殿为承禧殿，各三间，前亦出廊；两殿出廊与四角的转角廊相连，整座院子游廊环绕，连通各殿。坐在游廊或正殿的屋子里，可以很舒坦地看戏。

戏台游廊已够特别，更为新鲜的是，四角转角游廊内墙壁上连绘18幅《红楼梦》题材的大幅壁画。壁画与墙齐高，宽度各异，内容为大观园中的景象和人物。据研究者们辨考，“贾母游园”“梦游太虚”“金兰黛钗”“潇湘幽情”“宝钗扑蝶”“湘云醉酒”“晴雯撕扇”尽在其中。《红楼梦》诞生以来规模最大的一组壁画，竟然出现在皇帝的宫殿里；哪怕以今天的眼光看，恐怕也属规模很大的。这实在是一件关于《红楼梦》的奇异之事。即使不是出自慈禧，这一创意也肯定博得了慈禧的欢心和奖赏。有论者说，这主意出自“不安分”的珍妃，由珍妃和她的姐姐瑾妃联名向慈禧提出，因为她们知道，慈禧是个《红楼梦》迷，肯定会很高兴的。不管是附庸风雅还是真心喜欢，不管是真看还是假看，真懂还是假懂，说起《红楼梦》，慈禧至少

115

116

115 从长春宫对面（南面）的戏台里看长春宫正殿。戏台后接体元殿。

116 太极殿与长春宫之间的体元殿。

可以自比贾母，且自觉比贾母的气象大得多。让贾母居高临下的不过是一个府，令慈禧太后颐指气使的可是一个皇宫啊！

不管原创者是谁，结果是这一创意真的实现了。至于是让谁绘制的，不得而知。如意馆里有的是画师，《红楼梦》里有的是图绘参考。画师们各显神通，将游廊的长廊、廊柱、栏杆、门窗甚至屋檐及其内饰等建筑实体，融入大观园的虚拟空间中；又将大观园的虚拟空间融入长春宫的实体建筑与景观之中。每逢节庆，或慈禧生日时，戏台演戏，游廊看画。是戏是画？是戏入画还是画入戏？是从长春宫走进了大观园，还是从大观园来到了长春宫？置身其间的人们，刹那间便成为画中画。借实景入虚景，借虚景入实景，幻象成真象，真象成幻象，大观园的真假、紫禁城的真假，在亭台游廊殿宇中难分难解了。真的是绝佳的环境、艺术、设计综合型作品。不过，虽有如梦如幻之美，却是一时梦幻而已。长春宫里的《红楼梦》，实乃慈禧的虚幻之梦、皇宫的虚幻之梦，白茫茫大地真干净的梦醒时分很快就到来了。

景仁宫里景仁榜

东六宫之一的景仁宫位于东六宫区西南角，西邻乾清宫。明朝的宫名，明朝的格局。清朝大修过好几次，格局未变，名称也未改。景仁宫在东六宫里地位特殊，主要原因是康熙皇帝出生在这里，乾隆皇帝的生母在这里居住过。雍正皇帝一上台，

117

117 景仁宫，东六宫之一。门内有石影壁一座，传为元代遗物。前后两进院。康熙皇帝出生地。乾隆皇帝的母亲、光绪皇帝的珍妃都曾在此居住。

就宣布实施秘密建储制，自己悄悄地定下后来的乾隆皇帝为接班人，而将乾隆皇帝的生母安排到康熙皇帝母亲居住并生下康熙皇帝的景仁宫里，应该是颇有寓意的。康熙皇帝与兄长裕亲王福全兄弟情深，曾让画工画了一幅他和福全兄弟俩并坐在桐树下的画。康熙四十二年（1703），福全丧，康熙皇帝特于丧期暂住景仁宫致哀，以表悼念之情。

如今的景仁宫虽然保留着原来的样貌，但早已不再是皇家的居住之地，而成为迎接观众的展览场所。故宫博物院180多万件丰富珍贵的藏品中，有数万件来自个人捐赠。将个人珍藏文物捐赠给国家博物馆的高尚行为与品格，是应当珍藏、展示和传承的现代文化精神。2005年，故宫博物院庆祝建院80周年的时候，为了纪念捐赠者，为了让所有参观故宫的人记住这些捐赠者，特别选择在景仁宫设立景仁榜，将600余位捐赠者的姓名镌刻在景仁榜上，永久纪念，永久展示，从而赋予“景仁”以全新的内涵。与此同时，故宫博物院编辑出版了记载捐赠者及其捐赠文物的《捐献铭记》和《捐献大家》系列。其

118

时我兼任紫禁城出版社社长，具体负责出版方面的工作，我在《捐献铭记》书前的“出版者言”中写了这么一段话：

> 故宫博物院数百万件藏品中，有数万件来自个人捐赠。捐赠品种一级文物达三百余件，其价值无可计量。近六百位捐献者将自己所藏所爱献给国家，献给公众，此等高风足以昭示中华民族之奉献精神、天下为公之人类境界。捐献中量大物重者，多为各界名流、学问大家，可谓有斯人，有斯文，有斯学，有斯德，方有斯行。故宫博物院自当恪尽妥为保护、不断展示之职责。值此建院八十周年之际，尤应庄重纪念这些捐献者。故陆续编辑出版《捐献铭记》及《捐献大家》系列，以记其功，以念其人，以彰其德；以慰其心其愿；以告世人。故宫博物院以此铭记捐献者，亦愿知者铭

118 景仁宫正殿。故宫博物院纪念捐赠文物者的景仁榜设于殿内，对外开放。

记，观者铭记，闻者铭记。

一年之后，2006年，著名艺术家吴冠中先生决定将自己的三幅代表作捐献给国家，交由故宫博物院永久保存。8月17日，吴冠中先生捐赠代表作的新闻发布会在景仁宫举行。在众位来宾和各家新闻媒体的共同见证下，吴冠中的油画长卷《一九七四年·长江》和水墨画《江村》《石榴》交给故宫博物院，镌有吴冠中姓名的捐献牌，悬挂于景仁榜上。当场有记者问道："吴冠中捐给故宫博物院的三幅代表作值多少钱？"我知道那时候吴先生单幅作品最高已拍卖到3 025万元。我回答道："故宫博物院收藏的艺术品是无价的。艺术无价。艺术创新无价。艺术奉献于人民的奉献精神更无价。"

当时中国健在的、活跃的艺术家中，吴冠中无疑是最著名、最有影响力的一位，同时，他也是向国家和世界各大博物馆捐赠作品最多的一位。据不完全统计，到此次捐赠，吴先生已向国家和社会公益性机构捐赠了100多件绘画精品。艺术家把自己呕心沥血创作的精品力作捐献给国家、社会、人民的奉献精神，是令人敬佩和应当大力弘扬的。

延禧宫里“水晶宫”

景仁宫的东面是延禧宫。延禧宫不仅是东西六宫中最另类的宫院，也是整座紫禁城里最特殊的一处建筑。从景仁宫门前的长巷向东，右侧宫院连绵的后檐与左侧宫院相比并无特别之处，但是，一跨进延禧宫的大门，忽然疑心自己走错了地方：迎面一座黑褐色金属框架结构高高矗立在院子正中。不看说明牌，简直会质疑故宫博物院怎么会在这个地方展出现代装置艺术。

紫禁城落成之初的延禧宫，和其他的后宫宫院完全是一样的模式，并无特别之处。明初名长寿宫，后改名延祺宫，清朝改称延禧宫，康熙年间重修也未有大的变动。道光二十五年（1845），延禧宫突发大火。失火原因：前院东配殿为厨房，两个炉灶安置在南间靠山墙处，墙内有出烟的烟筒，墙壁装有墙板，两灶烟筒年久未修，开裂变形，以致冒烟熏燃墙板，引起大火。经扑救，火势虽然没有蔓延到东边一带的缎库、茶库等库房，但将近两个时辰的大火，使延禧宫前后院正殿配殿共25间化为灰烬。在此后的近30年里，延禧宫一直是废墟一片。同治十一年(1872),旨令延禧宫工程俱照旧式修建,但出于种种原因——主要是库银紧张,物料购办不齐——复建工程未能进行。延禧宫仍是一片废墟。一直到宣统元年(1909),成为废墟64年后的延禧宫,等到了重建的机会。此时住在长春宫里的是末代皇太后隆裕,她做光绪帝的皇后时不得宠不如意,当了小皇帝溥仪的太后之后,总想仿效姑妈慈禧太后做点什么事。其他事学不来,如大修储秀宫那样的事,还是可以做的,也好显示一下自己的存在感。这大概是重建延禧宫的动机。隆裕皇太后还想弄出点超过慈禧的新鲜花样,于是,在延禧宫废墟上建一座"水晶宫"的创意出炉了。

隆裕皇太后不可能有如此别出心裁的想法,但她可以做决定。也不知道到底听的谁的主意,请什么人做的设计,但有一点是肯定的,出主意的和设计的到过国外,见过欧洲某种水宫殿之类的建筑;或许设计图纸就出自外国人之手。可惜,隆裕皇太后生不逢时,好不容易有个新奇的想法,很快就因大清帝国的终结半途而废了。从留存到现在的未完工的工程可以知道,隆裕皇太后在废墟上修建的是一座三层西洋式水宫殿,四周引水环绕。主楼每层九间,底层四面正中各开一门,围廊连通,主楼四角各接三层六角亭一座。整体框架由铁质构件组成。汉白玉石座础、墙基、门廊、柱头敦实稳重,雕刻精致。外墙雕花,内墙贴瓷砖。底层铺设玻璃地面,四围玻璃墙夹层中蓄水养鱼,荷藻浮动,游鱼历历。隆裕皇太后为此题写匾额"灵沼轩",又称水晶宫。宣统元年(1909),"灵沼轩"开工,宣统二年(1910),隆裕皇太后下令西苑电灯公所给延禧宫安装电灯、电风扇、电暖炉。工程因国库空虚、时局动荡,到宣统三

“半拉子”工程“水晶宫”。作为整体框架的铁质构件已经锈蚀残损，汉白玉石座础、墙体、门窗等构饰雕刻，依然亮丽精美。

年（1911）尚未完工，后即终止。1917年，张勋率“辫子军”入京进宫，拥戴逊帝溥仪于紫禁城重登皇位，复辟帝制。段祺瑞组织讨逆军，派一架飞机从南苑航空学校机场起飞，飞到故宫上空，扔下三颗炸弹，其中一颗炸中延禧宫北部的建筑，吓得溥仪“再也不敢当皇帝了”，而延禧宫则越发废墟化了。

隆裕皇太后本想在废墟上建立一座新颖别致的水晶宫，没想到建立起来的是旧废墟上的新废墟，更没想到旧废墟、新废墟叠加起来的新旧废墟会一直保持废墟的状态。尽管如此，延禧宫还是在不断地求新出新。1931年，中华教育文化基金会和中法教育基金委员会捐款25万元，资助故宫博物院在延禧宫原址修建文物库房。当年6月开工，年底完工。矗立在院子中间的“水晶宫”遗迹保留，北面与东西建库房。库房上下两层，内里钢筋水泥结构，外形与周围宫院协调，屋顶也是黄色琉璃瓦，总建筑面积1 500平方米，是当时故宫博物院最好的文物库房。库房落成后，院藏珍贵文物多集中于此，后较长时间为书画藏品库房。

延禧宫最新、最大的变化发生在故宫博物院成立80周年院庆之际。2005年10月10日上午，延禧宫举行故宫博物院古书画研究中心、故宫博物院古陶瓷研究中心（2015年更名为陶瓷研究所）及古陶瓷检测研究实验室成立大会。古书画研究中心的“十年入藏书画精品展”“《清明上河图》专题展”，古陶瓷研究中心的“故宫博物院藏清代御窑瓷器展”“故宫博物院藏中国古代窑址标本展”开展。特别是古陶瓷研究中心，这是由故宫博物院老中青几代古陶瓷研究者同心协力、精心筹划、充分准备建立起来的。当采集自百余处古陶瓷窑址的瓷片，等待修补的陶瓷实物资料，成系列的清代御窑瓷器，产自美国、法国、德国、荷兰、日本及中国的仪器分析设备，琳琅满目地出现在标本陈列室、观摩室、实验室之时，所有中外见证者都眼前一亮，惊叹不已。我兼任主编的《紫禁城》特别编辑推出一期“古陶瓷研究中心成立特刊”(《紫禁城》2005年第5期)。我在“特刊”前一期的封底预告中，很是兴奋地写了如下广告词:“144个窑址，3万余古陶瓷片，18件古陶瓷孤品，20位客座研究员；最大范围的中国古窑址实地调查，最丰富的中国古陶瓷瓷片标本，最能填补空白的古陶瓷实物资料，最成系列的清代御窑瓷器，最高端的科技钻研最古老的瓷器，最权威的陶瓷专家评估，最具价值的陶瓷文化资源。”虽为广告，实无半点夸饰。

延禧宫的巨大变化，是昔日皇宫转型为现代博物馆的小小缩影。

西区故事

武英殿、断虹桥、十八棵槐北面，与东区文华殿、文渊阁以北的上驷院、南三所、箭亭区域相对应。在清朝的数百年间，这处紫禁城中唯一大片灰色屋顶的区域，是专门服务于皇帝、皇族并管理全部宫廷事务的内务府造办处所在地。

中路与东区、西区

紫禁城内70多万平方米的宫殿建筑群，从平面布局看，基本上可以划分为三大区域：中路区、东区、西区。从午门到神武门，以矗立在御道上的太和门、前三殿、后三宫为主体的区域为中路区；中路区东面，由南到北，主要由文华殿区、南三所区、宁寿宫区组成的区域为东区；中路区西面，也是由南到北，主要由武英殿区、内务府造办处区、慈宁宫区到英华殿区组成的区域为西区。东西区域以南北为中轴，即以御道为基准线，大体上呈左右对称状。

中路区的建筑严格对称。若以御道为轴线对折，中路区的建筑，包括东西六宫，可以完全重叠。建筑的名称也是一一对应的。如午门的东雁翅楼与西雁翅楼；太和门广场东西两侧的协和门与熙和门；太和门两侧的昭德门与贞度门及两座崇楼；太和殿广场东西两侧的体仁阁与弘义阁，左翼门与右翼门；太和殿两侧的中左门与中右门；保和殿两侧的后左门与后右门及两座崇楼；乾清门广场东西两边的景运门与隆宗门；乾清门两侧的内左门与内右门，九卿值房与军机处；乾清宫两侧的昭仁

120

121

120 在紫禁城东南城墙上北望皇宫东区。最近处的小小院落，就是大有名气的内阁大堂，亦称大学士堂，东为内阁大库，往北依次为文华殿区、南三所区、宁寿宫区。

121 紫禁城东区东华门与文华殿之间偏北处，内金水河流过，上跨汉白玉石桥三座，过桥有琉璃门三座，俗称“三座门”。三座门以北为上驷院、南三所、宁寿宫区。

122

殿与弘德殿，龙光门与凤彩门——光是这些名称的对称，就颇费一番心机。

中路区东西两面的东区与西区，虽然不可能如中路区的建筑那样，可以对折重叠，但以中路区为中心、为轴线，东西两区由南到北的建筑群落，大体上还是对称的。如太和门、前三殿东面的文华殿区与西面的武英殿区；东面的上驷院、南三所、箭亭与西面的内务府造办处、各类作坊库房；后三宫及东西六宫东面的宁寿宫区与西面的慈宁宫区。

按照五行说法，木居东，东主春，主阳，万物生长，欣欣向荣；金居西，西主秋，主阴，万物凋零，清冷肃杀。紫禁城里东西区建筑功能的分配布局，也不脱此俗套，明显有阳与阴、男与女、人与物的区别。东区的文华殿，是皇帝经筵的地

122 紫禁城西区武英殿与熙和门之间偏北处，内金水河流过，上跨汉白玉石桥一座，名断虹桥。断虹桥以北为慈宁宫、英华殿区。

方，相对应的西区的武英殿，则成为编辑制作图书的“皇家出版社”；东区的东三所，也称南三所，是皇子们居住的地方，相对应的西区的造办处及各类作坊，则是为皇宫制造物件的场所；东区的宁寿宫区域，是乾隆皇帝“退休”后当了太上皇休养的地方，相对应的西区的慈宁宫一带，则是皇太后们活动的范围。不过，宫殿的功能布局，有时候也会因人而变。终于当上了太上皇的乾隆连一天也没到宁寿宫区住过，倒是比太上皇还太上皇的慈禧太后，本该住在慈宁宫区，最后却在宁寿宫区住了下来。

东文华西武英

太和门广场东侧协和门外的文华殿，与相对称的太和门广场西侧熙和门外的武英殿，不只在名字上对应，在使用功能上，很有些“文”东“武”西的区分。

明清两代的文华殿，主要用作皇帝经筵。所谓经筵，是汉

123

123 文华殿区最前面的文华门，距东华门不到200米。文华门坐落在高1.5米的砖石台基上，面阔五间，门后有甬道直通文华殿。门两侧海棠花开，门前树林掩映，较为平实低调的建筑风格显得君臣间的制度性文化讲座多少接了些地气。

唐以来为皇帝特设的、皇帝亲自参与的讲经论史的讲席，后逐渐固定为一种制度，明清沿袭。讲学集中安排在春秋季节，具体时间各朝各代多有变化。讲授内容主要为传统儒学、理学。主讲官由翰林学士或其他官员轮流担任。明英宗朱祁镇年幼为帝，身负辅政重任的大臣杨士奇、杨荣等深感幼主教育之事重大，上疏制定了经筵仪程，规定每旬一大讲，每日一小讲。大讲时皇帝去文华殿听讲，内阁学士、六部尚书等要员陪侍，仪式隆重，俨然成为朝廷一大盛典。清代经筵从顺治开始，持续200多年。康熙皇帝尤为看重，由隔日讲改为日日讲。康熙二十二年至二十五年（1683—1686），主要用作经筵场所的文华殿被重新修建，建成了我们现在看到的规整格局：由前到后依次为文华门、文华殿、主敬殿，本仁殿、集义殿两配殿左右对称；同时在文华殿东侧增建传心殿，传心殿内供奉伏羲、神农、轩辕、尧、舜、禹、汤、文、武、周公、孔子位。每次经筵举行之前，皇帝亲自或派大臣到此行祭告礼。为皇帝讲学，既成制度，则须遵守坚持。但时日一长，很容易落入形式主义。那些儒学、理学的大道理，也不一定为每位皇帝心领神会，皇帝们甚至反觉其脱离治国理政的实际，有碍于自身权力的行使。何况皇帝们脾性各异、勤懒不一、态度悬殊，经筵难免变动。比如讲学者是站着讲还是坐着讲；更有皇帝在听讲之时，当场抛撒金钱，让讲官、陪讲官们争相捡拾，实在是对儒学、理学的极大亵渎。原本君臣一堂、庄重严肃的制度性集体文化理论研习，顷刻斯文扫地。

与文华殿建筑群隔太和门广场相对应的武英殿建筑群，东西约70米，南北约100米，开在南墙正中的武英门与正殿武英殿、后殿敬思殿坐落在高台上，中由御道相连。正殿前有东西配殿，东为凝道殿，西为焕章殿。武英殿与文华殿均为与中轴线上的前三殿后三宫同时落成的重要建筑，都与皇帝的活动直接相关。明初武英殿为皇帝斋戒和召见大臣之处。明末崇祯十七年（1644），李自成攻入北京城，进驻紫禁城，坐镇武英殿。之后李自成率大军往山海关征讨吴三桂，吴三桂引多尔衮出兵相助，李自成败返北京。吴三桂兵临城下后李自成在武英殿举行登极典礼，第二天一早，李自成焚烧宫殿及京城九门城楼，撤离北京。多尔衮命吴三桂追击，自率军进北京城，以摄政王身份升座武英殿。康熙八年（1669），因修缮三大殿，康熙皇帝移居武英殿，居住近一年。此后，康熙皇帝将武英殿主要用作编刻印制图书之所。十几年之后，康熙皇帝重建文华殿时，以武英殿为蓝本。同治八年（1869）武英殿毁于火，重建时又仿文华殿。

文华殿区与武英殿区，不只隔着开阔的太和门广场相互呼应，更有一条逶迤的金水河使它们紧紧相连。金水河从武英殿

124

125

武英殿区的正门武英门，距西华门不到200米，隔太和门广场遥对文华门。与文华门不同之处，一是内金水河从门前流过，河上跨汉白玉石桥三座；二是坐落在汉白玉须弥座高台上，饰

124 以汉白玉栏板、栏杆，建筑规格与气势远超文华门。

从武英殿西面高处看，可以看出武英殿与后面的敬思殿之间加盖的穿廊将两座宫殿连为“工”字形展厅。在由皇宫转变为博物

125 馆的过程中，武英殿是功能改造最早的地方。

的西北方向蜿蜒而来，在武英门前弯曲出优美的弓形，亮丽的汉白玉石桥与武英门的汉白玉须弥座、闪闪流动的河水、红墙黄瓦彩绘，组合出紫禁城中一处格外优美的风景。当金水河流过太和门广场，流到文华殿的时候，静悄悄地拐了个弯，安安静静地从文华殿的背后绕过去了。文华门前两侧，一年一度海棠花盛开，一年一度银杏树金黄灿烂。从环境格局来看，武英殿更尊贵典雅，文华殿更平和质朴。

1914年，古物陈列所成立，先是在武英殿与其后的敬思殿之间加盖穿廊，将两殿连为一体，改为陈列室。接着以同样的办法，把文华殿与其后的主敬殿连为一体，也改为陈列室。100多年过去了，现在的故宫博物院依然将二者作为陈列室使用：东面的文华殿为书画馆，西面的武英殿为瓷器馆。

浴德堂：浴体？浴德？

在武英殿院内的西北角，有一座叫浴德堂的三开间的房子。从外面看并不引人注目，与紫禁城中各类宫殿的配殿配房没什么两样，但进去一看，三间殿堂的后面，却是一处意想不到的特殊空间。

殿堂靠东一侧的后墙上，开有一券洞门，进门，穿过5米多长的曲尺形券洞，出现在眼前的是一处16平方米的正方形浴室。浴室四周墙体厚达1米，券洞与浴室内壁均由白色琉璃砖砌成，浴室四角以叠涩砌法挑出变为八角形，上部收缩形成圆形穹隆顶，穹顶正中开一个直径0.6米的通风采光口，上有小圆顶。浴室墙外西北有水井一口，上建井亭，井台高出地平面3米，井台北有贮水、引水石槽。浴室墙外正北有一灶间。井水经水槽流入灶间内大铁锅加热，通过铜管导入浴室。浴室下面有地下室，地下室以铁板搭架的室顶与浴室地面分隔。浴室四周1米多厚的墙体和用铁板搭架的地下室可保持浴室温度。

浴德堂是紫禁城里最为神秘的一处建筑。说其神秘，一是因为隐藏在里面的是皇宫中唯一具有“异域风格”的建筑——

阿拉伯式浴室；二因其为纯砖结构，无任何木质材料，内壁所用白色琉璃砖，明清紫禁城建筑材料中均未见记载，而元大都宫殿建筑则多用素白琉璃材料；三则建筑年代与使用功能不见任何史料记载。以其名称浴德堂论，古人有“澡身而浴德”的说法，以“浴德”名浴室，把清洁身体提升、转化为道德修养，已经超越了实用功能的意义。

使浴德堂更为神秘，并引起人们关注的，是1914年在浴德堂举办的一次展出。辛亥革命后，逊帝溥仪居后宫，前朝归民国政府内务部管理，1914年成立古物陈列所，武英殿作为陈列室对社会开放，旁边的浴德堂也成为展室。当时从热河行宫运到紫禁城的文物中，有一张戎装美女油画像，记名为“美人画像”。筹办陈列者就把这幅油画定为乾隆皇帝的回族妃子像，命名为《香

126

126 被改名为《香妃戎装像》的戎装美女油画像。

127

128

127 浴德堂外景。穹顶正中通风采光的小圆顶在红墙黄瓦彩绘间格外不同。

128 浴德堂室内。

妃戎装像》，悬挂于阿拉伯式的浴室门楣上，把浴室称作“香妃浴室”，又复制画片高价出售，写出《香妃事略》予以宣传。一时之间，香妃故事满天飞。后经考证，真实的情况是：乾隆年间平定回疆之乱，有回部首领配合清军平乱立功，应召入京。后来其女被选入宫中，先封为贵人，后晋为容嫔、容妃。容妃确实深得乾隆帝宠爱，被特许在宫中穿戴回部服饰，用回部膳食，乾隆皇帝南巡，容妃随行，特为其安排羊肚片、炖羊肉。乾隆时建宝月楼（今中南海南门），宝月楼南边建回子营，也有其事，但与容妃并无多大关系。在面向社会的古物陈列所做展览，却拿乾隆皇帝说事，以野史当正史——用这样的做法吸引公众眼球，足见那时的宫廷题材展览，距博物馆专业水准甚远。

那么，浴德堂到底是怎么回事？到底是做什么用的呢？有人说是建紫禁城时特别留下的元代宫廷的浴室；有人说是按照古代帝王宫殿“左庖右湢”的礼制建造的供皇帝斋戒沐浴之处，东面的文华殿旁有大庖井，正合此说；有人说浴德堂为清代修书之处，所谓“浴室”是用来处理纸张、装潢书籍的作坊，等等。故宫博物院王子林综合多种材料研究考证认为：一，浴德堂浴室为元代宫廷浴室之遗留；二，浴德堂浴室是明朝早期皇帝斋戒沐浴之处；三，浴德堂浴室是皇帝死后沐浴之处；四，浴德堂浴室是皇帝死后冷冻尸体之处，因其地下室既可烧火升温，亦可储冰降温。但王子林说仍存待解之谜：浴室的穹隆顶结构源于何处？浴室地下室及铁板屋顶到底是何作用？是明朝建紫禁城时保留了元代浴室还是移植或新建？（见李文儒主编，王子林著《紫禁城原状与原创》）

咸安门内宝蕴楼

武英殿西，隔内金水河，曾经有一处院落叫咸安宫。咸安宫距西华门仅几十米，是进入西华门后看到的第一座宫殿。咸安宫全称咸安宫官学，是一所建在皇宫里的特殊学堂。皇帝创办，宫廷直属，内务府直接管理，皇帝亲自过问。咸安宫官学只招收满族贵族子弟，以内务府官员、八旗官员优秀子弟为主，专为清王朝定向培养满族“官二代”，是一座很纯粹的贵族学校。可见清朝的皇帝不仅重视皇子们的培养，也重视嫡系直系的满族高级人才的培养。

首办咸安宫官学的是雍正皇帝。咸安宫原位于英华殿与寿康宫之间。此前，有官学设于神武门外景山。雍正七年（1729），雍正皇帝吩咐从景山官学学生、内务府三旗子弟中，挑选俊秀可以造就者入咸安宫官学，于这一年的七月正式开学上课。咸安宫官学由内务府一人为总管，教师多为进士出身的翰林。学习所用纸砚笔墨、马匹弓箭，由内务府提供。每日补贴伙食费，每月还有二两银子的零花钱。乾隆皇帝为其母60岁寿诞庆典，把咸安宫改建为寿安宫，另在武英殿西新建咸安宫

129

官学。新校舍三进院落，格局更加规范严谨，管理也更为严格。每天记录学生到校、学习情况，5年期满，作为考核成绩凭据。学生不只是学知识、长本领，更可以在高层圈子里积累深厚的人脉关系。进入这所皇宫里的官学，就意味着为进入仕途开辟了通畅的路途。不少名声显赫的皇亲国戚、高官，均出自咸安宫官学。学习期间天资聪颖、记忆力超强，又刻苦勤奋上进的和珅，就是咸安宫官学出身的代表人物。

主导其事的雍正皇帝、乾隆皇帝，很想，也以为可以通过在自己眼皮子底下办好宫廷官学，为自家皇朝造就栋梁之材；被培养的如和珅那样的优秀学子，也觉得自己可成栋梁之材，努力朝这个目标奋斗。乾隆皇帝也觉得自家的特设直属重点学堂，的确造就了如和珅这样堪当重任的栋梁之材，否则，他怎

129 紫禁城西北部的咸安宫于乾隆年间改名为寿安宫。现为故宫博物院图书馆所在地。

么会使和珅成为集军政、行政、财政、文化教育大权于一身，一人之下、万人之上的大臣呢？但这样的帝制、这样的宫廷环境、这样的皇帝，与皇帝（或皇权）这样的特殊关系，和珅之类的“栋梁之材”，最终被异化为“官学”培养出来的巨贪，被喂养成吞噬皇朝帝国的最大蛀虫。

不过，尽管和珅对皇帝、对皇权的服务与利用已经做到炉火纯青，但精明一世的乾隆皇帝，岂能看不见和珅权力膨胀，岂能看不见贪腐爆发、官场腐烂？岂能不知道在和珅这样的“忠臣”的奉承下，自己无节制地挥霍造成的国库空虚？乾隆皇帝何尝没想过亲手剪除自己的制度与权力纵容出来的苦果？如何处置和珅，或许正是老谋深算的老皇帝留给新皇帝的“锦囊妙计”，否则，何以乾隆皇帝尸骨未寒，嘉庆皇帝就迫不及待彻查和珅并置其于死地？谚语云：“和珅跌倒，嘉庆吃饱。”数字统计：罚没和珅之钱财，相当于朝廷15年收入。

事实上，咸安宫官学的办学宗旨、招生政策和教育方法，很难培育出很管用的治国良才。办学效果终究有限，办学积极性越来越萎缩。到了道光、同治时期，咸安宫官学几近荒废；到清朝末年，办不下去了，三座院落又被大火烧毁，只剩了咸安门空门一座。从外看，似乎还是一座宫殿，推开门一看，内里已经是破烂一片，废墟一片。

130 | 修缮一新的咸安门内宝蕴楼。

到了1913年，负责管辖故宫的民国政府内务部做出决定，将沈阳故宫、热河避暑山庄的文物集中到北京故宫，以故宫外朝为筹备处，筹备成立古物陈列所。1914年2月，古物陈列所正式成立。同年，选定在武英殿旁的咸安宫官学废址建文物库房。1914年6月开工，1915年6月竣工交付使用。皇帝时代的咸安宫官学，突然之间变成中国博物馆史上第一座专门用于保藏历史文物的大型库房。所建库房为三层西洋式楼房，因所藏为“历代文物之所萃，品类最宏，举凡金石书画、陶瓷珠玉，罔不至珍且奇，极美且备”，故名“宝蕴楼”。

大门还是乾隆时的咸安宫官学大门，内里全变了。三进院落的传统格局荡然无存，只见红墙、白窗框、厚墙铁窗、绿灰瓦片屋顶的三座楼房，东、西、北三面环立，北面正楼最高处镌刻“宝蕴楼”三个大字，端庄醒目。站在东楼二层与北楼连接的通道，看看东边的武英殿，望望西边的西华门，宝蕴楼虽然新鲜另类，但并不过分突兀，这自然是设计时考虑到尽可能与周边宫殿协调的结果。如果只是从咸安门门前经过，看见的还是乾隆时的门面，与紫禁城中其他宫殿没什么两样，里面却是全新的西洋风格。奇异的建筑组合，出自奇异的时代。宝蕴楼作为民国初年的建筑，有清末洋务运动遗风——“中学为体，西学为用”。换一个角度看，古物陈列所的成立，是旧时皇宫转型为新型博物馆迈出的第一步；在旧式宫殿废墟上新建西式宝蕴楼作为古物陈列所的藏品库，是皇宫文化形态转型为博物馆文化形态的一个鲜明标志。在博物馆文化的意义上，咸安宫内的宝蕴楼，也算展现出一点“西学为体，中学为用”的新文化面貌。

“内务”“造办”贪奢

沿着武英殿前的金水河向北拐个小弯，再向东，一座名为断虹桥的汉白玉石桥南北横跨其上。断虹桥的整体造型，特别是两侧栏板上精致的龙纹、花卉雕刻，莲花头望柱上18只神情各异、憨态可掬的小狮子，在紫禁城所有的石桥、石刻中凸显出独特的风格与魅力。有研究者认为，断虹桥与桥北散落的18棵树龄很有可能超过紫禁城岁月的古槐，是紫禁城的建造者利用了元代宫廷的遗留。

武英殿、断虹桥、十八棵古槐北面，与东区文华殿、文渊阁以北的上驷院、南三所、箭亭区域相对应。在清朝的数百年间，这处紫禁城中唯一大片灰色屋顶的区域，是专门服务于皇帝、皇族并管理全部宫廷事务的内务府造办处所在地。早在明初，这里曾建有仁智殿，俗称白虎殿，皇帝死后，棺材暂停于此。紫禁城的肇建者朱棣北征死在榆木川，遗体运回皇宫后，就是在仁智殿入殓的。

清朝内务府成立于顺治年间，康熙时内务府重组，到雍正时，内务府组织机构基本定型，定为正二品衙门。由于内务府衙署设在皇宫里，负责的是皇帝、皇族的衣食住行，直接关系最高层的生活质量与安全问题，内务府的工作人员，一定要根正苗红，信得过，靠得住。总负责人内务府总管，由皇帝直接选派任命。所有工作人员一律从八旗中的镶黄、正黄、正白上三旗“包衣”中挑选，即由对皇族嫡系忠心耿耿的“家奴”组成。由于管理的是皇帝自家的事，由于与最高权力中心的关系，皇帝对内务府职责也设定了明确的界限。内务府衙署立有高1.5米、宽0.6米、厚3厘米的铁牌，铁牌上铸内务府创立者顺治皇帝的上谕：禁止内官犯法，干政，窃权，纳贿，嘱托，交接，越分，擅奏，外事，上言官吏贤否。这样的规矩，一方面隔断内务府与国家行政管理部门的关系，另一方面使内务府成为不受监管的“独立王国”。

内务府承担宫廷的全方位服务与管理，责任重，事务繁，机构庞大。内设50多个司、处、院、所、库，40多个作坊，总计3 000多名“员工”。管皇宫事，管皇帝事，管皇亲事，管太监宫女事，总之，凡是保证宫廷正常运转的事，都得管，都得办：从皇帝皇后到太监宫女的衣食住行，皇宫里的宫殿房屋、皇宫外的行宫苑囿营建修缮、装修陈设、设计施工，制造仓储，农庄畜牧，山泽采捕，地方贡品，礼仪警卫，等等。内务府不只是管理机构，也是官办、宫办、皇帝办的企业、产业。宫企皇企，独此一家，独家垄断。除了直接制造宫廷用品，还要制定标准，研发新产品，制作样品，采办督造。

皇宫所有消费品的计划、制作、采购，全由内务府大包大揽，范围之广，权力之大，再加上程序上自定章程，自说自话，自办自事，又可以打着皇帝的旗号说话办事，这样的运作、这样的制度安排，内务府想不成为贪腐之源、贪腐之地，都不可能。像和珅这样的大贪，身兼多种要职，而内务府总管一职，总是舍不得放下，后来又安排给自己的儿子，其想法做法，其因其果，尽在“情理”之中。无怪乎坊间所传乾隆皇帝吃的鸡蛋一个要10两银子，光绪皇帝吃4个鸡蛋要34两银子。节俭的道光皇帝想吃粉汤，内务府算下来，一年5万两银子，道光皇帝说，那就到外边买来吃吧，内务府说，哪儿也找不着，道光皇帝只好不吃了。光绪年间，一军机大臣听说慈禧太后要置办100只皮箱，内务府每只开价60两白银，便告知在外面购买最多只需6两，慈禧太后不信，限其半月之内代买100只，不料该军机大臣寻遍京城，所有皮箱店一律闭店半月。这些传说虽入不了正史，但不见得不是事实，最多夸大而已。从一只母鸡屁股底下到皇帝嘴边的一个小小鸡蛋，滚过长长的灰色地带，真不知会滚成多大的雪球。京城流传俗语：“树小房新画不古，此人必是内务府。”嘲讽的就是内务府官员人人中饱私囊，家家的房子都是新盖的，院子里大树移不来，只好栽小树，挂的字画是新写新画附庸风雅的。这些没多少文化的新贵，都是靠内务府发财的“土豪”。一面是内务府各级大小官员的敛财，另一面是干活的“包衣”们的劳苦。乾隆四十五年（1780）春，紫禁城外刚刚解冻的筒子河浮出一具尸体，经核查，为内务府绣作坊绣工常德。绣工活计分给各绣工，按要求必须准时完成。因活多，“活限甚紧”，上年十一月初，常德连续数日没能完成，主管“催迫甚紧”，常德“一时情急轻生”，“乘间外出”，跳进护城河里，至发现，已冰藏三个月。

造办处虽属内务府管辖，但因其与皇帝更密切的关系，因

131

132

133

131 银镀金浑天仪。通高37.3厘米。康熙年间造。用于演示、观察天体运动的球形仪器。

132 金瓯永固杯。高12.5厘米。纯金杯体上镶嵌东珠11颗、红宝石9块、蓝宝石12块、碧玺4块。龙耳象鼻足。嘉庆二年造，署乾隆款，因太上皇执政，宫中仍用乾隆年号。

133 铜镀金錾花荷花缸钟。缸高154厘米。缸内装法国制机芯、八音盒及机械动力系统二套，一管走时、报时，一管奏乐与荷花开合。荷花内有白猿、童子、西王母等牙雕坐像，寓“白猿献寿”意。同为贵重材料，同为造办处制作，同样有科技含量，从康熙到乾隆，由科学走向奢华赏玩。

青玉菊瓣式盆水仙盆景。通高30厘米。盆壁透明，红宝石为瓣为蕾；青金为湖石，象牙为根，碧玉为茎为叶，白玉为花，黄玉为蕊，栩栩如生。水仙取意“芝仙祝寿”，帝后寿诞，地方官多有进贡。《宫中进单》记：“乾隆五十六年（1791）十月二十七日，福康安来京呈进碧玉水仙盆景成对。”此件可能即其一。

134

134

点翠嵌珠宝五凤钿。清代后妃吉庆场合戴的冠帽。通体点翠，共用大小珍珠约500颗，各种宝石约200块。

135

135

其为皇帝服务更为直接，是为皇帝生产高端用品的高端企业，如创作、制作和存储玉器、金器、木器、漆器、铜器、珐琅器、玻璃器、绘画、武器等，所以有着更为特殊的地位和作用。清初的造办处设在内廷养心殿，叫作养心殿造办处。康熙中期以后，陆续迁移到内务府周围。康熙皇帝一度热衷于科学技术，造办处制作了不少天文、数学、地理学仪器，到雍正朝、乾隆朝，逐渐演变为造办科技含量高的钟表等高级装饰品，那时的宫廷王府，均以拥有精致的钟表陈设为时尚。

进入乾隆时期，造办处就以造办宫廷奢华品为主要任务了。一方面是把一流的能工巧匠召集到造办处，在皇宫里就地为皇宫造办，便于及时向皇帝请示汇报，在皇帝随时直接的指示下，更好地实现皇帝的意愿，满足皇帝的兴趣与爱好。另一方面是把造办处不具备条件、在皇宫里无法完成或不好完成的活计，做好设计，画好图纸，有的还须做出样品，制成模型，外包异地制作。造办处历史上最大一件作品，是乾隆皇帝为自己80岁寿诞造办的玉山“大禹治水”。青玉料出自新疆密勒塔山，毛料重达16 600斤，2 000人开采，数百匹马、上千人拉推运送，行程11 000里，耗时三年才运至北京。造办处画匠据玉料设计出正侧面三张画样，内容为治水的人们在崇山峻岭间劈山凿洞。据画样先做成蜡样，因怕天气炎热融化又做成木样，一并经水路运往扬州，组织扬州最好的玉雕工匠，雕琢六年之久，再经水路运回紫禁城。玉山安放在厚重的嵌金丝山形褐色铜铸座上，造办处玉匠在玉山上镌刻文字。正面刻“五福五代堂古稀天子宝”方印，背面上方刻乾隆皇帝《题密勒塔山玉大禹治水图》御制诗，下部刻“八徵耄念之宝”方玺。一件玉雕

136 清红漆髹金云龙纹交椅。高121厘米，宽104厘米。

137 清鹿角椅。高131厘米，宽92厘米。

138 乾隆皇帝为自己80岁寿辰造办的大玉山“大禹治水”：乾隆五十三年（1788）安放在宁寿宫后区中部寝宫乐寿堂明间屏后，至今未曾移动。

138

作品，前后十年，耗资之巨，无可计数，可谓空前绝后。此种做派，连好大喜功、自我标榜为“大禹”的乾隆帝也觉得不好意思了，虽然反复地用“古稀天子”为自己开脱，最后还是不得不写下“再不为例”。

上有所好，下必甚焉。“内务”“造办”奢华，各地大臣纷纷进贡珍奇之物，助长了整个官场及社会上层的骄奢贪腐之风。乾隆皇帝死后，嘉庆皇帝亲政，立即拿办父皇一手培养、多年执掌内务府的巨贪和珅，接着严禁进贡，宣告天下：“试思外省备办玉、铜、瓷、书画、插屏、挂屏等件，岂皆出自己资？必下而取之州县，而州县又必取之百姓。稍不足数，敲扑随之。以闾阎有限之脂膏，供官吏无穷之朘削，民何以堪？况此等古玩，饥不可食，寒不可衣……朕视之直如粪土也。”上谕颁发，正有报告一块为进贡皇上开采出来的大块玉石，因道路难通无法按时到京。嘉庆皇帝当即发令：“所解玉石，行至何处，即行抛弃，不必前解。”仅此，这位刚刚上位的嘉庆皇帝，就比赖着不肯退位的老皇帝明智了许多。而能以平民利益为考量，一眼看穿“子子孙孙永宝用”的“古玩”，“饥不可食，寒不可衣”，“直如粪土”，不仅比乾隆皇帝高明得多，也比今天那么多举着“国宝”旗号的“乾隆的子孙们”高明得多。

这种由权力决定的，为着在物质生产方面为宫廷服务而形成的宫廷与地方、南方与北方、官府与民间的交流融合，包括工匠的流动对技术与产业的推动，实际上是以皇权为核心的物质文化霸权，这种文化霸权随着物质产品的流通、信息的交互传播，产生了突围式的放大普及效应。比如，皇帝或宫廷赐予臣下与地方的赏赐，以及臣下与地方向皇帝和宫廷进献的贡品，对地方产品的质量与数量的影响。这对商业商品的发展无疑有很大的影响。除了对商业商品的影响，这种以皇帝的个人趣味为中心形成的文化霸权，对物质文化以及整体文化发展趋向的影响同样巨大。如自视甚高的乾隆皇帝，在个人审美层面，远逊于其父雍正皇帝。从雍正皇帝对造办处批示的常用词里，可见“秀气”“文雅”“素静”是他的审美追求，反观乾隆皇帝，倒有些像雍正帝批评的“厚”“蠢”“俗气”。只要比比雍正、乾

139

139 各种釉彩大瓶。乾隆年制，高86.4厘米。

140

140 斗彩勾莲菊瓣尊。雍正年制，高25.7厘米。

141

隆两朝的瓷器制作，艺术水准高下立见。

慈禧太后在她那颐和园中不到15平方米的卧室里，居然摆放了15座镶嵌各种宝石，且时间各有差异的座钟，真不知她是听不到这些错杂的嘀嗒声就睡不着呢，还是睡不着了才要听这些错杂的声音。故宫养心殿内，在一间叫作三希堂的只有8平方米的小屋子里，乾隆皇帝摆放了128件各色玩物，至今仍吸引不少参观者隔着玻璃指指点点，津津乐道。对于艺术与收藏而言，强权的介入与扩张往往适得其反，不想不做还好，一想一做就成事不足，败事有余，其连带的负面影响，绝不止于审美情趣，也绝不止于当时当朝。

141　三希堂内陈设。

太后们的休养之地

内务府、造办处北，靠西，顺着西宫墙一直到西北角，共有五处地方，分别为慈宁宫花园、慈宁宫、寿康宫、寿安宫、英华殿，统统是太后们的休养之地。只看这些名称，就知道皇帝们个个都是，也都应该是孝顺母亲的大孝子，都应该能使母

142

142 寿康宫后寝殿内。寿康宫为乾隆帝为其母亲修建，位于慈宁宫西侧，南北三进院。

后们健康安宁、延年益寿。

慈宁宫、寿康宫、寿安宫居中，是日常居住的宫殿。慈宁宫花园、英华殿一前一后，是观花赏景、礼佛诵经的花园。在这一区域中，作为主体的慈宁宫，建筑规格最高。慈宁宫位于前朝后宫之间的隆宗门外西面，始建于明嘉靖年间，初为皇贵妃等居住。清顺治年间重修之后，开始成为皇太后居住的正宫，太妃、太嫔等随居。乾隆三十四年（1769）大修，将慈宁宫正殿由单檐改建为重檐，后寝殿后移，前面的慈宁门改建为殿宇式大门，门前为东西向长方形广场。广场东为隆宗门，南为内务府造办处。每逢皇太后寿辰，慈宁门前广场陈设仪仗，皇帝、皇后分率王公大臣、王妃命妇行朝贺礼。乾隆十六年（1751）十一月二十五日，崇庆皇太后60岁寿辰，乾隆皇帝在慈宁宫为母亲举行祝寿礼。乾隆皇帝率诸王大臣向皇太后行三跪九拜礼。皇后率嫔妃、公主、福晋、大臣命妇向皇太后行六肃三跪三拜礼。皇子、皇孙向皇太后行三跪九拜礼。皇帝带领皇族近亲一同彩衣起舞祝贺。到崇庆皇太后70岁寿诞，乾隆皇帝也50岁了，庆贺典礼更加隆重。庆寿10天期间，每天早晚，乾隆皇帝都要率后妃等人侍宴，乾隆帝身着彩衣，捧杯敬酒，起舞助兴。想着已经50岁出头的皇帝，老来娱亲，在母亲膝下，在

143

144

145

大庭广众前，且歌且舞，彩衣飘飘，那真诚天真的姿态，倒是颇为“可爱”的。

慈宁宫花园在慈宁宫斜对面，稍偏西。南北约130米，东西约50米，总占地面积约6 500平方米。建于明朝，也是在乾隆年间大规模增建、改建。园内共有大小建筑11座，约占园内总面积的五分之一。建筑集中在北部，南部临溪亭为中心，以花草树木为主。临溪亭造型别致，堪称紫禁城中一景。四角攒尖的正方形亭子建在长方形水池正中石桥上，面阔、进深各三

143　慈宁宫。

144　菩提树丛后的英华殿。

145　慈宁宫花园东北部。左为咸若馆，右为宝相楼。

间，蟠龙藻井，花卉天花，四面皆明间开门，东西两面临水，立于亭中可观鱼赏莲。花园北部的楼堂馆斋，以咸若馆为中心，周围有慈荫楼、宝相楼、吉云楼、含清斋、延寿堂。吉云楼楼上楼下、四壁屋梁布满千佛龛，内供五彩描金擦擦佛母像（藏传佛教中用模具制作的小泥造像）1万余尊，也被称为万佛楼。

慈宁宫花园里的楼堂大多是藏传佛堂，而最北面的英华殿是汉佛堂。英华殿区南北两进院，南北约80米，东西约60米，占地近5 000平方米，除两座院门，只有一座英华殿。院子里枣树成林，柏荫匝地，空旷幽静，为礼佛绝佳之地。英华殿建于明朝，在明朝就是皇宫中的汉佛堂。乾隆年间重修后，仍作为汉佛堂使用。英华殿前左右两侧，枝叶茂密的菩提树丛铺排了半个院落。据记载，为明万历皇帝生母李太后亲手栽植，当初一定是一边栽一棵，百多年后，繁衍成两片小小的树林。每到盛夏，黄花烂漫，有籽粒缀叶背，秋天落地，如豆粒，色棕黄，光滑莹润。年复一年，这籽粒便成了诵经的串珠。因为这籽粒很像菩提子，乾隆皇帝便称这树为菩提树，写了《英华殿菩提树歌》和《英华殿菩提树诗》，还在两片菩提林间，建了一座碑亭，把自己的诗句刻在石碑上。那籽粒，便愈见珍贵了。其实，这树的真正名字是小叶椴。

专供太后们休养的这一区域，前后花园佛堂里观景诵经，中间宫殿里华屋美食宫女伺候，颐养天年的太后们养尊处优，无所事事，有的是时间拜佛念经，不停地祈愿皇儿们治理家国有方，天下安稳太平。

东区故事

东区的宁寿宫区域，是乾隆皇帝“退休”后当了太上皇休养的地方，相对应的西区的慈宁宫一带，则是皇太后们活动的范围。不过，宫殿的功能布局，有时候也会因人而变。终于当上了太上皇的乾隆连一天也没到宁寿宫区住过，倒是比太上皇还太上皇的慈禧太后，本该住在慈宁宫区，最后却在宁寿宫区住了下来。

文渊阁与《四库全书》

自康熙十九年（1680）武英殿设立修书处以来，至少在康、雍、乾三朝100多年间，武英殿区域一直是最好、最权威的图书编校、刻印、制作中心。在皇宫紫禁城里，一座极为重要的皇帝的宫殿，由“武”转“文”，确实为所谓的“康乾盛世”增添了不少亮色。

武英殿修书处的主要官员是皇帝挑选任命的；武英殿修书处刻印的图书，编校精心、字体典雅、刻工精致，且选用上好的墨、上好的纸，不论花费，只求最美；武英殿修书处在皇帝的眼皮子底下，随时向皇帝汇报，请皇帝审定，直接对皇帝负责——这样的“头号工程”生产出来的产品，当然是赏心悦目、精美无比、天下第一的。研究图书版本的学界、业界，向来把武英殿出品誉为“殿本”。

康熙时期，武英殿修书处除了传统的刻木版印制图书，又新制作了一批铜活字，排版印制了大批书籍，著名的《古今图书集成》就是铜活字排印。乾隆年间，木版印制继续，铜活字却因一时钱贵，全部被化为铜钱，真不知乾隆皇帝当时是怎么想的。等到编纂《四库全书》时，又想选印、多印些“精品”图书，只好又雕刻了木活字约25万个，排印书籍120余种，虽然乾隆皇帝将之命名为“聚珍版”，质量仍比不上铜活字版。但无论如何，100多年异常活跃的皇家修书处，还是编辑刊印了大量清朝编纂的图书，并校勘印制了大量古籍。武英殿的文化建设工程，成果显赫。

“西武英”出品的最重要的图书，收藏陈列在“东文华”——文华殿后面的文渊阁。文渊阁的声名，主要因乾隆时期的《四库全书》而大振。

乾隆三十八年（1773），乾隆皇帝设立四库全书馆，隆重启动纂修《四库全书》这一国家重大文化工程。乾隆皇帝精心策划，直接领导，亲自过问把关每个重要环节。作为皇帝工程，既可举全国之力，又有雄厚资金保证。他挑选360多位高官大员、硕学通儒，组成庞大的纂修团队。以皇帝权力，在全国范围内搜求征集历代书籍，尽最大可能做到没有缺漏。对征集的书籍，经筛选、审查、校勘、删改，确定入选书籍3 400余种，共计79 000余卷，近10亿字，分为经、史、子、集四大类，汇成《四库全书》；另编有《四库全书荟要》《四库全书简明目录》等。又征召考核选拔出符合要求的书生3 800多人，集中在京城，累月经年，完成七部《四库全书》的抄写任务。精心抄写，严格校订，确保质量，基本做到了毛笔正楷，一笔不苟，如出一人之手。如此工程，完成到如此程度，若非皇帝领导，谈何容易？

几乎在编辑《四库全书》的同时，开始筹建《四库全书》藏书楼，足见乾隆皇帝筹划之周密。从乾隆三十九年（1774）开

每当日暮黄昏，或下雪时，武英殿一带
总有乌鸦集聚，鸦声不断。

始，陆续建成北京紫禁城文渊阁、盛京（沈阳）故宫文溯阁、北京圆明园文源阁、热河（承德）避暑山庄文津阁（为内廷四阁，也称北四阁），及镇江金山寺文宗阁、扬州大观堂文汇阁、杭州圣因寺文澜阁（江南三阁）。七阁名称，首字皆为文，除文宗阁外，中间字皆带水旁；文宗阁“宗”字虽无水，但所建地镇江金山面临大江，寓江河朝宗于海之意。3 800余人手抄的

147

抗日战争期间故宫文物南迁，随迁的文渊阁藏书现存台北故宫博物院。金水河边的文渊阁书去阁空，只剩乾隆皇帝题写的"汇流澄鉴"匾，孤零零地悬挂在空荡荡的楼阁间。

147

七部《四库全书》，分藏七阁。至乾隆五十七年（1792），纂修、缮写、校订、运送、陈设《四库全书》的浩大工程全部完成，前后长达近20年。

乾隆皇帝为《四库全书》所建七阁，形制大致相同，仿自浙江宁波明朝兵部侍郎范钦的藏书阁。七阁中以皇宫紫禁城中的文渊阁最为壮观。文渊阁其实并非乾隆皇帝的原创，明朝紫禁城中也有文渊阁，位置在文华殿南面，李自成撤出时被焚毁，所藏图书一并化为灰烬。乾隆皇帝新建文渊阁，地址选在文华殿北，主敬殿后。该处原为明朝圣济殿，是一处整齐的横向庭院。院子中间开凿方形水池，水池正中跨一座南北石桥，桥下内金水河流过，桥北文渊阁高高矗立，阁后太湖石垒叠为山状，洞壑绵延，院内松柏遍植，卵石铺路，宁静幽雅。与前面文华殿的红墙黄琉璃瓦不同，文渊阁用灰砖黑琉璃瓦，黑色属水，藏书最怕火，水克火，取防火之意。

文渊阁面阔六间，外看为上下两层，内部实为三层。下层中间三间置《四库全书总目考证》《古今图书集成》，左右各一间置《四库全书》"经部"，中层置"史部"，上层置"子部”“集部”。乾隆皇帝亲书匾额“汇流澄鉴”，悬挂在阁内正中最显眼处。

《四库全书》大功告成，乾隆皇帝在文渊阁设宴招待总裁总纂等有功之臣近百人，在院子里搭台唱戏，命诸皇子敬酒，赏赐如意、绸缎、玉佩、文房四宝等。文渊阁正式启用后，每次文华殿经筵讲毕，皇帝都去文渊阁赐座、赐茶给讲官、起居注官。

文渊阁东侧建有碑亭，碑阳面刻乾隆皇帝《文渊阁记》，阴面刻乾隆皇帝文渊阁赐宴御制诗。《文渊阁记》中言：“不忘祖宗创业之艰，示子孙守文之模，意在斯乎！意在斯乎！”虽然乾隆皇帝把纂修《四库全书》上承祖宗下为子孙的目的说得公开透明，但毕竟做的是一件文化建设大事、一桩最大的国家文化工程，是对中国古典文化的一次系统、全面的分类整理。这么大规模的修书，在世界文化史、出版史上也是罕有的奇迹。无

论在古籍整理方法上，还是在辑佚、校勘、汇刻丛书、目录学等方面，都给后世学术界以巨大影响。

诚如《文渊阁记》所言，也是由于乾隆皇帝心里把这件事当作自家的事，所以做这件事的时候，必须贯彻乾隆皇帝的意志，必须丝毫不走样地执行乾隆皇帝的文化政策。在文化政策上，乾隆皇帝留给清朝的遗产，是变本加厉的严控严管。最突出的体现是文字狱的盛行。顺治、康熙、雍正三朝文字狱共30余起，乾隆一朝，多达130起，且残酷野蛮到荒唐的程度。故宫博物院成立之初，文献馆即以极快的速度，编辑出版了《清代文字狱档》，公之于世。乾隆帝纂修《四库全书》，有文字狱的心结与根底，表现出来的，就是寓禁于征，一边搜罗整理，一边清查禁毁。据统计，纂修期间，销毁之书多达3 000余种、7万余卷，几乎相当于《四库全书》所收。所收之中，还有抽毁、删改。看来，名“全书”不当，叫“半书”合适。与文字狱配套，纂修《四库全书》，便成为一次全面彻底的文字清扫与思想统治行为：销毁不利于统治的文字，取缔一切异端思想言论。

鲁迅在1934年写的《病后杂谈之余——关于“舒愤懑”》（见《且介亭杂文》）说过：“现在不说别的，单看雍正乾隆两朝的对于中国人著作的手段，就足够令人惊心动魄。全毁，抽毁，剜去之类也且不说，最阴险的是删改了古书的内容。乾隆朝的纂修《四库全书》，是许多人颂为一代之盛业的，但他们却不但捣乱了古书的格式，还修改了古人的文章；不但藏之内廷，还颁之文风较盛之处，使天下士子阅读，永不会觉得我们中国的作者里面，也曾经有过很有些骨气的人。”鲁迅在文章中用具体的例子对比旧抄本与四库本后继续说：“清朝的考据家有人说过，‘明人好刻古书而古书亡’，因为他们妄行校改。我以为这之后，则清人纂修《四库全书》而古书亡，因为他们变乱旧式，删改原文；今人标点古书而古书亡，因为他们乱点一通，佛头着粪：这是古书的水火兵虫以外的三大厄。”

以文字狱，以编纂《四库全书》为着力点，承载着几千年文化文明的典籍，被一网打尽地搜罗，被一网打尽地销毁、篡改；对思想文化的禁锢和专制因此到达了中华民族历史的高峰，其结果自然是“万马齐喑究可哀”。尤为可悲的是，本来少得可怜的科技类典籍也被一并网罗销毁。而这个时候的世界上，自然科学、哲学经济等方面的著作却如雨后春笋般面世流布，这些文明典籍对社会革新、人类进步产生了无比巨大的推动力。

文华文渊之后

文华殿、文渊阁后面的一大片区域里，有几个地方很有意思。

一为南三所，位于文华殿区东北部。内金水河从文渊阁前流过，向东流出文华殿区，有三座石桥南北横跨，桥北有琉璃门三座，俗称三座门。进门往北，绕过琉璃影壁，一座三开间

皇子们居住的南三所。在到处是黄琉璃瓦屋顶的建筑群中，突然出现一片绿琉璃瓦房屋，新鲜别致且显生机。

宫门里边，东西并列三所殿宇，便是南三所了。明朝此处有端敬殿、端本殿，清乾隆时改建为三所殿院。三所院落规制相同，每所三进院，每院三座殿，另有配殿、值房等，总计房屋200余间，专供皇子们居住，俗称阿哥所，或称所儿。紫禁城大部分宫殿为黄琉璃瓦屋顶，唯南三所一色绿琉璃瓦，以显示皇子们的领地规格稍稍低于帝后。明光宗朱常洛当太子时居此，清嘉庆皇帝、道光皇帝、咸丰皇帝，做皇子时均在此居住过。明万历年间，太子朱常洛居住时，竟有蓟州人张差手持枣木棍闯入，击伤守门内侍，直奔太子寝宫。被擒后审讯，供出系郑贵妃手下太监唆使，一时朝议纷纷，皆疑郑贵妃欲谋害太子。万历皇帝为平息事态，或家丑不可外扬，以疯癫奸徒闯宫罪处死张差，史称“梃击案”。清康熙皇帝立胤礽为太子，虽然专为太子修建了毓庆宫，但此地也是太子的女眷宫女居住之处，

150

151

并列的三所院落中最中间的一所。每所三进院，三座主殿。进门为前院前殿。

150 门为前院前殿。

151 来自意大利的宫廷画家郎世宁画《乾隆皇帝大阅图》。

152

153

152 来自法国的宫廷画家王致诚画《十骏马图》中的第六骏，此马与《乾隆皇帝大阅图》中马应为同一"模特"。

153 清顺治年间所建射殿，后改名为箭亭。在这处清朝皇子皇孙们骑马射箭的地方，不知什么时候摆放了仿唐代画《五牛图》的雕塑：是否马上得天下后，就该牛气匝地？

胤礽自是常来常往。随着年龄增长，胤礽言行越来越让其父皇难以忍受，致使康熙皇帝做出废黜太子名位的决断。但康熙皇帝百思不得其解：为什么原本看着很好的一个孩子，一个很值得培养、很有前途、可以委以重任的孩子，越长越不像样子了？当康熙皇帝听说胤礽宫人居住的这个地方，阴暗不洁，居者辄多病亡，便认为胤礽经常往来其间，中了邪魔而不自知觉，"观允礽行事，与人大不同，类狂易之疾，似有鬼物"（《清史稿》）。过了一段时间，康熙皇帝似觉不妥，又恢复了胤礽的太子位，但胤礽妄为乖谬之性仍不见改。这个让康熙帝身心疲惫的皇太子，立了废，废了又立，最终还是一废了之。

第二个地方为上驷院，宫廷御马管理机构。位置在文渊阁后偏东。清顺治年间设立，初名御马监，康熙年间改名上驷院，管辖18个马厩。上驷院旁边，设有御马厩、良马厩，御马大员负责，精心饲养皇帝、皇子骑乘的精良马匹。因宫廷名马多为蒙古王公进献，上驷院便从蒙医中挑选擅长正骨疗伤者，担任上驷院马医，除为御马保健外，兼为宫廷办事人员疗治跌打损伤。康熙皇帝第一次废胤礽太子后，竟在上驷院旁边搭了一座毡房，将胤礽拘禁了一段时日，并让皇四子、后来的雍正皇帝看守。宫廷御马在乾隆时最盛。来自意大利的宫廷画家郎世宁画的《乾隆皇帝大阅图》，来自法国的宫廷画家王致诚画的《十骏马图》，画中之马，都是乾隆皇帝的坐骑。从画中可见，《乾隆皇帝大阅图》中乾隆皇帝的胯下之马，与《十骏马图》中第六匹马，应是同一“模特”。

第三个地方是箭亭，在文渊阁正北面，面阔五间、进深三间，周围出廊，独立于开阔的广场中。箭亭建于顺治年间，初名“射殿”。殿内设宝座，左右有石刻两座，一刻乾隆“上谕”，一刻嘉庆“八旗箴”，均为警戒后世，恪守满族冠服骑射传统。在宫廷中建箭亭，是为继承发扬满族尚武传统。箭亭前广场开阔，是皇帝皇子们练习骑射的场地，也是殿试武进士的场地。殿试时，皇帝亲临检阅，考试内容有马步、弓射等项。咸丰年间，从八旗兵丁中各选善射者15人，名十五善射。皇帝射箭时，十五善射侍立；皇帝命射，十五善射随射。

在这三个地方的中心，是紫禁城里最大的餐饮中心——御膳房。这样的组合颇为得体：吃好了，喝好了，好读书，好骑马，好射箭。在文华殿、文渊阁讲经论道坐拥书城的文雅背后，皇帝们、皇子们，尤其是在和平年代成长的皇家接班人们，在读书起居间，需要时常听到战马的嘶鸣，需要时不时地舞刀弄枪、拉弓射箭，需要一些武气、野气、蛮气，但也会生出些戾气、邪气，甚至鬼气来。

祭拜祖宗的奉先殿

在几乎与奉养皇太后的慈宁宫完全对称的东区位置上，景运门门外，矗立着一座祭拜列祖列宗的奉先殿。再往东，紧挨着的就是乾隆帝专为自己建造的宁寿宫。慈宁宫、宁寿宫供的是还活着的老一辈，奉先殿供的则是死去的老祖宗。在供奉活人的宫殿间供奉先祖，很有必要，且很重要，否则，不会这样排列。再往皇宫的中轴线上看，最重要的太和门、太和殿，在紫禁城建造之初，叫奉天门、奉天殿。敬天，法祖，养老，家国天下，秩序分明，路径清晰。“奉先”仅次于“奉天”，甚至比奉天还紧要。天是虚的、空的，看不清，摸不着，而历代祖宗是实实在在的。祭拜祖宗，效法祖先，继承祖业，对于家天下的皇权帝制来说，是一件比天还大的事情。

皇帝、皇族祭祖的地方不止一处。“左祖右社”，午门外东侧有巍峨的太庙（现劳动人民文化宫），明朝供奉历朝的皇帝牌位，清代供奉太祖、太宗的牌位。神武门外景山后，正对景山最高处，皇宫中轴延长线上，有供奉清代历朝皇帝画像的寿皇殿，及以寿皇殿为主体的祭祖建筑群。但一在皇宫前，一在皇宫后，出出进进，平日祭拜毕竟不太方便，间隔时间一长，又难尽孝思，于是，便在乾清宫的东面，规划建造了一座内廷里的家庙奉先殿。站在乾清宫前的平台上，看得见奉先殿金黄色的高大屋顶。朝夕上香，朔望瞻拜，时节供鲜，方便了许多。

和紫禁城里所有与皇帝直接相关的重要宫殿一样，奉先殿坐落在高高的汉白玉须弥座上，环以汉白玉栏杆，前后两殿，为前殿后寝规制，中间以穿堂连接成“工”字殿形式。前殿面阔九间、进深四间，重檐庑殿顶，与内廷核心建筑乾清宫相近，因其周围空间狭小，反倒更显殿宇轩昂。殿内陈设各朝帝后神龛、宝床、宝椅、供案。每月初一十五、元旦冬至、皇帝生日，及朝廷有大事时，都要在奉先殿举行大祭。皇后妃嫔生日，立春、元宵、清明、端午、中秋、重阳、腊八等时节，例行到奉先殿拜祭。凡有册封，凡帝后出宫回宫等，都要向祖先请示汇

155

154 奉先殿前奉先门。

155 奉先殿。

报。奉先殿还有一项固定节目，叫作“月荐新”，每个月都要向祖先进献时令食品。如正月进献韭菜、生菜、荠菜、鸡子、鸭子，四月进献樱桃、杏子、青梅、雉鸡、猪，七月进献枣子、葡萄、梨、鲜菱、芡实，八月进献藕、茭白、嫩姜、粳米、粟米、鳜鱼，十月进献柑、橘子、山药、兔、蜜，十一月进献甘蔗、鹿、雁、荞麦面、红豆、砂糖。

如此尽心尽意、隔三岔五地“奉先”，核心在于让子子孙孙时刻牢记：皇帝的位子、皇帝的权力、皇家的财富，来之不易，千万要感恩戴德，要加倍珍惜，更要一心一意地维护，千方百计地捍卫，让“子子孙孙永宝用”。祭拜的效果很明显：皇帝的子子孙孙们，在敬天法祖的祭拜仪式中，得意扬扬于上天的赐予、祖宗的遗留。

太上皇的宁寿宫

乾隆元年（1736），乾隆皇帝继承皇位后抓紧时间完成了在慈宁宫西侧新建三进院落的寿康宫工程，让母亲崇庆皇太后风风光光地住了进去，作为日常居住之宫。乾隆十六年（1751），将寿康宫旁边的慈宁宫大殿修缮一新。乾隆三十四年（1769），大规模改建慈宁宫、慈宁门。把母亲的养老安顿妥帖之后，乾隆三十五年（1770），他马不停蹄，一鼓作气，开始为自己当太上皇后居住的宁寿宫区域实施更大规模的改扩建工程。

在紫禁城建成使用以来的20多个皇帝中，对紫禁城来说，乾隆皇帝算是最能折腾的改建添建扩建者。乾隆帝在位60多年，皇宫外的宫苑不说，仅紫禁城内的宫殿建设，明确记载的就有55项。其中新建重要工程有寿康宫、雨花阁、重华宫、建福宫、建福宫花园、宁寿宫、宁寿宫花园等，工程量都很大。按所建宫殿间数统计，乾隆皇帝新建占明初所建五分之一还多。

在所有工程中，准备为自己使用的宁寿宫区域的改扩建工程最大，从乾隆三十五年到四十一年（1770—1776），用了近六年的时间才完成。这一区域基本上与西北部太后们的生活区域

156

相对应。西边是皇太后、太妃嫔休养的地方，东边就应该是太上皇休养的地方吗？认真追寻起来，乾隆皇帝的想法、做法有些奇怪。即位的皇帝孝顺自己的母亲，连带关照父皇的其他女人，是应该做的，是常情、常态，也是事实上的需要。皇帝死了，皇帝的皇后妃嫔不会跟着去死，再说哪个新皇帝会让自己的母亲去死呢？所以，皇宫里一定要有供奉皇太后、太妃嫔们颐养天年的地方。可是，太上皇的问题就完全不同了。在中国帝制的历史上，有几个皇帝像传说中的尧舜禅位，哪怕是禅位给自己的儿子？当皇帝的大多是当到死。即便出现了太上皇，也多是出现了特殊状况所致。这些，乾隆皇帝不会不知道。可他为什么在自己当了30多年皇帝的时候，就想到为自己安排"太

156　宁寿门内皇极殿。与乾清宫相似。

上皇”的退路呢？这想法、做法，既不是承传皇位的套路，也不像乾隆皇帝的风格。也许是他一不留神把自我标榜的话说大了，不该当着众人的面，说自己在位的时间无论如何不敢超过自己的祖父，当够60年皇帝一定退休。也可能是之前心里算计过，25岁登极，能像祖父一样当61年皇帝吗？祖父可是8岁登极的啊！也可能马上又对自己的身体充满了自信，觉得还是早做准备为好，早早做出一个尧舜似的姿态给大家看看，也是一件很风光的事，也算是开创历史新篇章的伟大之举。于是，为自己建造的、准备20多年后才投入使用的宁寿宫太上皇区域的建设，大张旗鼓地开始了。

皇帝工程，不计成本，投资巨大。精心设计，精心施工，又不急用，慢工出细活。前后6年时间，比当年朱棣建造紫禁城的时间还要长。建设好的太上皇区，总占地面积约5万平方米，宫殿、楼台、房屋共计1 100余间，耗银127万两，尚不包括木料等的开支。

整个区域，被四周高大的红墙包围成一个独立的大空间。在方正的南北向长方形空间里，以鲜明的中轴建筑为主导，分为南北两大部分。南半部从南三所背后的九龙壁起，依次为皇极门、宁寿门、皇极殿、宁寿宫，明显仿紫禁城中轴线外朝部分的午门、太和门、太和殿、中和殿、保和殿布局。南半部与北半部中间，隔一东西向长方形小广场，很像中轴线上前朝与内廷之间的乾清门广场。广场以北的北半部，分为左中右三路。中路顺延前半部分中轴建筑，依次为养性门、养性殿、乐寿堂、颐和轩、景祺阁。东路由南向北，依次为演戏的大戏楼畅音阁、皇帝看戏的阅是楼、四进院落寻沿书屋、庆寿堂，以及最北面的景福宫、梵华楼、佛日楼。西路为宁寿宫花园，也叫乾隆花园，位置与占地面积完全与东路对称，由南到北五个小景区分隔又连通。北半部明显仿紫禁城中轴线上内廷部分的乾清门、乾清宫、交泰殿、坤宁宫、钦安殿及东西六宫布局，不过，高龄的太上皇大概不再需要东西六宫，便改为戏楼、书屋、佛堂和散步的花园了。

把宁寿宫区域前后东西的布局建筑，与紫禁城中轴线上的前朝内廷比对着看看，这个太上皇区，完全是由大朝廷克隆出来的小朝廷，完全是大朝廷的缩小版。为什么乾隆皇帝把退休之后的生活空间建设成这个样子？想一想有些奇怪：乾隆皇帝

157 皇极殿后宁寿宫。乾隆皇帝《宁寿宫铭》补记称："盛京大政殿后曰清宁宫，祖宗时祀神之所，祭毕，召王公大臣进内食祭肉。国初定鼎燕京，则于乾清宫后殿坤宁宫行祀神礼，一如清宁宫之制，至今仍循旧章。余将来归政时，自当移坤宁宫所奉之神位、神竿于宁寿宫，仍依现在祀神之礼。"如坤宁宫一样，内设煮肉锅灶和萨满祭神场所。

不是没见过、没建过适合休闲养生的宫苑园林。再想一想也不奇怪：不愧是乾隆皇帝的作品，总设计、施工总监、总验收都是他，真的是乾隆皇帝内心世界的外化——虽然不在皇帝的位子上了，仍然要活动在皇帝的空间里，仍然要主宰着皇朝的气象。可是，等到验收完毕，和他正主宰的皇宫相比，实在不是一个级别，实在不能相提并论，乾隆皇帝的不情愿、不甘心，只能放在自己的肚子里。

乾隆皇帝大兴土木建造太上皇宫殿的过程——从兴致勃勃的开始，到兴味索然的收场，再到不冷不热的闲置——分明透露出乾隆皇帝不想退位，退了也不会安居此地的信息。到了乾隆六十年（1795），退位之事不得不有个交代了。第二年（1796）元旦，举行授受大典，改元嘉庆。嘉庆元年（1796）正月初四，太上皇在皇极殿摆了一个盛大的千叟宴，参加宴会的为70岁以上的王公、百官、兵、民、役匠等，共3 000余人，另有列名邀赏并不出席者5 000余人，并有朝鲜、暹罗（今泰国）、安南（今越南）、廓尔喀（今尼泊尔）四国的使臣。除了好吃好喝好好招待，还有不同等级的赏赐：赏给106岁、100岁两位老民六品

158

顶戴，90岁以上、100岁以下七品顶戴。85岁的太上皇，如此彰显“尊老”政策，可能有格外的深意。果然，此次亮相之后，乾隆太上皇仍然住在养心殿“训政”，新皇帝毕恭毕敬地在一旁伺候。直到嘉庆四年（1799），太上皇死在养心殿的工作岗位上——太上皇一天都没在自己亲手创建的太上皇宫殿里居住过。

乾隆皇帝精心创建的太上皇的独立王国，在百多年的时间里，注定是被冷落的：在位期间，没有实际用处；退位之后，又不肯去住；乾隆皇帝死了以后，因其在位时说过宁寿宫“待余归政后居住，则为太上皇临御之所”，若不是太上皇，则不可居住。可是，乾隆皇帝之后，不用说再也不会有太上皇了，到后来连找个继位的皇帝都不容易。直到慈禧太后入住，太上皇的宁寿宫区域，只望得见看管太监的身影。

158 | 宁寿宫后区中路正门养性门。

乾隆皇帝也不会想到，这个让他晚年很是尴尬的宁寿宫，倒成为留给慈禧太后的政治遗产。乾隆太上皇的确是慈禧太后的好榜样。两度垂帘听政、数度训政的西太后，大概觉得自己并不比乾隆太上皇的“训政”水平低多少：太上皇没去住的太上皇宫殿，闲着也是闲着，难道我就不可以去住吗？光绪十七年（1891），为贺慈禧60岁寿辰，拨银60万两将宁寿宫区修葺一新。光绪二十年（1894），慈禧太后在皇极殿举行60岁寿辰贺礼，入住乐寿堂。皇帝后妃日日请安。从这个时候开始，乾隆皇帝的太上皇宫殿，终于热闹起来。光绪三十年（1904），慈禧太后举行70岁寿辰贺礼，还在这个地方分别接受了九国使臣的祝贺。慈禧太后死后，也是在这个地方，在太上皇的宫殿里，停灵，治丧。

宁寿宫区东部寻沿书屋。慈禧太后住中路养性殿后乐寿堂时，光绪皇帝每日清晨请安、侍膳，先至此处等候。

皇帝的花园

严封密闭、四平八稳的紫禁城，挡不住清朝皇帝对自然山水的偏爱。清朝的皇帝和明朝的不一样。明朝的皇帝，从江南北上，一旦迁都北京，就很少离开紫禁城，连发迹的江南也不再眷顾；清朝的皇帝，从东北入关，同样建都北京，却还是

160

在建福宫花园主体建筑延春阁上层东望，依次为重华宫、漱芳斋、御花园、钦安殿。建福宫花园亦称西花园，因其位于内廷西侧。乾隆七年（1742）始建，占地约4 020平方米。园内建筑以延春阁为中心，有静怡轩、慧曜楼、敬胜斋、碧琳馆、妙莲华室、凝晖堂等十余座。主体建筑延春阁二层，平面方形，下层各面阔五间，上层各面阔三间，四周围廊，四角攒尖式琉璃宝顶。乾隆帝写有《延春阁对雪》《雪后登延春阁眺望》等诗。建福宫花园1923年毁于火，21世纪初中国文物保护基金会捐资复建。

160

不停地北出塞外，南下江南。明朝的皇帝封闭在祖上建造的紫禁城里；清朝的皇帝，从康熙帝开始，稍稍坐稳了江山，就忙着在紫禁城外营造皇家园林。造园最卖力的是康熙帝与乾隆帝祖孙俩。或许是因为他们在位的时间太长，又有足够的精力与金钱。

康熙皇帝是大举造园的开创者，乾隆皇帝是皇家造园事业最称职的继承发展者。京城西北一带著名的“三山五园”，由康熙皇帝最早开发，并率先建成其中的畅春园。炎热的夏天，康熙皇帝在畅春园主殿的前殿听政，跟着祖父的弘历在后殿读书。

康熙皇帝与乾隆皇帝，祖孙两人不愧为造园的能手、高手。他们热衷造园，与他们热衷巡视塞外江南密不可分。塞外年年“秋狝”就不必说了，那是他们家的祖传长项。而南巡东巡西巡，则是新辟的路径。康熙帝南巡6次，乾隆帝也南巡6次。祖孙的造园大业，随着一次次的巡游迅速推进。胸怀、视野与足迹，决定了他们造园的高度、水平与速度。白山黑水的山高水远、林深草盛，京城皇家宫苑的富丽堂皇、壮美精致，江南文人园林的诗情画意、优雅灵秀，融合为全新的宫苑气象。有权，有钱，有想法，有个性，又任性，康熙皇帝与乾隆皇帝祖孙联手，将中国的园林建造与造园艺术推向巅峰。然而，这样的造法，尤其是乾隆皇帝的无节制大造特造，包括出巡路线上的无数行宫，使得他快退休的时候国库虚空，难以为继。

痴迷于造园艺术的乾隆皇帝，在花钱造园上超过康熙皇帝的地方，不只是造得多、造得大——乾隆不仅在宫外造，在宫里也造。不过宫外宫里大不一样。宫外天广地阔，有的是地方，有的是发展的空间，皇帝的宫殿楼阁可以自由自在地安顿在山水间；而紫禁城端正规整，空间有限，在宫里造园，要把自然的山水和特别的心情安放在既成的宫殿里——乾隆皇帝给自己出了一道难题。但建造宁寿宫花园时的乾隆皇帝，自认为已积累了足够多的经验：早在刚当皇帝没几年的时候，他就把乾西五所中的两所改造成建福宫花园。在这座园子里，叠石成山，游廊回环，亭阁斋馆楼堂轩室错落，乾隆皇帝颇为得意，经常光顾。

御花园正西，西六宫北，依次排列五处三进院落，因其位于以乾清宫为核心的后宫西面，所以叫作乾西五所，与东路的乾东五所对称，早期的功能是供皇子们居住。乾隆皇帝即位前于雍正五年（1727）成婚时即居乾西二所。乾隆皇帝即位后，住过的房子就不可以再叫“所”了，得升级为“宫”。修缮后重新命名，大学士张廷玉拟名“重华”，取《舜典》孔颖达疏“此舜能继尧，重其文德之光华”意，乾隆皇帝高高兴兴地接受了。升级为宫之后，当朝皇帝住过的，别的皇子皇孙不能住，也不

161 建福宫花园延春阁东侧虎皮墙、月亮门。

162 延春阁南面叠石为山，山上有亭。

好住了。不仅二所，连在一排的整个五所都不能住了，一起改。二所改为重华宫，头所改为漱芳斋，三所改为重华宫厨房，拆掉四、五所，改建成建福宫花园。这样一来，原来的乾西五所，就统统归乾隆皇帝专用了。

从乾隆八年（1743）开始，每年正月，皇帝召集内廷大学士、翰林等十几人或数十人至重华宫，赐茶宴，众臣作联句诗。

163

重华宫正门重华门。正对西六宫中间西二长街北端百子门。

163

茶宴喝的是“三清茶”，因用松果、梅花、佛手烹茶而得名。不上饭菜，不上酒，以鲜、干果为席。一边喝茶，一边吟诗，倒是颇为清雅。联句由皇帝出题，并先出御制句定韵，众臣依韵恭和。看来这过年时节喝皇帝赐的“三清茶”并不轻松，大有“殿试”的意味。乾隆皇帝倒是蛮有兴趣，列为宫廷典礼坚持不懈。据记载，乾隆年间共举行了44次茶宴。乾隆皇帝每次总要另作诗一两首，并书悬于殿内。到乾隆六十年（1795）时，诗作已挂满殿堂。被“殿试”的大臣也有收获，宴毕，各自带走自己用过的茶杯，有时候还会得到皇帝赏赐的石砚、书画等。接下来的嘉庆皇帝继承父亲的文化遗产，把重华宫茶宴联句定为家法宫法，于每年的正月初二至初十举行。道光年间时有，咸丰后终止。

乾隆三十七年（1772），乾隆皇帝于宁寿宫区建造宁寿宫花园。宁寿宫花园并没有比建福宫花园大多少。南北160米，东西约40米，占地6 000平方米左右。在这么一块地方建造太上皇的花园，实在是太过狭窄了，但是也没有办法，任何扩展的余地都没有了，只能地尽其用；或许在限定的空间里，正好能证明乾隆皇帝的造园水平。

这块南北狭长的地带，由南到北，被划分为既分隔又连贯的五进院落、五个景区。正南门衍祺门内为第一景区，入院即山石亭台，北面为主体建筑古华轩，西面为禊赏亭，亭中石板地面凿流杯渠，可曲水流觞。禊赏亭背后设爬山廊，登堆山有旭辉亭，可观日出。东南有露台、抑斋、撷芳亭，湖石峰峦间石洞游廊连通。

第二进院为住宅式院落，主体遂初堂坐北面南，东西配房、廊房相接。乾隆皇帝说："皇祖临御六十一年，予不敢上同皇祖""至六十年即拟归政""冀得遂初心愿"。谓予不信，此堂为证。

遂初堂后，第三进院以山景为主，湖石堆山，山峦跌宕，有奇峰怪石、悬崖洞壑；萃赏楼、耸秀亭、延趣楼、三友轩，于山景前后左右上下，对峙环立。

第四进院主体为符望阁，仿建福宫花园中的延春阁。高两层，平面方形，阁内装修奢华，镶玉嵌珐琅，纵横变幻，行走如入迷宫。顶层围廊，可四望宫中景色。阁前叠石堆山上的碧螺亭，内外装饰皆为梅花图案。

最后一进院主体为倦勤斋，靠西墙有竹香馆，堆山映掩。倦勤斋北依宫墙，面阔九间，仿建福宫花园中敬胜斋。内设仙楼小室、宝座宝床，竹丝挂檐，珠玉嵌壁。更有方形亭式小戏台，木质仿竹纹，戏台左右绕以夹层篱墙，周围整面墙壁满绘园林景色，与天顶所绘藤萝天花连为风景特异的通景画。由于

164　重华宫第二进院正殿重华宫内西次间。

165

166

165 宁寿宫花园最北面倦勤斋内小戏台、通景画。

166 从宁寿宫后区中路颐和轩前看西路宁寿宫花园和第四进院符望阁前假山上的碧螺亭。

采用了西洋透视通景绘画技法，通景画焕发出新奇的视觉效果，立体感极强，实景与画景融合，室内空间仿佛延伸到画面中，小戏台真如设于藤萝架下。新颖的通景画锦上添花，倦勤斋室内装饰，堪称宫廷之最。

如此看来，乾隆皇帝为自己造的太上皇花园，的确是尽心之作、精心之作。虽然受空间限制，但还是造出了水平和风格。皇宫的尊贵、江南的文雅、西洋的新奇，应有尽有。但是，太过狭小的皇宫造园空间，与颐和园的山水任我利用、圆明园的天地由我裁剪相比，显得大开大合的乾隆风格，不得不在这个地方委曲求全了。想想吧，仅仅百米的狭长地界，居然做出五个景区，堆起六处石山，安置十几二十几座建筑！这么狭窄的地方，这么多的景点，高高低低，上上下下，草木山峦，亭台楼阁，穿行其间，虽是移步换景，实则更觉堆砌、拥挤、逼仄。恐怕乾隆皇帝自己，在建造过程中，一边尽可能把最能寄托自己情思的馆舍放了进去，一边也觉得自己未免太求全责备了，又觉得在这样一个地方这样做，真的是大材小用，曾经的挥洒自如不再，只能儿童游戏般地微天缩地了。是的，此时此刻的乾隆皇帝，肯定陷于人工与天然、以少胜多与多多益善、因地制宜与强造景观、雕琢奇巧与不着痕迹的审美错位之中不

167

168

167 倦勤斋内通景画。

168 宁寿宫花园禊赏亭内流杯渠。

169

能自拔——这大概也是他最终放弃宁寿宫区的一个无法言说的因素。以禊赏亭里的流杯渠看，寄情自然山水的雅兴，一旦圈进巴掌大的亭子间，还有何兴味？所以，找不到任何乾隆皇帝或其他人在这里曲水流觞的记载。倒是外表平淡、内里风光无限的倦勤斋，乾隆皇帝颇为喜爱。当然更为主要的原因，是宁寿宫区宁寿延年、多寿多福、子孙满堂、江山永固的主题表达，在小戏台与藤萝画（寓意子孙万代延绵不断）的情景中达到了新的高度，这使乾隆皇帝、乾隆太上皇念念不忘。

169 建福宫花园西北角碧琳馆，依西墙建于敬胜斋、妙莲华室之间，占地100平方米左右，面东，二层，花墙山石，小巧玲珑。二层如在山峦之上，一层窗口隐于山石之间，颇具神秘感。

看戏与拜佛

紫禁城东西区差不多相互对应的位置上，各有一座“超高”建筑。在东区的是位于宁寿宫区北半部东路的大戏台畅音阁，“崇台三层”；在西区的是慈宁宫后面的雨花阁，外观三层，内部四层，“明三暗四”。一个是看戏处，一个是拜佛处。说它们“超高”，是因为在紫禁城中，除了它们，再没有超过三层的建筑了。说来也有意思，排满大殿深宫的皇宫里，唯演戏与供佛的地方“层次高”。

皇宫里演戏看戏的地方不止这一处。现存的还有六处：西区的漱芳斋院子里有一座中等戏台，西六宫的长春宫院子里有一小戏台，漱芳斋、倦勤斋、倦勤斋东边的景祺阁、储秀宫后边的丽景轩各有室内小戏台。乾隆二十五年（1760），乾隆皇帝为皇太后70岁寿典，在雨花阁西边的寿安宫曾经添建一座三层大戏台，嘉庆年间拆除。

唱戏看戏，是皇宫里最大、最热闹的庆典娱乐活动。清代宫中逢帝、后、太后生日，都要演戏，连演数日至数十日。逢六十、七十、八十大寿，规模更大，连续演出长达一个月。

170 畅音阁下层台面。

170

171 宁寿宫后区东部的大戏台畅音阁。

171

乾西五所头所改名为漱芳斋后，在院子里添建了一座不大也不小的戏台，在正面的屋子里添建了一座很小很小的戏台。小戏台是可以一边用膳一边看戏的那种，面东，乾隆帝题额

"风雅存"。院子里的戏台位于庭院南部正中，面北，后面与南房通，戏台面积90平方米左右。自从有了这座戏台，清宫里的演戏活动大多在此进行。

畅音阁是紫禁城中最大的戏台。坐南面北，上下三层。上层称"福台"，悬"畅音阁"匾；中层称"禄台"，悬"导和怡泰"匾；下层称"寿台"，悬"壶天宣豫"匾，两侧挂联"动静叶清音，知水仁山随所会；春秋富佳日，凤歌鸾舞适其机"。下层台面面积210平方米，前面部分演员表演，后部设楼梯供演职人员上下。中层前檐三间和东西两间为廊，供演员表演。上层四周为廊。上演大戏时，上、中、下三层均有演员，多时可达数百人。下层台板底下正中有水井一眼，起共鸣扩音作用，四角四眼空井，可升降演员道具。中、上层各设天井，上下贯通，井口安置辘轳，操纵演员升降。如此构建，这般规模，三皇五帝、西天瑶池、亭台楼阁、山移海转、上天入地、人间地狱、神仙鬼怪、奇花异树、龙虎鱼鸟，尽可展现。与畅音阁差不多规模，甚至更大规模的三层大戏楼，还有嘉庆年间拆除的寿安宫大戏台；宫外则圆明园、颐和园、避暑山庄各有一座。

畅音阁对面为阅是楼，坐北面南，上下两层，面阔五间、进深三间，前出廊。下层玻璃门窗，东西次间靠南窗设宝座宝床，楼两侧与东西厢廊连接。阅是楼是皇帝、后妃、皇子等看戏的地方，东西厢廊是王公大臣陪看处。寒冷的冬天，数百名演员顶着凛冽的北风声嘶力竭地演戏，帝、后、妃嫔、皇子们数十人在温暖的阅是楼内，喝着热茶，吃着点心，舒舒服服地看戏。

皇宫里演戏看戏的地方多，礼佛拜佛的宗教场所更多。清

172

172 漱芳斋院里的戏台。

173

173 漱芳斋室内的戏台。

朝的皇帝们把扶持藏传佛教作为治理蒙藏地区的有效办法，对藏传佛教格外重视，藏传佛教佛堂散布内廷各处。康熙年间，将中正殿设立为宫中佛教管理中心，主管主办宫中佛事活动。乾隆时期，皇宫里藏传佛教活动最为活跃，仅皇帝、太后专用佛堂就建有十几处。乾隆十四年（1749），乾隆皇帝采纳三世章嘉国师的建议，仿照西藏阿里古格的托林寺坛城殿，在中正殿的南面，建起紫禁城中唯一的汉藏形式结合的雨花阁。从此，这座高高耸立的楼阁，成为皇宫中宗教建筑与活动区域的鲜明标志。雨花阁北面，依次排列有皇帝专用的宝华殿、香云亭、中正殿以及澹远楼等十几座建筑。中正殿专供无量寿佛，念无量寿经，祝念皇帝幸福长寿。香云亭内设极为精美的金塔金佛。1923 年建福宫花园大火，向南延烧，宝华殿后的香云亭、中正殿及东西配殿、澹远楼毁于火，现已按原样复建。

雨花阁建筑风格的藏汉融合，体现在汉式单檐攒尖顶，上覆鎏金铜瓦，尖顶立鎏金喇嘛塔，顶脊檐角装饰四条藏式铜鎏金行龙，远望若凌空行走。每层檐下有泥金彩龙盘旋于梁柱之间，二层与顶层之间朝东朝西的壁龛里排列藏塔，底层檐下为藏式斗拱和藏式兽面，室内天花绘饰六字大明咒及法器图案。从高处看，紫禁城连绵铺排的黄色屋顶间，无数脊兽、角兽昂首云天，唯独雨花阁金顶上飞龙在天，金光闪闪。

雨花阁内部四层，严格按照藏传佛教密宗的事、行、瑜伽、无上瑜伽四部神系供奉。一层称智行层，悬挂乾隆帝题“智珠心印”匾额，前厅为西方极乐世界阿弥陀佛安养道场，后厅供奉以无量寿佛为中心的功部九尊佛，佛后供掐丝珐琅坛城三座。二层是一层和三层之间在北侧做出的夹层，称德行层，供以宏光显耀菩提佛为中心的行部九尊佛。第三层称瑜伽层，供奉以大日如来佛为中心的瑜伽部五尊佛。第四层称无上层，正面开门，三面安窗，光线充足，满室亮堂，室内供奉的是密宗修行进入最高境界的无上瑜伽部三大本尊神：密集金刚、上乐金刚、大威德金刚。均为双身像，即“欢喜佛”。上乐金刚又称胜乐金刚，四面，每面三目，十二臂，主臂拥抱其明妃金刚亥母，左右手分握金刚铃、金刚杵，其余手臂亦各持法器，弓步立姿，足下踏裸身魔怪。

雨花阁建成后，不仅成为宫廷宗教场所最重要的地标性建筑，在整座皇宫里的地位也是异常突出的。乾隆皇帝如此重视藏传佛教，一为治国理政所需，二与个人信仰有关。通过宗教信仰与宗教政策、宗教行为，处理好中央政权与蒙藏关系，是清朝政府的基本国策。乾隆皇帝在皇宫中以建造雨花阁为标志，在皇宫外，以把雍和宫打造成国家宗教管理和宗教活动中心为标志，表明了其在国家宗教政策方面对康熙皇帝、雍正皇帝的继承、发展和超越。在个人信仰方面，由于出生和从小生活在雍亲王府（雍和宫），由于在家庭中、在宫廷里，对祖父、父亲的宗教活动、宗教政策的了解与参与，更由于从小与藏传佛教领袖三世章嘉国师的亲密关系，耳濡目染，亲身经历，再加以当皇帝后治理国家的需要，培养和促成了乾隆皇帝对藏传佛教思想上的认知、精神上的追求、信仰上的践行。不信则已，信则必须修行到最高境界，即明净、空灵境界。灌顶是进入密宗修行的第一道门槛，所以，年轻时的乾隆皇帝，就要求他的亲密朋友章嘉国师在中正殿给他灌顶。《章嘉国师若必多吉传》记：

章嘉国师朝见皇上，皇上说："现在朕欲学习密法，请给我传授入乘法灌顶，还要把你的本尊神胜乐灌顶传授给我。"章嘉国师欣然答允。

在仔细听受"瑜伽母生起及圆满、分支"等咒语和听受"空行修习金刚法指导"时，大皇帝将自己的坐垫收起，跪在地上，顶礼章嘉国师之脚。这种恩宠，使人难以想象。

乾隆皇帝虔诚的宗教信仰，直接的目的有两个：一为母亲，二为自己。据王子林统计，60多岁以后的乾隆皇帝，几十年如一日，年年不止一次地亲自到佛堂为母亲和自己上香。母亲健在时，祈愿母亲福寿，母亲去世后，祈愿母亲早日转生西方极乐世界永生；亦祈愿自己功德圆满，早成法身。八十大寿

174

174 | 从外面看雨花阁二层与顶层。

时，乾隆皇帝非常高兴地接受了蒙古王公和大臣官员向他进献的大小法身佛852尊。（见李文儒主编，王子林著《紫禁城原状与原创》）

东边是看戏的畅音阁，西边是拜佛的雨花阁，乾隆皇帝在自己的皇宫里一手建造这么两座“高楼大厦”，到底是娱乐至上，还是信仰至上？于乾隆皇帝，自当是信仰至上，为母亲，为自己，为祖宗，为子孙，当然也要为百姓。在追求个人信仰的同时，自信人性、帝性、佛性齐备的“十全老人”，掌握一个庞大帝国最高权力的统治者，自然也明白个人信仰与治国理政的宗教政策之间的关系，知道孰轻孰重。乾隆皇帝刻在雍和宫石碑上的《喇嘛说》将他的宗教政策说得明白。一是为什么要大张旗鼓地尊崇喇嘛教中最重要、影响最大的黄教：“盖中外黄教总司以此二人（达赖、班禅），各部蒙古一心归之。兴黄教即所以安众蒙古，所系非小。”二是为什么要用“金瓶掣签法”决定转世灵童。乾隆说转世灵童的确定，逐渐变成皆出一家族，几与封爵世袭无异，难以控制，危害极大，所以想出这个法子，令达赖、班禅同驻藏大臣一起，共同从选出来的数人中掣签一人。这个办法“不动声色以成之。去转生一族之私，合内外蒙古之愿。当耄近归政之年，复成此事，安藏辑藩，定国家清平之基于永久，予幸在兹，予敬亦在兹矣”。

这块碑，现在依然矗立在雍和宫的院子里。

慈宁宫大修时，在慈宁宫高处北望雨花阁。
东北处建筑为神武门。

珍妃井与宫女井

皇宫里人多，水井也多，差不多有一个院落就有一口井。井虽多，但无名，统统叫井。只有一口井有名，有大名，众人皆知，叫珍妃井。珍妃井夹在宁寿宫区最北面的倦勤斋与景祺阁之间，大位置是紫禁城内东北角。

这名字，是珍妃用命换来的。光绪皇帝的珍妃被落井，有几种说法，且每种说法都与慈禧有关。此二人在当时循规蹈矩甚至死气沉沉的宫廷中都格外"时髦"，关系却不佳。

慈禧安排妹妹的小孩坐在了皇帝的位置上以后，又一手给这位一直喊她"亲爸爸"的光绪皇帝极其隆重地举办了前所未有的宫廷大婚仪式。慈禧选定的皇后是她弟弟的女儿，两位妃子选的是一位大臣的一对女儿，一对姐妹花。慈禧临死之前，还指定了自己养女的小儿子、三岁的溥仪继承光绪的帝位。从皇帝到皇后，再到嫔妃，慈禧太后就这样一步步把她在圆明园居住过、一直念念不忘地图谋复建移建的"天地一家春"，完完全全地落到了权力结构的核心处——"天地一家亲"。

不过，这"天地一家亲"并不如慈禧设想的那么其乐融融。

176 宁寿宫后区中部乐寿堂后面颐和轩。

176

长大后的光绪帝要“维新”。姐妹花中的珍妃也不是低眉顺眼、唯命是听的妃子样，什么新鲜新奇就追求什么：在宫里穿男装；迷上了照相机，弄了整套的照相器材，在宫里到处乱拍，在皇宫东华门外开照相馆。据说珍妃是清代后妃里最漂亮、最甜美、最聪明伶俐的，连慈禧也说她很像年轻时候的自己；当然慈禧心里明白，年轻时的自己没有珍妃漂亮。更为要害的问题是光绪皇帝偏偏不爱慈禧的侄女皇后，就是喜欢和珍妃黏在一起。从骨子里看，在趋新上，珍妃与光绪帝真称得上志同道合，珍妃一定会支持甚至参与光绪帝的维新变法运动，精明的慈禧、镇压了维新运动的慈禧怎么能看不出来？怎么能不找着碴儿就严厉责罚？怎么能不找个机会置其于死地？

就拿照相来说，在传入中国、传入皇宫后，被排外守旧的人们称为“西洋淫巧奇技之物”，被说成会摄人魂魄、伤神损寿之物，可珍妃偏偏不仅自己照，还拉着光绪皇帝照，慈禧完全有理由制裁珍妃。可是，没过多久，慈禧居然成了皇宫里甚至是全中国最爱出镜、最爱摆拍，也最有条件大拍特拍的照相迷：换装更饰，室内室外，宫里宫外，坐轿乘船，花丛雪地，独照合照，还有装扮成观音菩萨的。不少照片上写有“大清国当今圣母皇太后万岁万岁万万岁”，得意之时，高兴之余，慈禧就拿出照片作为礼物送人。

珍妃曾经把光绪帝赏给她的上千颗珍珠很有创意地做成珍珠披肩，慈禧认为是大逆不道，痛加斥责；后来，她自己的肩头，披上了3 500颗鸟卵大小的珍珠做成的披肩。

177

177　珍妃井。

178 南三所院中的井亭、井。

178

179

179 东六宫中的承乾宫院子里的井亭、井。

慈禧极尽能事地享受和占有中国帝王所能达到的中国式的仪式排场和物质奢华，在物质占有上，她不会考虑观念、政治上的“天朝上国”与姿态上的“唯我独尊”，一旦发现有什么东西可以为她所用，尤其是可以装点门面的，即使是外来的，也可做到拿来就用。

从总体上考察，在中西文化交流中，西方文化所具有的人文启蒙、社会变革、新型国家形态、国家体制等事关国计民生的文化内核，始终无法进入皇权帝制统治者治国理政的视野之中，即便进入，也是昙花一现。科学技术的传播也难以在提高社会生产力及军事实力方面发挥实质性的作用，越到后期，反倒越走向器物之享用。这主要是由于皇帝及皇帝身边的核心官员们，始终认为自己的国家是天下的中心、天下第一，根本用不着看其他国家怎么想、怎么做、发生了什么变化。由此种心态形成的封闭格局，到清代越来越严重，外部世界却发生着迅猛的变化。宫廷高层对待外来的新鲜事物、新奇器物的主导理念与实际行动，由将之称为“奇技淫巧”的排斥，走到好奇猎奇，最后终于走到利用特权自己享用的邪路上。这既是“中学为体，西学为用”的变异，也是这一先天性错位的主导中西关系的核心理念的真实写照。慈禧一方面变本加厉地集权专权，镇压维新变法，另一方面又迷恋于“西用”。如对照相、化装照相的热衷；主动请外国画家为自己画油画像，并隆重地送到美国博览会展出；乘坐机器发动的快艇游颐和园；把三架钢琴摆放在颐和园的住处；欣赏由欧洲人指挥的用铜管乐器、弦乐器演奏的外国乐曲；让欧洲马戏团入颐和园表演；乘坐新交通工具小火车、小汽车——本来可以寄予大希望的文化科技交流盛事，就这样轻易地缩进宫廷的生活小事，消解在帝王的奢华享受之中，对国家、对民生没有起到任何有益的作用。

在慈禧太后眼里，一己之利、一家之利大于一切，高于一切。这样的人居然可以执掌皇权前后近50年。慈禧专权的这个时期，正是英国的维多利亚女王时代、日本的明治维新时代。同样是女人，同样是失去了丈夫还继续统治着庞大帝国的女人，阅读过维多利亚女王传记译本、多少有些仰慕维多利亚女王的慈禧，其居住处还挂着维多利亚女王的盛装像，却于1860年、1900年先后两次饱受维多利亚女王军队的劫掠之痛，不得不东躲西逃。明治维新之后的日本对清帝国的沉重打击，更让人痛心疾首。夹在西东之间的大清帝国，其无奈处境及原因，真让人感叹不已，寻思不尽。

说回故宫中的井，在距离珍妃井不太远的地方，东六宫之一承乾宫的院子里，有一口井也死过人。乾隆五十三年（1788），承乾宫宫女奉命“寻找宫女五妞不见”，报告太监至各处寻找，寻至井边，见棉袄一件，女鞋一双，疑五妞投井。总管太监传来石匠，撬开井口，打捞出五妞尸体。又传来验尸婆，验得17岁的五妞浑身上下木器伤累累，认定“五妞受责后投井身死”。宫中无小事，何况死了人也不是小事，即奏报皇帝，乾隆皇帝在折子上写了三个字：知道了。

多少年过去了，死了珍妃的井叫珍妃井，死了宫女的井，应该也有个名字，叫五妞井，或者叫宫女井，但一直没人这样叫，也没人知道。同样是皇宫里死过年轻女子的井，死皇帝妃子的井大有名气，死小宫女的井却没有名气，可见妃子和宫女是不一样的。关注皇帝妃子的多，关心小宫女的少。

寻找细节

中国的帝王们将古老的文化哲学运用于营建天子的宫殿，运用于用建筑形体将帝王体制、权力等级、高低贵贱，异常鲜明地区别划分、造型塑形，达到强化、固定的目的。亦即以建筑之形态、礼制之实质，规制、约束、控制所有人，包括皇帝，从而自然流畅地实现了传统文化、建筑理念、政治需求、审美效果的互动与置换。

“人”形大屋顶

紫禁城留给人们最鲜明的印象，莫过于金黄色的大屋顶了，尤其是站在高处看的时候。比如行走在紫禁城的城墙上看，或者站在紫禁城北的景山上看，相信给你最大视觉冲击的，除了连绵铺排的黄色大屋顶，还是连绵铺排的黄色大屋顶。蓝天白云丽日下，金灿灿的琉璃瓦错落起伏、烁金浮光、辉煌无限。

一大片又一大片屋顶上流畅清晰的一条条黄色的垄脊垄沟上，有时会看见正在修缮的民工在其间弯腰劳作，这时候就会想到民间关于牧民和农民的故事：春天，牧民看见农民把种子下到垄沟里，不久，垄沟里长出了青青的小苗；秋天，牧民惊讶地发现，成熟了的庄稼都跑到了垄脊上，于是，牧民对农民有如此的“法力”佩服得不得了。

每想到这个故事，总觉得由一条条瓦脊瓦沟连起来的古代建筑的大屋顶，大概与农民的耕种很有些关系。在建造紫禁城的那些日子里，泥瓦匠们在中国最大的屋顶上敷泥铺瓦，不正像农民们在春天的黄土地上起垄播种吗？而由泥瓦工匠用泥和瓦铺排出来的大屋顶，可以让劳作的人们在其瓦垄间行走的中

180

国式大屋顶，它的基本结构模式，正是一个个的“人”字形。

穴居时代，先民们居住在地窝子、窝棚中，在地面以上建造起来的遮风避雨的部分，就是“人”字形的。干阑式建筑、高台式建筑的屋顶也多是“人”字形的。发展到皇帝的宫殿这样的大屋顶，“人”字形状更加明显了。

紫禁城的屋顶，几乎囊括了中国古代建筑的所有屋顶种类。重檐庑殿顶、庑殿顶、卷棚歇山顶、歇山顶、四角攒尖顶、悬山顶、卷棚硬山顶、硬山顶，应有尽有。不管有多少种类，共同的特征，是“人”字形的排列组合与互动。不论从正面看，从侧面看，还是从正、侧面间的檐角方向看，一层一“人”，双层双“人”，多层多“人”。正脊两侧对应的长长的瓦垄组成的也是“人”。整齐的瓦垄的排列，就是整齐的“人”的排列。数不清的

180 在太和门广场看午门。

181 | 紫禁城北部西区及后三宫屋顶。

“人”连成一个又一个大大的屋顶。

《考工记》里是这样记的：“上尊而宇卑，则吐水急而溜远。”高顶处陡峭，檐沿处和缓，雨水落下便可冲得更急更远，有利于保护房屋的木结构。翘起来的檐还可以让更多的光洒进来，加长日照时间，使屋子里更亮堂。

讲究实用的大屋顶虽然不是艺术品，看起来却艺术得不得了。有人这样看：弯弯的大屋顶好看极了，简直是一顶“瑰丽的冠冕”。早在《诗经》里，就有“如鸟斯革，如翚斯飞”的诗句，形容如鸟儿张开翅膀一样欲飞欲升的大屋顶。念着《诗经》里的诗句，看着紫禁城的大屋顶，觉得《诗经》里的描绘真的形象极了、生动极了：排列整齐的数不清的长长的瓦垄，从高高的正脊两侧瀑布般倾泻下来，四个檐角突然向上反翘，飞檐翘角，庄重的大屋顶一下子变得生动起来，沉重的大屋顶一下子变得轻巧起来，仿佛要飘扬起来、飞舞起来。在屋顶的交会处，一队队脊兽带领着一座座殿堂，欲升欲飞。

组成“人”形的弧线曲线，让沉重巨大的屋顶给人以美妙轻盈灵巧的感觉。沉重的大屋顶飘然欲飞，何尝不是人们的愿望和浪漫想象呢？想飞，想脱离，却又离不开，反成压抑。屋顶是人的创造，本愿是遮风挡雨、防寒避暑，是护佑人的，结果一切都被大屋顶严严实实地遮盖起来，所有的事情都可以在大屋顶的遮盖下堂而皇之地进行。站在高处望过去，如此巨大无比的紫禁城，被连绵铺排的黄色大屋顶覆盖得严严实实。谁真正知道大屋顶下的生与死，苦与乐，荣与辱，治与乱，繁华与衰败，喧嚣与冷落？

同样在皇宫里，同样的“人”形结构，所有的宫殿房屋，一定要用大小、宽窄、高矮，区分出鲜明的等级；大片大片伸展的大屋顶，本可以把一个又一个自成格局、相互隔绝的院落连接起来，屋顶间最接近的檐角却处处“勾心斗角”，连灵动的一个个、一队队脊兽的相守相望，也变成了怒目相视；翘起来的飞檐，本想让灿烂的阳光多进去一些，可照见的却不是阳光下的“正大光明”；齐齐整整地排列在飞檐最前面、雕刻着飞龙的数不清的瓦当滴水，飞檐下隆重的斗拱，绚丽的彩绘，反将大屋顶装饰得更加寂寞。

哪里有“如鸟斯革，如翚斯飞”？如翚的翅膀如此沉重！对鸟儿的羡慕，是痛苦的；互相的鼓动实则为相互的牵制，是痛苦的；欲出离皇帝的宫廷而不能，欲飞升而不能，又不肯罢休的样子，更是痛苦的。对于紫禁城来说，对于紫禁城的臣民来说，“人”形大屋顶、“如翚斯飞”的大屋顶、瑰丽冠冕的大屋顶，应当充满温情、充满人性、充满想象，事实上却沉重、寂寞、孤独、冷酷。

脊兽大世界

站在太和殿广场仰望，高居于层层叠叠的汉白玉三台之上的太和殿确有高入云天之势。而最先触摸云天的是那条长长的、直直的、高高的太和殿正脊。比正脊还要先触摸云天的是正脊两端昂首的“吞脊兽”。大多数人更愿意把它们叫作

“大吻”。

关于大吻的说法不止一种。有说由鸱尾演变而来，言海中有鱼，虬尾似鸱，激浪即降雨。有说为“龙生九子”之一，好登高瞭望，能降雨防火。据说与其他走兽一起立在檐角的龙首也是九子中的一个。

老百姓的说法则简单明了——把这些屋脊之吻统统叫作“兽头”。兽头一说，把所有的说法、做法都包含在里边了。给皇帝盖房子的工匠们更关心这些兽头的实用价值。它们位于屋顶坡面、飞檐的连接处，起着固定、排水的重要作用。工匠们的聪明之处在于即使实用，也一定要做得既实用又好看——普通的民房都这样，何况皇帝的宫殿呢？实用与好看的结合使脊兽们成为中国传统建筑中不可缺少的、最显眼的、最鲜活的构件，自然也成为紫禁城中所有屋宇上不可缺少的、最显眼的、最鲜活的装置。

脊兽的数量、大小并不仅仅由“好看”而定。皇帝的宫殿一定要纳入等级规制的考量。太和殿的大吻肯定是最大的。其他宫殿脊兽的数量为1~9个，而太和殿有10个。加上最前面的仙人骑鸡和断后的龙首，一共是12个，最多且唯一。

想想算算吧。紫禁城里近百组建筑群落，近千座单体建筑，近万间房屋，每个屋顶上都有大小、多少不等的脊兽，如太和殿上共有50个，城墙四角的每个角楼上有230个——整个紫禁城到底有多少个，谁也没数过，上万个总是有的吧？宫殿的屋顶成了脊兽的世界。

成千上万的脊兽虽然有些相似，但丝毫不影响它们组成壮观的阵势。或许因为相似才更加壮观。站在景山上，站在午门、神武门的城楼上，站在四围的城墙上，首先跳进视野的就是无处不在的脊兽；穿行在一条又一条宽宽窄窄的通道间、一座又一座大大小小的院落里，随时可见飞檐翘角上排列守望着的脊兽。

连皇帝也把它们当作护佑自己、护佑宫殿的神物，脊兽们

182 | 午门夜月。

似乎的确有些神灵之气，不仅使庄严凝重的紫禁城神气、灵气活现，更给了所有注意到这些脊兽的人们以特别的感觉。

最让人惊讶的是，当夜幕降临，所有的物体朦胧和隐藏于黑暗中的时候，却是这些脊兽最突出、最神气的时候。任何一点点光都可以从它们的缝隙中漏过去、穿过去。只需要一点点光就能剪出它们清晰的影子。朦胧的月光更能把它们带入梦幻之境。薄云与月亮慢慢游走，在宫殿之间的夹缝中游走，在大吻的后面、在一层层一重重飞檐翘角的后面、在神气地站在飞檐翘角上的走兽们后面游走。从很容易找到的一个合适的角度看过去，便能看见“天狗吃月亮”的奇异情景。成千上万的脊兽其实并不需要月亮的陪伴，也不需要月光的修饰。月亮落下去了，紫禁城睡熟了，所有中规中矩的事物都沉默了，都隐藏起来了，都消失了本来的面目，唯独它们醒着，睁着明亮的眼睛站在各自的位置上，在无边夜色中显示着自己的身影，如守夜的猫头鹰一样，随时准备唤醒沉寂的宫殿。

愈暗愈显的成千上万只脊兽，又是愈动愈静的。当萧瑟的风刮遍紫禁城的每一个角落的时候，当凛冽的风撞击在高墙上又从幽深的夹道间呼啸而过的时候，当枯叶枯草在屋瓦间院落里随风舞动的时候；当纷纷扬扬的大雪搅乱了紫禁城，大片大片的雪花在大片大片的屋顶上盘旋、严严实实地覆盖了紫禁城的时候；当紫禁城突遭电闪雷鸣袭击、疾风暴雨冲刷的时候，它们却更加精神抖擞，一个个挺胸昂首，目光炯炯，列队齐整，不退不避，镇定自若，仿佛那风那雪那雨是从它们那儿发出去的，受它们指挥、照它们的意愿到处奔窜。

愈动愈静的成千上万只脊兽，又是愈静愈动的。紫禁城无比巨大、无比恢宏，也无比沉重、无比沉默、甚至无比死寂。假如没有成千上万只脊兽活跃在紫禁城的上空，那就真的是这样了。脊兽看到了、也看清了堂皇的宫殿里发生过的一切。只有它们看得真切，看得明白。它们无法控制自己不向长天大地、太阳月亮星星不停地诉说。

被皇帝们奉为神物的通天接地的大吻，和大吻一样定居在屋顶上的数不清的脊兽，到底是谁造就了它们？依我看来，最早的创造灵感来自山野、田间、村舍。远远的山岩上蹲着的野兽、冬日山坡上散漫的牛羊、落尽叶子的树枝上的鸟、刚刚苏醒过来的黄土地上的农人、趴在屋檐上的猫儿——这些几乎天天见得着的景象，慢慢地便凝固在一个又一个屋顶上了。也许花样太多，难用一个确切的名称，便一律叫它们“兽头”了。再后来，这些兽头便凝固在戏台的屋顶上、祠堂的屋顶上、庙宇的屋顶上、宫殿的屋顶上。

一旦定位于殿堂之上，规制也就跟着来了。民间的生动变为官府皇家的威势。有些兽头只有皇帝的宫殿才准许使用。即便是皇宫，宫殿的等级不同，兽头的大小、数量、装置方式也不同。来自自然的形象，到了帝王那里，就加了些天道、人道的说法。皇帝是天子，皇帝的宫殿是天子的宫殿，天子宫殿上的兽头叫大吻，大吻坐落在最高级别的太和殿上，是天下最大的“吻”，最大、最尊贵、最威严的兽头；它上承天，下通地，是天地与皇帝天人合一的天地之“吻”。

不过，在后来的人们看来，在并不关心这些兽头与皇帝的关系的人们看来，紫禁城宫殿上成千上万的脊兽，不管怎么看，不管什么时候看，的确很美。

宫门重重

灰色厚实的城墙把紫禁城围得严严实实，虽然每面墙上只开一门，但就这四座门楼和它们高深的门洞，把整座紫禁城渲染得无比威严、神秘。

有城就有门，有墙就有门，有宫有殿有院有屋就有门，紫禁城里重重墙重重院，上百座院落，近万间房屋，门外有门，门里有门，重重门层层门，到底有多少门，很难说清楚。

门的形式也多种多样。有城堡门、券洞门、殿宇门、八字照壁门、牌坊门、影壁门、垂花门；有独立的门、与房相连或与墙相连的门、长在墙上的门；有前门、后门、中门、左门、右门，还有中左门、中右门、后左门、后右门；有大门、二门，数下去还有三门、四门，到底有多少种门，也很难说清楚。

每座门都有一个既恰当又文雅还有出处的名字。敛禧门、苍震门、钦昊门、衍祺门、顺贞门、承光门、延和门——不用说给这些门取名了，就是认准这些名字，弄清其中的意思，也得足够有学问、费心思。

各种门的等级、功能、类别决定着各自的造型、体量、材质。最高大、最威严的自然是前后对称、左右对称地开在紫禁城城墙上的紫禁四门——南门午门，北门神武门，东门东华门，西门西华门。上面是高高的城楼，下面是深深的门洞。只有城堡式的门洞与护城河的组合，才足以让外面的人们敬畏帝王之家的不可侵犯。而在帝王之家的内部，凡是皇帝也必须跪拜的地方，用券洞门显示其地位的至高无上。如祭祀皇帝祖上的奉先殿大门奉先门，乾隆皇帝建造的太上皇区域的大门皇极门，皇太后活动区域的大门英华门，永乐皇帝建造的钦安殿大门天一门，均为券洞式大门。

宁寿宫区正门皇极门是与宫墙连为一体的券洞门。

最雍容、最从容的是殿宇式大门太和门、乾清门。端坐在汉白玉须弥座上，与汉白玉金水桥形成优雅组合的太和门，显得格外灵动圣洁。同样端坐在汉白玉须弥座上，向两侧伸出“八”字形琉璃影壁的乾清门，则显得格外安稳祥和。太和门作为紫禁城前半部分主体的大门，即外朝三大殿的正南门，是紫禁城中规格最高的宫门。乾清门是紫禁城后半部内廷的正门，是清代极为重要的政务场所。走进太和门、乾清门，总觉得不是进了门，而是登了堂，入了室。因为这两座极为重要的门是殿堂式的，能开能合的门在殿堂的最后边，门的前面是开阔敞亮、可以充分利用的厅堂——这两处正是明清两代的“御门听政”之处。门即殿堂，当门听政、议政、行政，有“门”

184

184 东六宫区德阳门内向西看。

185

185 重华宫与漱芳斋之间东北角小侧门。

没“门”皆决于门。还有一些皇帝经常出入、活动的宫殿大门，虽然比太和门、乾清门体量小，但都是一样的殿宇式大门，一样坐落在汉白玉须弥座上，如太上皇的宁寿门、皇太后的慈宁门。

后三宫、东西六宫、养心殿一带，是皇帝与皇后、妃嫔出入的地方，既是治国理政的地方，也是寄托皇家龙脉不断、龙子龙孙繁茂的希望之地，所以这些地方的门则显得平实、亲和，出入方便，大体相似，连门的名字，也比较亲切实用。

有的门，门与门之间的距离隔得很远，如午门与太和门、皇极门与宁寿门，为的是凸显宏大与广阔。有些门又离得很近，如正对神武门的顺贞门里，几十平方米的空间内，东南西北四个方向开门六座；养心殿后与西六宫前之间的几十米长的通道里，有门九座，如入迷宫。皇帝的大门可听政，可宴会，太监宫女的小门须低头侧身方可进得去。

门是什么，本就是一个说不清的问题。是通路还是阻隔？是为了关，还是为了开？是为了拒绝，还是为了迎接？是为了守卫，还是为了交流？是为了等级，还是为了实用？为什么进去？为什么出来？怎样进去？怎样出来？参加殿试的贡士们一起从午门左右掖门进宫，出来时只有一甲状元、榜眼、探花三人有资格走一回皇帝专用的午门中间的门洞。即位的帝王从前门午门进宫，亡国的崇祯和末代皇帝溥仪从后门神武门出走。曾经权倾朝野的和珅因“肩舆直入神武门”获罪。辛亥革命后仍然住在后宫的末代皇帝溥仪，为了能骑着进口的英国三枪牌自行车在后宫间往来，锯掉了好几处大门小门的门槛，至今可见历历锯痕。如今每年有上千万游客进出紫禁城，但很少有人想到当

186

186 养心殿后与西六宫之间几十米长的东西通道里，有门九座。从这个角度，可看到四座门。

187

187 重华宫室内门。

年《大明律》的规定：擅入皇城者，杖一百，充军边远；向宫城投石、射箭或持利刃入宫门者，处极刑。明清的紫禁城一如其名，门禁森严。门籍登记，腰牌查示，合符验证。夜间出入宫门，皇帝亲信直管，次日报告皇帝。即使门禁如此森严，也免不了出些不大不小的乱子。清嘉庆十五年（1810），一位叫作蒋廷柱的小官，从午门混入，竟在协和门放起鞭炮来，噼啪的鞭炮声惊乱了沉寂的宫廷。

在现在的紫禁城里，唯有当黄昏日暮，游客散尽，管理人员巡查、断电、关门、上锁，一大串一大串钥匙的哗啦声、沉重又清晰的关门锁门声起落于千门万户的时候，才仿佛真切地听到和感觉到来自那个朝代的声音。那是一种足以把人带入历史深处的声音。

庭院深深

延续几千年的帝制结构是家国一体。皇帝们都说：天下是我的，是我家的。老百姓看得清楚，知道明朝的天下是朱家的，清朝的天下是爱新觉罗家的。紫禁城既是天下最大的一座皇宫，也是天下最大的一个皇家大院。

天下最大的皇家大院是由天下最小的农家小院演化而来的。在世界建筑文化中极具特色的中国院落构成，其实是中国的家族伦理构成。这样的构成从遥远时代的小小的茅草屋子就开始了。再简单的屋子也会选择背风临水向阳的地方搭建。只要能分出几个隔断来（一般三间一组），一定是中间为堂，长者居左（向阳的房子，阳光先从那边过来）。有能力的话，东西两面、南面也建起房屋，这样便围成一座小院子。没能力的起码也是北面建房，其余三面围墙，还是围成一个院子。长者肯定居北居正。如果更有能力、更有实力建更多、更大的房子，以长者——一家之主为核心，纵向深入，横向扩展，区域、功能的划分便越来越细。大门里边是看家护院的用人。大门进去有二门，正门旁边有侧门，前后院落之间有后门和边门。前面的院子待客、议事、用餐，后面的院子分别居住。一夫可以多妻，于是有正房有偏房，还可以发展到东院西院、前院后院。妇女儿童不得随意出入，于是最里边有小姐的绣楼，最后边有游乐的花园。儿子多了大了不大方便，就近另立门户，另起院落，如此再建一个院子又一个院子。一座座院子组成一个个村落。家有贫富，房有高矮，院有大小，道理是一样的。自古以来的中国人伦文化为中国的建筑文化铺就了鲜明的底色，中国的伦理观念、伦理规则描画出中国古代建筑以院落文化为特色的清晰轮廓，也创造出中国建筑文化独特的审美形态。院落空间也是伦理空间，建筑文化就是院落文化。院落，家族，家天下。小则农家小院，大则皇家大院。

紫禁城内有占地16万平方米以上的木构建筑，有大大小小近万间房屋，当我们怀着担心或期待，突然看见一眼望不到边的房屋，如大海的波涛般涌动在眼前，将会产生怎样的感觉？当进入紫禁城内部时，我们会发现在紫禁城外部获得的那种强烈的整体感并没能立即减弱。因为我们看到的不是星罗棋布、无边无际的散漫。紫禁城迎接我们的是开阔的广场、整齐的红墙，和红墙间一条条笔直的通道。近万间房屋就是被这样的红墙和通道，围合和分隔成近百座大小不等的齐整的院落。

尽管一座座房子是独立的，一处处院子是独立的，看起来它们自在稳当地守在各自的位置上，但它们分明是整体的紫禁城中的一部分。局部的独立，组成了整体的独立。如果那个地方没有了它们，紫禁城严密和谐的整体性就会受到严重的破坏。当我们惊异并寻找紫禁城如何智慧地处理整体独立与局部独立的关系的时候，我们发现整体的大院与局部的中院、小院之间

188

188 从高处看御花园与建福宫花园之间。

的关系是既相互独立又相互依存的。但相互独立绝对服从于相互依存。相互依存则由分明的主次关系、清晰的主从关系——所谓的人伦关系——决定。于是，各自的独立，统一于整体的独立之中；内部的独立，统一于外部的独立之中；各自的个性，统一于整体的共性之中。于是，我们在紫禁城中行走，从一座门进入另一座门，从一个院落进入另一个院落，从一组建筑进入另一组建筑，从一个区域进入另一个区域，便有了那种既觉得宏伟，又觉得精致；既觉得庄严，又觉得生动；既觉得严谨，又觉得灵活的特殊感觉。

以人伦为核心的院落结构，以庭院为基本单元的群体组合，形成中国古代建筑的一大特色：不是直指云天的向上发展，而是平面延伸的向外扩展。单体与院落的复制、扩散、延伸、变形，形成单体与整体、局部与全局的统一中的变化，变化中的统一。平铺在空间序列上具有无限扩张的可能性。这一可能使得中国的建筑虽然没有耸立挺拔的气势，却有由方正、规则、想象力、意志力、财力、物力等组织而成的舒展恢宏雍容的整体视觉。当我们走进紫禁城内部，顺着红墙规范和指引的一条条通道，走进走出一座座院落的时候，我们又深深感受到，在宏伟的紫禁城中，单体建筑之间、院落之间、区域之间、群体之间的联系、过渡与转换，是一个极其复杂丰富的体系。一处又一处，一进又一进，一层又一层，庭院深深的精致与婉约，就这样被轻松地包裹在宏大的紫禁城里，吸引着我们从雄伟与辉煌中，寻找细小的隐蔽与神秘。

丰富复杂的景观尽在其中，但绝不是一下子显露的，也绝不是一眼就看得清楚的。如果不是对紫禁城了如指掌，就算是进去过三五次，随意走在任何一个地方，也很难弄清楚旁边还有什么，里边还有什么，只知道另一边还有房子，还有院子；只知道其间弥漫着许许多多君臣、父子、兄弟、夫妇的故事；只知道整体统一之中，有撕扯不清的内部的纠结分散，复杂混乱；只知道有外之内，内之外，上之下，下之上——这里的一切，家天下中的一切，家国天下中的一切，都在可穷究与不可穷究之间，一如庞大无比的皇家大院小院，足以使所有来去匆匆的过客，深深感触到“无奈”二字的确切含义。

然而，帝王们绝不会产生“无奈”之感，因为他们掌握着繁而不乱、维护稳定的秘诀。这就是紫禁城，包括皇城、都城在内的以中轴为纲，以太和殿、中和殿、保和殿，以乾清宫、交泰殿、坤宁宫为核心的轴心对称结构形成和体现的秩序与平衡。

中国的帝王们就是这样将古老的文化哲学运用于营建天子的宫殿，运用于用建筑形体将帝王体制、权力等级、高低贵贱，异常鲜明地区别划分、造型塑形，达到强化、固定的目的。亦即以建筑之形态、礼制之实质，规制、约束、控制所有人，包括皇帝，从而自然流畅地实现了传统文化、建筑理念、政治需求、审美效果的互动与置换。

紫禁城建筑所产生的效果的确非同一般。有了轴线，有了核心，才有对称；有了对称，才更凸显出轴线与核心的至上至尊的位置；有了对称，才有方方正正、平平稳稳。从外看、从上看、从内看，紫禁城都是极为方正的：方正的城墙、宫墙、院墙，方正的道路、院落、房屋。个体的方正，群落的方正，集合出整体的方正。有方正才显示出规矩，才显示出秩序，才

189 西六宫永寿宫与翊坤宫之间的东西通道。

189

有平衡，才有看得见的形式上的四平八稳、不偏不倚、均衡公允、雍容大度。更主要的，有了轴心对称，便有了主从感、依存感、排序感、方位方向感、肃穆感、回避退让感。但这一切丝毫不影响视觉效果，反而使视觉效果好得不得了。

无论大小，无论高矮，无论宽窄，无论扩展铺排到多大的范围，因为有中轴引领，有核心定位，有对称，有方正，有均衡，有秩序，所以，我们在紫禁城中看见的所有建筑，在那么庞大的建筑群中看到的所有建筑，总是井井有条、整整齐齐、安安稳稳、平平静静的，即便内里有天大的事发生了，看上去也好像无事一样。

窗里窗外

中国的古代建筑，不管体量多大，都是用粗大的柱子撑起来的。紫禁城无比宏伟的宫殿群，是用森林般的粗壮的柱子撑起来的。由于每座建筑的立面都不承重，只要得到允许，一座宫殿的任何一个立面，都可以由工匠们在规制的范围里，发挥和展现一番造型的技能，皇宫里的窗户，因此成为大同小异的建筑群中样式比较生动、丰富的部分。

皇帝举行仪式的宫殿，皇帝使用较多的宫殿，其窗户形状的设计，自然是等级最高的。最高的等级中还有等级，不用心观察几乎看不出来。中轴线上最重要的太和、中和、保和三大殿的大面积窗户的窗棂，都是最高级别的三交六椀菱花形状；祭祖的奉先殿、太上皇的皇极殿也是。次一等级的是双交四椀菱花形。永不变化的大红、金黄颜色，永不变化的三交六椀、双交四椀形状，在主要宫殿、高大宫殿的窗户上大面积铺排，反复铺排，铺排出紫禁城最炫目的鲜艳与辉煌。

除了那些用作庄严活动的重要建筑的窗户一定要营造出至尊庄严的辉煌来，其余大小建筑的窗户在等级允许的范围之内，

190

可以生出不少的花样。东西六宫、南所北所、大小院落、斋堂书房、楼阁亭台间，圆形的、方形的（四方的、六方的、八方的）窗出现了；如意形、灯笼形、双连式灯笼形窗出现了；松形、竹形、梅形窗出现了；描金窗、雕花窗、嵌玉窗、嵌景泰蓝窗、嵌瓷片窗出现了；夹纱窗、双面绣窗、书画贴落窗出现了；堆石窗出现了；玻璃窗出现了；窗棂组成的回纹、球纹、万字寿字福字纹、冰裂纹、竹叶纹出现了——或齐整庄重地铺排，或眼花缭乱地变化，紫禁城里皇家的窗户，总是让人感叹装饰的华美而不大关注甚至忘却了它们通风、采光的实用功能。

紫禁城中窗户上出现亮堂堂、明晃晃的玻璃，据明确的档案记载，是从雍正年间的养心殿开始的。造办处活计档记载，

190　奉先殿窗，三交六椀，为最高等级。

雍正元年（1723）十月初一，养心殿后寝宫“穿堂北边东西安玻璃两块”。突然发现窗外的太阳居然可使屋子里变得如此明亮，突然发现不用开门开窗就能如此清晰地看见屋子外面的人、院子、房子、屋脊上的天空，皇帝和他身边的人们不知怎样惊讶。他们一定轮流用手指轻轻地触摸那透明的叫作玻璃的东西，否则，他们难以相信真有一块东西挡隔在那里。不过，用不了多久，他们就挑出了玻璃的不少毛病。比如，他们会说，在屋里做的事与在屋外做的事大多数时候是不一样的，在屋里说的话与在屋外说的话大多数时候也是不一样的。况且，每个人都有窥视的心理，在外面的想看清楚里面的，在里面的想看清楚外面的；里面的人使劲看外面，外面的人使劲看里面。没玻璃的

191

时候，是怎么也看不着的——除非冒险捅破窗户纸；可是，玻璃窗就方便多了，里里外外的窥视就是有意无意间的事了。比如，他们会说，玻璃窗让阳光月光无遮无拦地洒到屋子里，那光色、那感觉，实在不如让绵软的纸过滤后来得无声无息，来得温柔温暖。比如，他们会说，纸窗户上可以画窗花，可以剪窗纸，在宫殿的隔扇窗户上，臣僚们还可以书诗作画，这些叫作贴落的创作，能够让皇帝不止一次近距离地看到，说不定哪一位的才华就被皇帝发现了。比如，他们还会说，日光月光将松竹梅、花草树木的影子投到窗户纸上，那是怎样的疏影斑驳？单把那些各种各样的窗形投到青幽幽的金砖上面，就有无限的情趣。

也许这是一些很有说服力的理由吧，也许皇帝们不愿意让

191　保和殿东侧后左门窗外。

自己的紫禁城过分奢侈（那时候玻璃的价格十分昂贵，一平方米玻璃的价钱相当于一间五檩瓦房的价钱），在玻璃传入中国的早期，即雍正、乾隆时期，只挑选日常起居或休闲娱乐的少数宫殿的大面积窗户中的几个小小方框，安上玻璃，其余仍为纸糊。紫禁城中最重要的、庄重地屹立在宽阔的汉白玉三台上的太和、中和、保和三大殿的红彤彤的窗户上，始终没有大块的玻璃出现。如果真的出现了，真的把大殿的纸窗统统换成明晃晃的大玻璃窗，不用说当时的人，就是现在的人，只要看见了，也会觉得“不是那么回事儿”。

紫禁城的窗户、宫殿的窗户、皇帝的窗户，完整地保留着中国传统建筑的传统窗户的样貌。这样的窗户在中国人眼里除了亮丽光彩，可能并不觉得格外特别。可是在外国人眼里，简直神奇到不可理解。我同他们讨论过这个问题。他们只能用“梦幻”和“仙境”来表达他们的感觉。这样的感觉更接近紫禁城之窗的美感。是啊，不论窗里窗外，不论白天晚上，紫禁城的窗户总是特别引人注目。屋里屋外，里面外面，虽然只是一窗之隔，但这一隔非同一般。白天，外面的光透进来隐约地点亮里面的世界；晚上，里面的光透出去隐约地点亮外面的世界。旭日东升，火红的阳光照耀在到处可见的大面积的红门红窗上，照耀在红门红窗上的金框金钉上，与粗壮笔直的大红廊柱一起，红光浮动，金光闪烁，满眼梦幻般的景象；夜幕降临，在紫禁城广大无边的黑漆漆的夜里，一处又一处殿的窗、宫的窗、大院里的窗和小屋子的窗，有些隐在黑暗中，有些在黑暗中朦胧隐约地亮起来，此时此刻，不管中国人还是外国人，除了看到梦幻，看到仙境，还能看到什么？

琉璃花开

退回到一百年前，北京城还没有出现太多的新建筑，还是满城灰色平房的时候，假如从空中往下看紫禁城，定然是灰色的波涛中浮动着一座金黄色的宫殿。再往前，600多年前，朱棣建成紫禁城后，站在景山顶上四下张望，在他的感觉中，他的紫禁城，一定是一座缥缈在苍茫的灰色大海中的金色的海市蜃楼，或者，他看到了硕大无比的金色花朵，盛开在灰色的世界里。多少年过去了，我们在高处依然能够看到那种在太阳照耀下浮动了600多年的金色的光芒。这光芒，就是那些被黄色琉璃覆盖起来的、连绵铺排的、一座又一座大屋顶放射出来的。其实，不只是参差错落的大屋顶，从紫禁城的正门午门往里走，我们会看见，在这座金碧辉煌的宫城中，到处盛开着琉璃的花朵，而且越往里开得越多，越往里开得越“花”。

不知出于什么原因，至少是从安全的角度考虑，或许更多是为了营造庄严肃穆的皇家氛围，除了几处花园，不论前朝还是后廷，紫禁城不允许花草树木自由生长。可是，不论出于什么原因，作为日常工作生活的后半部分区域，与前面的举行仪

192 御花园堆秀山西侧延和门外。

192

式的区域，总要有些区别才好。日日起居的地方，天天行走的地方，不一定非如前朝那般严肃、单调、冷静，要尽可能活泼些、丰富些，多些变化、多些花样才好。但又不准随意植树栽花养草，即便是建筑，这个殿那个殿，这个宫那个宫，皇家规制下的造型色彩也不允许随心所欲、花样百出，那么，在覆盖

193

着所有屋顶的琉璃上做文章就是最佳的选择了。

那个时候，单从建筑材料看，最高档、最尊贵、最易实行专造专控专供的，非琉璃莫属。从装饰功能、造型取意，以及经得起风吹雨淋，且越吹越亮、越淋越鲜的特色看，亦非琉璃莫属。再从施工便利，可绝对保证皇帝工程的优质高效考量，还是非琉璃莫属——不管多大面积、多大体量、多复杂的形状、多丰富的色彩，均可分解为一块一块的构件，制坯、着色、上

193 | 琉璃龙身上的木质构件。

釉，一并烧制而成，运往现场拼接组装，方便快捷。

整座紫禁城到底用了多少琉璃烧制的构件，到底有多少人为紫禁城制作琉璃构件，恐怕怎么夸大这个数字也不过分。紫禁城偏西南不远处的琉璃厂，是永乐皇帝建造紫禁城时的琉璃生产基地，其名称从明朝一直沿用到现在。紫禁城建成了，历朝历代的修修补补也离不开琉璃厂。乾隆皇帝大概觉得这个地方离他的宫殿太近了，他看见烧制琉璃的浓烟污染了明净的蓝

194 重华门两侧琉璃装饰。

天，他闻到刺鼻的气味影响了子孙们的胃口，于是下令将琉璃生产基地迁移到京城西郊门头沟。现在那个地方有一个村庄叫琉璃渠村。几百年来，琉璃厂、琉璃渠的泥土就这样源源不断地变成数不清的黄的瓦、黄的砖——还有绿的、蓝的、紫的、黑的——被源源不断地输送进紫禁城，整齐地排列到皇帝的屋顶上，巧妙地安置在皇帝的屋脊、屋角、屋檐、墙脊上，活灵活现地砌贴在皇帝的门楼、门脸、墙面上。

太和殿的槛墙上，琉璃砖拼成龟背锦。重要宫殿的门旁边，琉璃砖装饰出五花山墙。琉璃九龙壁应当是紫禁城中最豪华、最显赫、最威风凛凛的墙壁了。9条造型、色彩各异的龙，连同墙脊上的11条，腾跃在波涛翻滚、礁石海花海树突立的大海中。据说琉璃烧制工艺中，调色配色是最具技术难度的，有此绝技，完全有可能赢得并保持为皇家专造的权利从而发家致富。身怀绝技的掌门人每当配料之时，便会登上高台以示技艺高超，实际是害怕他人看。并且，这样的技艺是只传儿媳不传女儿的。就在已经处于垄断地位的琉璃马家为乾隆皇帝组装九龙壁的时候，意外的事件发生了——其中一条龙身上的一块构件摔成了碎片，重新配色烧制绝对来不及，延期改期万不可能，只能冒欺君大罪之险，秘密选一块木料雕刻配色应急。精明挑剔如乾隆皇帝，验收时居然没有察觉，足见造假技艺之高超。然而，假的毕竟是假的，最终逃不过时间的考验，现在，只要知道这个故事，谁都能从那条琉璃龙身上找出那块作假的木头构件。

在紫禁城里，开得最旺最盛，一年四季、每时每刻、雨雪无阻、怎么开也开不败的，正是各式各样的琉璃花。御花园里绛雪轩前的大花坛是用琉璃花砌成的，宁寿宫区乐寿堂后颐和轩前的花坛也是用琉璃花砌成的。乾隆花园符望阁前的碧螺亭上的宝顶，是琉璃烧制的。乾清门、宁寿门、慈宁门两侧高大宽敞的八字影壁的正中，多种琉璃花草组成大大的花篮，像现在盛大庆典摆放的豪华鲜花花篮那样，似乎时时刻刻都在欢迎和欢送任何一位出入宫廷的人。紫禁城里几乎所有的大小宫门周围，都有琉璃花草盛开蔓延。生长最多的，是既含宗教信仰，又寓多子多福、高洁清爽的莲花；花朵硕大饱满、高贵富丽的西番莲，象征富贵的牡丹，表示安居的菊花，宜寿宜男的石与兰草的组合，期望长久长寿的缠枝卷草，也是随处可以看到的。

让人惊讶的是，这些缺乏创意、寓意流俗的题材，竟然能够与宏大辉煌的建筑协调相处，相映生辉。想来是由图案的精致、比例的适当、色彩的和谐、造型的典雅成全的。好在一般人并不仔细考究其中的寓意，只是浮光掠影地享受视觉的愉悦。这已经足够了。皇宫里所有的装饰，让人们获得这样的体验其实是恰到好处的。如果将本来很美丽的琉璃花与俗气的寓意牵强附会地结合在一起，人们从那些重复开放生长的花花草草表层获得的美感，就会随着深入的思考，消散得干干净净。

彩绘皇宫

看紫禁城的第一感觉，很难说清楚到底是在看它的形态，还是在看它的色彩。如其名，紫禁红无疑是它的主色调，紫禁城内所有的墙面，所有的建筑外立面，一律被涂抹成这样的红。行走其间，触目皆红，说是被淹没于红色并不为过，现在流行的中国红的说法，与此景色不无关系。道路的地面、院落广场的地面、房屋的根基，十几万平方米的室内地面，则是灰色：灰白的石，灰的砖，深灰的“金砖”。若站在高处看，又变成满目皆黄了，那就是连绵铺排的金黄色的大屋顶。以红为主色，红、黄、灰构成紫禁城的基本色。

紫禁城的红，是最常见的色彩之一，也是色彩学里的原色，但被紫禁城张扬到这样的程度，就使人们叹为观止了。任何一种常态的东西，只要被反复地渲染，极端地铺张，足以改变人们的感觉，以至心理、思维；若再加以人为的操纵、垄断，则必然如此：紫禁城红色的围墙、黄色的屋顶、黄色的装饰，只能由皇帝使用或经皇帝批准后使用。

但是，紫禁城并不满足于只占有这样的色彩。它还需要拥有在这样的大红大黄中更为出色的色彩，它需要拥有在最暗淡的地方最能出彩的色彩，尤其是在经常被巨大的阴影笼罩着的那些地方。仔细看看紫禁城中金黄色的大屋顶伸出的宽宽的长长的屋檐与红彤彤的门窗之间的那些地方，有些部位是永远见不到太阳的。这样的地方，正是更需要出色出彩的地方。当连绵铺排的金黄色的大屋顶与同样连绵铺排的红彤彤的门窗，借着太阳的光辉，散发着耀眼刺目的光芒的时候，这样的地方的色彩，却平和地以它们的绚烂打量着眼前的一切；当黄的屋顶、红的门窗因没有阳光的照射而黯然的时候，当日出之前、日落之后，阴霾笼罩、雪雨飘洒的时候，这样的地方却大放异彩——这就是紫禁城的彩绘，中国皇宫里的彩绘。这就是能使最暗淡的地方成为最亮丽、最繁华之处的皇宫的彩绘。

紫禁城到底有多大面积的彩绘，实在无法精确计算，只能大体上做一个统计：建筑占地面积约16万平方米，有彩绘的建筑占地面积约14万平方米。每座建筑的彩绘面积不同。大多数建筑，尤其是体量较大的主体建筑，从外檐、斗拱、脊檩到天花，也就是整个建筑的上半部分，从外到里全都是彩绘。能看到的地方彩绘，看不到的地方也彩绘。不少彩绘并不在一个平面上，木构件的角角落落都有——要想精确计算彩绘的面积的确太困难了。

中国的木建构本就复杂，皇宫建筑尤甚。皇宫的彩绘和皇宫的木构件一样复杂，处理工序包括处理木构件表面、做地仗（地仗有使麻、使布、不使麻布等十几种）、油饰垫层、磨生油、过水布、起谱子（设计构图，描画纹饰）、打谱子、勾线条、沥粉、刷色、油皮、贴金，等等。从单项看，图案着色方案多达

30种，油饰颜色又各有细分，仅朱红一色就有8种细目。在异常繁复的木结构上油饰异常繁复的彩绘，繁复复繁复，奢华无以复加。

到底为什么要用这么繁复的油饰彩绘把皇帝的宫殿严严实实地包裹起来？最实用的理由自然是为了保护木构件，更重要的理由当然是极致地显示至尊与荣耀，还有无与伦比的华丽。就像皇帝要穿豪华气派的衣服，皇帝身边的人要穿华丽漂亮的衣服一样，皇帝的宫殿也要穿上豪华漂亮的花衣服。同理，就像皇帝衣服的用料是最贵重的一样，宫殿彩绘的用料也是最精致、最昂贵的。明史载，三大殿重修，征牛胶万斤为彩绘用。清康熙三十四年（1695）重建太和殿，据《太和殿纪事》载，彩绘用红、黄金箔128万张（每张约110平方厘米），大青6吨，绿1.6吨，银朱1.8吨，桐油33吨，白面17吨，油饰彩绘经费总计白银约5万两。21世纪初大修午门、太和门、太和殿、神武门，为修饰部分彩绘，仅黄金就用了十几公斤，做成加厚金箔199万张。以此类推，再算上不断地修饰、油饰，整座紫禁城的彩绘到底用去多少珍贵的材料，实在是无法计算。

皇宫的彩绘以青、绿、红、金为主色，但其实几乎用上了所有的色彩。白色的汉白玉底座，红墙、红柱、红门窗，黄黄的屋顶，夹在这些单纯、庄重的色彩之间的那些用遍了各种色彩的花花绿绿的彩绘，花得格外出色、格外出彩、格外亮丽。

好看归好看，绝不允许为了好看乱了规矩。好看必须服从等级，一定得按着等级出色出彩。最高等级叫和玺彩绘，以龙凤图案为核心，大面积贴金，庄重辉煌，用于紫禁城中轴线上的大殿及其他区域帝后出入的殿堂。次一等级叫旋子彩绘，因

195 建福宫花园延春阁一侧。

195

基本构图为旋涡状花纹而名，稳定中有流动感，多用于次要的宫殿、配殿、门廊等。再次一等叫苏式彩绘，因源于苏州地区而名，布局灵活、题材广泛，包括山水人物、花鸟鱼虫，用于生活区域及宫廷花园间的亭台楼阁。

出于等级的严格规定，及由此形成的程式化图案色彩管理，使得紫禁城中触目皆是几乎令人眼花缭乱的彩绘，被组织得层次分明、有条有理；变化丰富的局部与整体的斑斓色彩，被控制得协调、花而不乱。

在无比宏大的紫禁城中，黄的屋顶与红的门窗之间的彩绘，连绵为不知何处是头、何处是尾的条条彩练，缠绕飘动在座座宫殿、亭台楼阁间。事实上，整座紫禁城全部被彩绘了，从上到下，从里到外。紫禁城上上下下、内内外外的所有色彩，共同组成一个彩练舞动的色彩缤纷的世界：环绕在紫禁城四周的宽宽的护城河是光泽粼粼、丝绸般柔软的蓝色彩练；高高的灰色的城墙，城墙上方向外一边齐齐整整的堞口，向内一边黄色的琉璃砌出的直直的边沿，如灰色的丝练镶上高雅的蕾丝花边；紫禁城内一面又一面、一圈又一圈、一层又一层宽宽大大的红墙，红墙上端黄的、绿的琉璃砖瓦组成的连续不断的墙脊；红墙、墙脊夹着的长长的蓝蓝的天空；彩绘上方的黄黄的琉璃大屋顶；彩绘下方的红门红窗与一根根粗大的红柱；排列齐整、密布在一扇扇红色大门上的金色或黑色的门钉；在红色的墙面上不停地移动变幻着的檐角走兽的黑色的影子……花色、单色，冷色、暖色；轻盈沉静的阴柔之色，稳重强烈的阳刚之色；移动的色彩，变幻的色彩……所有的色彩组合起来，排列开来，形成长长的宽宽的彩练，不受时空、季节、气候的影响，立体地舞动着，集体地舞动着，不知疲倦地舞动着。高低延绵，上下起伏，节奏明快，旋律舒缓……

“赤橙黄绿青蓝紫，谁持彩练当空舞。”毛泽东的诗句当然不是写给紫禁城的，但送给紫禁城很合适。至于谁持彩练，谁是紫禁城的舞动者，对于紫禁城来说，当然可以是至高无上的皇帝，但并不是——皇帝轮换着，一直换到没有皇帝了，缠绕着紫禁城的彩练仍然在舞动，矗立在天地之间彩绘的紫禁城仍然在舞动……

院长严选：故宫博物院藏品100

故宫博物院文化遗产资源优势集中在两个方面：一是不可移动文物——紫禁城建筑；二是可移动文物——各类藏品180多万件。

因本书所涉以紫禁城建筑为主，很少提及可移动文物，故特以我一己之见，从各时代各类别中选录有代表性的藏品100件，按时代排列，作为附录，供大家参考。（附录部分藏品图片为手绘）

1 玉猪龙[1]

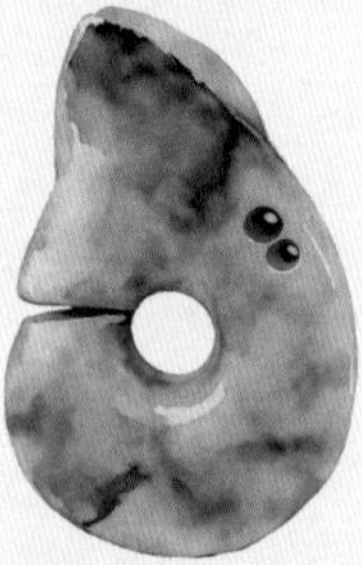

新石器时代，红山文化。

高15.4厘米，宽10.5厘米，厚4.5厘米。

青玉料，有褐色沁斑。首似豕，大耳，双目圆睁，目下弦纹似皱纹。有孔，均对鑽而成。有称龙，有称猪，有称熊，无定论。

2 玉龙

新石器时代，红山文化。

曲长60厘米，直径2.2~2.5厘米。

玉料为闪石玉，黄绿相映。圆雕，阴线琢纹。吻部长而前凸，鼻上翘，眉目凸起，整体曲为椭圆形。中腰处有圆孔，可系佩。

3 玉鸮形佩

新石器时代，红山文化。

高2.5厘米，宽4.6厘米，厚0.4厘米。

玉料青绿，鸮体片状，翅尾开张，沁斑沁色使玉鸮更加逼真生动。

4 双虎首形玉璜

新石器时代，含山文化。

长12厘米，厚0.5厘米。

1987年安徽省含山县凌家滩出土。玉料受沁成牙黄色，有褐色沁斑。双虎首对称，两面相同，双目兼为系孔。切割、纹饰极富动感。

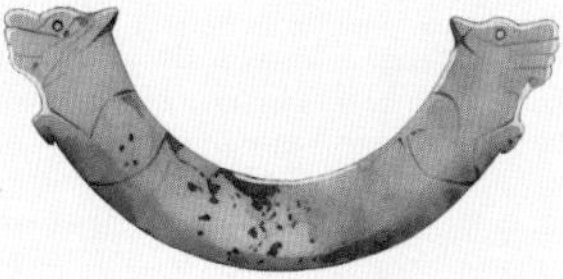

5 鸟形车铃

商代。

高13.5厘米，宽10厘米。

鸟形青铜器。内空，腹中放置石丸，轻轻晃动即可发出清脆声音。

6 三羊尊

商代。

通高52厘米，口径41.2厘米。尊为盛酒器。盘口，束颈，大腹下收，高圈足上有三个等距离圆孔，肩部铸三羊头。周身回纹为地，上饰大小不等的凸起目纹。

7 亚醜方尊

商代。

高45.5厘米，宽38厘米，重21.5千克。

方形尊，方口外侈，颈长腹鼓，肩四周饰象首、异兽首，通体雷纹、兽面纹、夔纹，口内壁有铭文，2行9字："亚醜者姛以大子尊彝"。

8 凤鸟纹爵

西周。

通高22厘米，最宽17.1厘米。

深腹，长流。口沿两个帽形柱。兽头鋬。三尖足外撇。流下及腹饰鸟纹，雷纹为地。

9 玉鹿

西周。

高3.4厘米，长4厘米，厚0.7厘米。

玉料鸡骨白，造型作回首观望状。大耳，小口微张，前肢残缺。无角，为幼鹿。

10 莲鹤方壶

春秋。

通高122厘米，宽54厘米，重64千克。

圆角方形，体形硕大。龙耳。虎足。腹部四角各铸一飞龙。环盖沿镂空莲瓣两层，中立仙鹤，欲鸣欲飞。器身满饰蟠龙纹。

■ 11 宴乐渔猎攻战纹图壶

战国。

高31.6厘米，口径10.9厘米，腹径21.5厘米。

圆体，口微侈，短颈，鼓腹，圈足。自口下至圈足，被五条斜角云纹带划分为四区，分别为渔猎、宴乐、水陆攻战等内容。线条流畅，造型简明，内容丰富，对了解当时的社会生活面貌，有重要参考价值。

■ 12 鸠杖首

战国。

高7.7厘米，宽13.4厘米。

鸠形。昂首，长颈，长尾。腹下圆形銎。通体错银羽纹、云纹、齿形纹。《后汉书·礼仪志》载："年始七十者，授之以玉杖。""长九尺，端以鸠鸟为饰，鸠者，不噎之鸟也，欲老人不噎。"

■ 13 楚国铜鼻钮"埶关"钚

战国。

通高1.1厘米，直径3.3厘米。

铜铸。鼻钮。官印。钚文为战国古文字体，白文，右起横读。字体线条饱满流畅。战国时期各国常于国门、关隘、城门、市集处设守征税。此为掌管关隘之信印。

14 木雕彩绘立俑

战国。

高36.6厘米。

以整块木板砍削而成。一切都在简括的轮廓和造型之中。

15 秦石鼓

东周。

花岗岩质，形若鼓，共10块，各高约90厘米，直径约60厘米。

每一石上刻诗一首，记其时生活生产活动。石鼓文有些字型与大篆相同。石鼓文在考古、历史、文学、文字、书法史上均有极为重要的价值。

16 陶彩绘女俑

西汉。

高30厘米，宽21.1厘米。

红陶胎，墨描眉眼，丹涂口唇，头裹巾，袖手合于腹部，细腰，长裙拖地，呈喇叭状。

17 陶哺乳女俑

东汉。

高19.3厘米，宽13.7厘米。

母俑梳髻，广袖长衣，跪坐姿。左手抱襁褓中婴儿，右手托乳助婴儿吮食。

18 青铜羊形灯[2]

汉代。

高10.4厘米，长15.6厘米。

卧羊形。昂首。双角卷曲。腹空，作储油用。背有盖，盖向上翻开成灯盘。

19 双鸠盖三足石砚

汉代。

直径14.8厘米，通高15.7厘米。

砚分两部分：盖雕双鸠相吻，砚底三兽足鼎立。简洁生动。

20 玉天马

汉代。

长7.8厘米，宽2.6厘米，高4.2厘米。

青玉圆雕。因经火烧，表面呈黑色。身侧饰前后两组羽翼，三足曲腹下，右前足崛起，欲起立状。

21 王珣行书伯远帖

晋代。

纵25.1厘米，横17.2厘米。纸本，行书，5行，47字。

《伯远帖》为王羲之族侄王珣写的一封信。乾隆帝欣赏王羲之（传）《快雪时晴帖》、王献之《中秋帖》、王珣《伯远帖》，将三者合称为“三希”，珍藏于养心殿三希堂。溥仪被逐出宫时，敬懿皇贵妃将此帖从宫中拿走，后流散民间。1951年政府从香港购回。“三希”中此帖为真迹，另两帖为后人临摹本。此帖也是传世晋人墨迹中唯一具有名款的真迹。

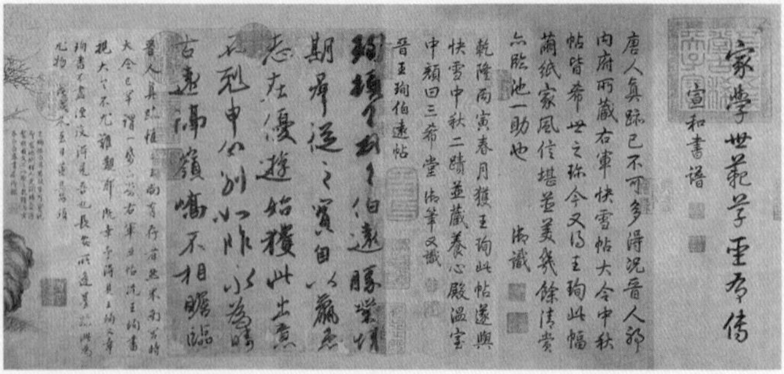

■ 22 青釉褐斑四系壶

东晋。

高17.9厘米，口径8.4厘米，底径8.7厘米。

口大、颈长、肩丰。肩刻弦纹，出四立系。通体着褐彩斑片。

■ 23 越窑系青釉龟形砚滴

东晋。

高5.8厘米，口径2.4厘米，腹径4.7~4.9厘米。

许之衡《饮流斋说瓷》：“水滴，象形者，其制甚古。蟾滴、龟滴，由来已久。古者以铜，后世以瓷，明时有蹲龙、宝象诸状。凡作物形而贮水不多者则名曰滴。”

■ 24 龟式铜砚

六朝。

高4.4厘米，宽11.9厘米。

铜质。龟形，用力爬行状。背有注水孔。口衔耳杯。

25 邸广寿造石思惟像

东魏。

高59厘米。

思惟菩萨圆形头光。头戴三叶式花蔓冠，披衫，着裙。右手持长茎莲蕾，曲指支颐作思维状。覆莲圆台，长方基座。基座背面镌刻有“大伐（代）兴和二年”款。

26 黄釉钵[3]

隋代。

高13厘米，口径23厘米，底径8.5厘米。

腹鼓，口敛，底愈敛。底心内凹。里满釉。外部施釉不到底，釉有流痕。

27 青釉盘口瓶

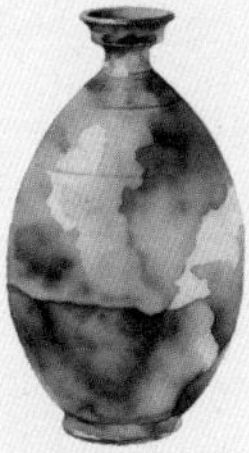

隋代。

高32.5厘米，口径6.6厘米，足径9.2厘米。

盘口，短颈，溜肩，长圆腹。圆纹三圈。半施青绿釉，釉垂流，有细碎开片。

28 白釉高足杯

隋代。

高10.2厘米，口径5厘米，足径4.4厘米。

敛口，鼓腹，高足外撇，里外满施白釉，釉开细碎纹片。

29 李白草书上阳台帖

唐代

纵28.5厘米，横38.1厘米。纸本，草书，5行，25字。

现存李白唯一遗墨。民国时入张伯驹手，新中国成立后献给国家。

30 杜牧行书张好好诗卷

唐代。

纵28.2厘米，横162厘米。纸本，行书，48行。

张好好诗并序，为唐代著名诗人杜牧的仅存墨迹。

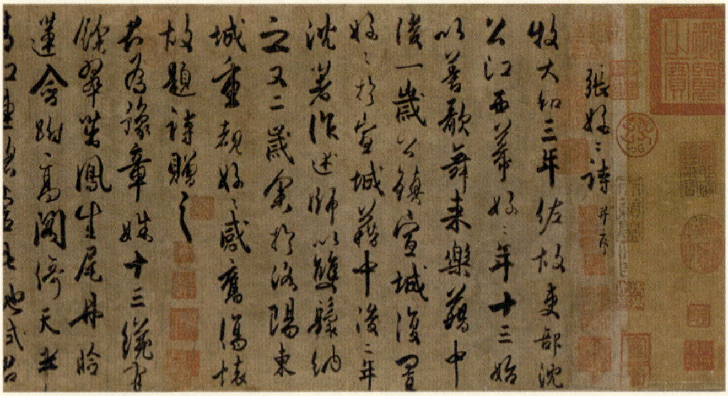

31 三彩骆驼

唐代。

高86厘米。

昂首、引颈、长鸣。两峰之间搭挂驮囊，驮囊两侧搭挂丝绸、水壶等物。丝绸之路是汉唐时期中外交通、贸易的重要纽带，商队络绎不绝，骆驼是当时主要的优质运载资源，有“沙漠之舟”美称。此骆驼造型准确，釉色明亮。

32 玉孔雀佩[4]

唐代。

长5.5厘米，额宽4.5厘米，肩宽21.2厘米，尾宽15.4厘米，厚0.8厘米。

青白色玉料，有浅褐色沁斑。透雕，阴刻线纹。所雕孔雀回首挺胸，展翅开屏，生动传神。

玉孔雀纹饰、造型最早见于唐代玉器，数量颇多。

33“九霄环佩”琴

唐代。

长124厘米，额宽21.8厘米，肩宽21.2厘米、尾宽15.4厘米，厚5.8厘米。

梧桐作面，杉木为底，通体紫漆。形制古朴浑厚，为盛唐时作品。琴背上方铭刻篆书“九霄环配”琴名，下方篆文“包含”印一方。其余苏轼、黄庭坚等题跋。

34 三彩枕

唐代。

高 7.2 厘米，面 15.4×9.2 厘米，底 13.1×8 厘米。

长方形，边壁较高，通体施绞釉，花色纹理流畅、舒展、自然。

35 青釉月色斑罐 5

唐代。

高 20.2 厘米，口径 9.9 厘米，底径 9.7 厘米。

青釉以釉色纯正淡雅驰名。以青釉或黑釉、黄釉、黄褐釉、天蓝釉、茶叶末釉为底，施以各种窑变花釉——唐代陶瓷艺术的这一创新发展，使单色釉变得丰富斑斓起来。

36 越窑青釉瓜棱执壶

唐代。

高 20.4 厘米，口径 5.8 厘米，足径 7.7 厘米。

短流，束颈，撇口，曲柄，双系，椭圆形腹部浅刻四条线纹。釉色自然莹润。

37 长沙窑彩绘花鸟纹注子

唐代。

高 22.7 厘米，口径 11 厘米。

撇口，阔颈，瓜棱形长圆腹，六棱形短流。腹部以釉下褐彩、绿彩勾画花鸟。运笔用色随意自然。长沙窑首创釉下彩，并形成造型、构

图、线条、着色自然自在的特殊风格。

38 澄泥天策府制风字砚[6]

唐代。

长33.5厘米，宽26.3厘米，高5.9厘米。

体型大而简朴，口外撇，呈“风”字形。背出三足，阴刻“唐天策府制”。“天策”本为星名，唐太祖李渊因其子李世民有立国殊功，封为“天策上将”，准其建府署，为“天策府”。澄泥砚，以优质河泥精心烧制，坚硬如石，细润如玉。唐代澄泥多取自河南虢州、山西绛州。

39 贞观元年骆驼砚滴笔架[7]

唐代。

高6.8厘米，宽11.2厘米。

铜质。骆驼卧形，仰头张口，口内有孔。双峰，后峰下部有孔，用于注水。两驼峰间及驼峰与头间自然凹凸，又可作笔架。外底有铭文“大唐时贞观元年”款。

40 鎏金高足杯

唐代。

高7.4厘米，口径7.2厘米。

铜鎏金。侈口。壁内收。高足。口沿下弦纹一周。

41 冯承素行书摹兰亭序卷

唐代。

纵24.5厘米，横69.9厘米。纸本，行书，28行。

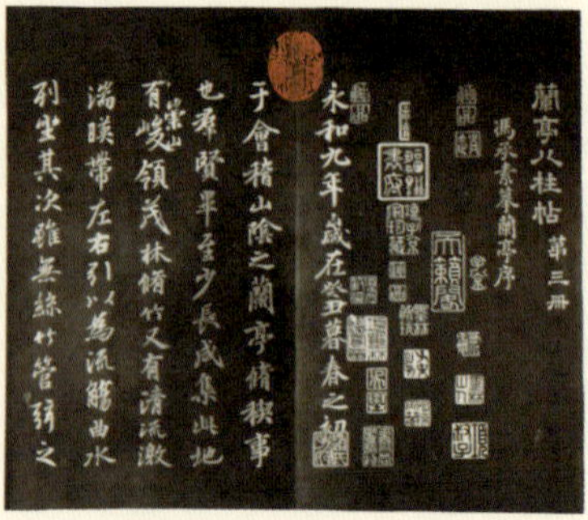

唐太宗李世民得王羲之《兰亭序》，令供奉拓书人赵模、韩道政、冯承素、诸葛贞各拓数本，分赐皇子、诸王、大臣。冯摹本又称“神龙本”，因钤有唐中宗李显神龙年号印记而得名。公认此本为最佳摹本。

42 苏轼行书新岁展庆、人来得书帖合卷

北宋。

前帖纵30.2厘米，横48.8厘米，后帖纵29.5厘米，横45.1厘米。纸本，行书，19行。

苏轼44岁时致友人书札。为其早年书法步入中年书法代表作。

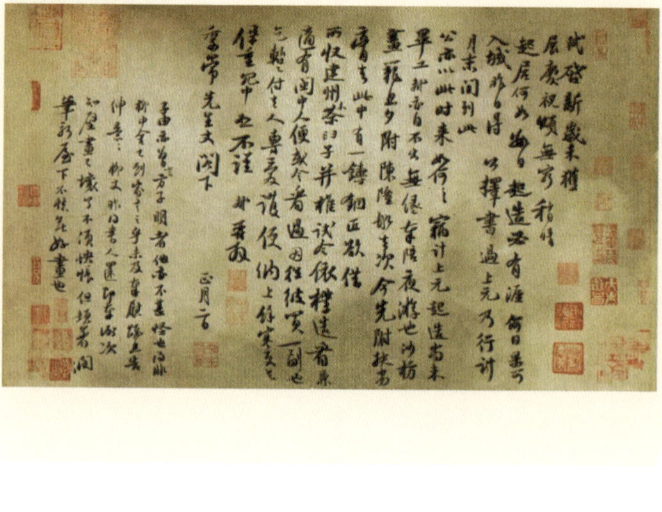

■ 43 米芾行书苕溪试卷

北宋。

纵30.3厘米，横189.5厘米。纸本，行书，35行。

米芾书自作诗呈诸友。时年38岁，为米芾书法中精品。

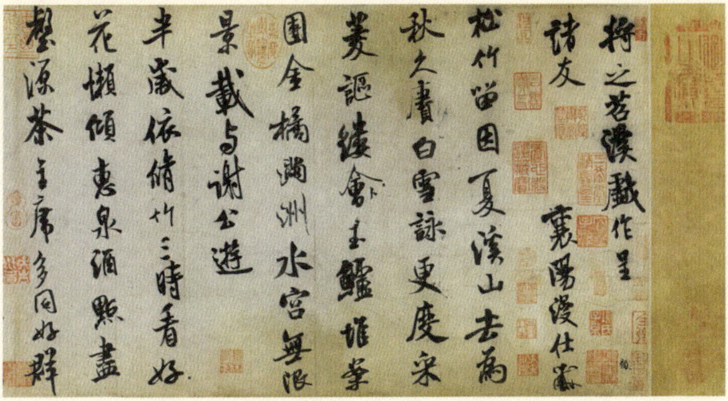

■ 44 李公麟临韦偃牧放图卷

宋代。

纵46.2厘米，横429.8厘米。绢本，设色。

自题“臣李公麟奉敕摹韦偃牧放图”。韦偃为唐代画马名家。整幅共画马1 200余匹，牧者140余人，场面壮阔。

■ 45 王希孟千里江山图卷

北宋。

纵51.5厘米，横1 191.5厘米。绢本，设色。

王希孟为北宋宫廷画家，得徽宗指教。作此画时年仅18岁，为其唯一传世作品。

■ 46 张择端清明上河图卷

北宋。

纵24.8厘米，横528厘米。绢本，淡设色。

张择端为北宋宫廷画家，此画生动再现了北宋全盛时期都城汴京的生活面貌。

■ 47 端石六十三柱海水纹砚[8]

宋代。

长27厘米，宽16.3厘米，高8.5厘米。

砚面开斜坡式砚堂，一端深凹成落潮式砚池，池内石眼雕出石柱八，柱下生流云。边缘阴刻海浪纹，海马海狮出没。砚背石眼雕成石柱六十三，参差罗列。端砚为四大名砚之首，产于广东肇庆，肇庆古称端州，故名。端石石质细润，发墨不损毫，自然生成多样花纹，以生出晶莹石眼最为珍贵。此砚有青花、蕉叶白等纹理，尤以数十个青、绿、黄石眼称奇。

■ 48 米色硬黄纸

宋代。

长55.3厘米，宽29.1厘米。

硬黄纸在唐代已是名纸。以桑皮为主要原料，黄檗染色，上蜡，纸质坚韧，光亮，可避蠹，耐久藏。到宋代仍流行，多用于写经书，又称藏经纸。

■ 49 龙泉窑盖碗[9]

宋代。

通高6厘米，口径7.8厘米，足径3.9厘米。

里外均施釉，釉色清灰，有开片。口部片纹细碎，繁密。器身满布凸起的莲瓣纹。

■ 50 哥窑灰青釉胆式瓶

宋代。

高14.2厘米，口径2.2厘米，足径5.4厘米。

小口，长颈，圆腹微垂，圈足微敛。通体施灰青色釉，足底无釉呈黑色。釉面满布大小纹片，大纹路多呈黑色，如铁线，小纹路细浅，呈黄色，如金丝，此即所说“金丝铁线”。开片纹是在高温烧制中自然形成的现象，一般不可控，工艺高超者可适当控制。

■ 51 耀州窑鸡心罐[10]

宋代。

高10厘米，口径5.5厘米，足径5厘米。

敛口，鼓腹，圈足。鸡心形。青釉，釉面开片纹漫布。古朴，敦厚。

■ 52 钧窑天蓝釉紫红斑碗

金代。

高4.1厘米，口径8.3厘米，足径2.9厘米。

口微敛，腹壁弧形。里、外以天蓝色釉为底色，上有紫红斑块。口沿釉薄处呈浅黄色，圈足端涂褐色护胎釉，为民间钧窑制作。

■ 53 剔红水仙花纹圆盘

元代。

高3.4厘米，口径21厘米。

圆盘，弧形壁，内外壁皆褐漆素底雕朱漆。盘内壁雕回旋掩映水仙花，外壁雕卷草纹。花叶环绕，卷而不乱。创意构图奇特，红漆纯正滋润，刻痕藏锋不露，雕刻技艺精湛。

54 铜鸟形押[11]

元代。

通高1.2厘米，长4.1厘米，宽4厘米。

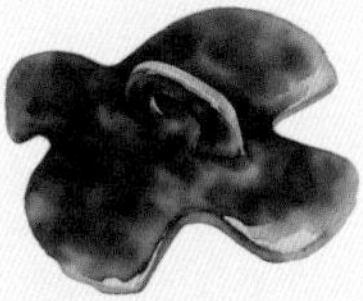

印面为鸟儿展翅图案，造型与印纹均由弧形线条构成，凸显整体之美。

55 赵孟頫秀石疏林图卷

元代。

纵27.5厘米，横62.8厘米。纸本，水墨。

因卷末题诗有“书画同源”之意，且与画法相应而著称于世。为赵孟頫代表作。

56 景德镇窑青花缠枝牡丹纹罐

元代。

高27.5厘米，口径20.4厘米，足径19厘米。

直口，短颈，溜肩，浑厚饱满。通体青花纹饰，中间主体部分饰缠枝牡丹纹。因用外来青料，青花色泽鲜艳，呈宝石蓝略带黑斑。

57 釉里红地白花暗刻牡丹纹玉壶春瓶

元代。

高28.6厘米，口径7.8厘米，足径9.8厘米。

撇口，细长颈，垂腹，圈足。瓶口内涂红，腹部釉里红地留白刻牡丹纹。红釉明艳晕散，造型挺拔清秀。

58 清花红彩水藻鱼纹盖罐[12]

明代。

通高41.2厘米，口径21.8厘米，足径21.5厘米。

通体12尾淡黄红彩游鱼姿态各异，游动于青花水藻浮萍之间。明嘉靖时红彩盛行，与青花对比鲜明，配搭和谐。此为代表之作。

59 天青釉树叶洗[13]

明代。

长10.5厘米，宽6.2厘米。

卷边树叶状，大叶连小叶。紫砂胎，里施天青釉，外施薄层铁褐色釉，叶脉肌理自然清晰。

60 红漆描金夔凤纹管兼毫笔

明代。

管长19.8厘米，管径1厘米，帽长9.6厘米。

笔管竹胎，朱漆，描

金夔凤纹，间饰缠枝莲纹，黑漆勾边。笔头以两种以上毛制成称兼毫，多以一毫为心柱，另毫为覆被，具有刚柔适中的特点。此笔羊毫为柱，紫兔毫为被，腰部微隆若兰花蕊，称兰蕊式。笔锋尖齐圆健，通体修长纤细，线条流畅，色彩鲜丽，制作精细，为宫廷御用上品。

■ 61 端石云纹砚[14]

明代。

长23厘米，宽18.5厘米，高6.5厘米。

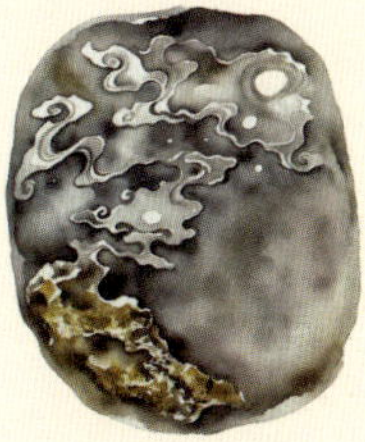

石质温润，石色青紫。宋代《端溪砚谱》中即有“石色贵青紫”之说。石上有天然胭脂晕，大小石眼。制砚者因材、随形、就势，砚面雕刻云纹，石眼成明月，砚堂成湖面。砚侧阴文撰书“紫云心”，砚背刻“墨林秘玩”等。

■ 62 竹纸

明代。

长56.7厘米，宽42.1厘米。

以竹为原料，经破竹、浸煮、发酵、碾碎、调浆、过帘、烘干等多道工序制成。薄而柔，半透明。因南方盛产竹，成本低，使用性能良好，颇受欢迎，极大地推动了纸的生产与广泛使用。到明代，竹纸已成为主要用纸。

■ 63 象牙刻山水笔筒

明代。

高13.5厘米，径10.6厘米。

圆筒形，口壁厚，足壁薄。笔筒表面阴刻山林溪岸，填涂黑色。上部阴刻行书诗作，后有名款。诗、书、画俱佳，为明清之际著名画家吴历创作。

64 徐渭水墨葡萄图轴

明代。

纵165.4厘米，横64.5厘米。纸本，墨笔。

大写意代表作。对后世影响很大。

65 龙香御墨

明代。

直径5.9厘米，厚1.2厘米。

墨有黑色、彩色。黑色墨用松枝、桐油等烧出的烟炱拌以牛皮胶等制成，分别称油烟墨、松烟墨。彩色墨分朱、黄、蓝、绿、白、紫、青等，以朱砂等矿物原料制成，用于批文、绘画，质细腻，不易褪色。此为圆形彩墨，石青色。墨面起边框，中框内阳文楷书“大明成化年制”款，涂金龙纹相对。墨背阴地阳文楷书“龙香御墨”。制墨时加入珍珠、麝香、冰片、金箔等名贵原料称龙香剂，可防腐增香增光增色。御墨系专为皇帝制作之墨。

66 铜冲耳乳足炉

明代。

高6.7厘米，口径10.6厘米。

圆形器。两冲耳向上，侈口，鼓腹，三乳足内收，置云足铜座上。炉外底阳文楷书“大明宣德年制”款。

67 黑漆描金山水图顶箱立柜

明代。

高207厘米，横120.5厘米，纵64.5厘米。

上部顶箱，下部立柜。通体绘描金漆山水、楼阁、人物、树木、花草图。收纳皇帝日用衣物。

68 黄花梨木四出头官帽椅

明代。

通高107.5厘米，横57厘米，纵43.5厘米。

线条弯翘流畅，简洁光素，比例适度，做工精致，为典型明式家具风格。

69 崇祯帝玉押[15]

明代。

通高11厘米，长11厘米，宽9厘米。

青玉，蹲龙钮，崇祯帝御用。印文朱文，由崇祯帝名“由检”二字花写而成。遗存的崇祯帝御笔盖有此印。

70 明黄色缎绣彩云金龙纹绵大阅甲

清代。

盔高33.5厘米，直径22厘米。上衣长75.5厘米，下裳长71厘米。

康熙帝检阅八旗军队专用。盔为牛皮髹黑漆，衣裳为明黄缎。金丝雕龙，金线龙纹，遍饰金帽钉、珍珠。

■ 71 明黄色缎绣金龙朝袍

清代。

身长144厘米，两袖通长190厘米。

明黄色缎面上通体绣各式金龙43条，间以五色云，饰十二章。纹饰均以赤圆金线勾边。针法多变，绣工精妙。为乾隆帝朝会大典时礼服，后成为皇帝朝服定制。

■ 72 康熙朝地球仪

清代。

通高135厘米，球径70厘米。

康熙朝宫廷造办处造。西方科学仪器自明清以来陆续传入宫廷，到康熙年间，已涉及天文、数学、物理、地理、医学、光学、机械钟表等多种门类。此地球仪球体安装在紫檀木雕花三弯腿支架上。球面上绘有大陆行政区域、河流、湖泊、岛屿等。

■ 73 鹿角椅[16]

清代。

高130厘米，宽91厘米。

清代皇帝常将围猎所获鹿角制成鹿角椅，以示遵循祖制，承继骑射传统。

74 金瓯永固杯

清代。

高12.5厘米，口径8厘米。

杯口两侧各有一夔龙耳，上嵌东珠。杯足为三卷鼻象首。杯身点翠底，嵌宝相花、缠枝莲花叶，东珠11颗、红宝石9块、蓝宝石12块、碧玺4块做花蕊。口沿錾刻“金瓯永固”“乾隆年制”款。嘉庆二年清宫造办处造，此时乾隆太上皇仍亲政，宫中仍用乾隆年号。“金瓯永固”寓意皇权永固，此杯为每年元旦（农历大年初一）皇帝明窗开笔时的专用酒杯。

75 银镀金交龙钮“大清嗣天子宝”

清代。

面7.9厘米见方，通高7.6厘米，钮高5厘米。汉、满阳文篆书“大清嗣天子宝”。

皇帝视宝玺为皇权象征。乾隆皇帝整理、选择、完善宫中宝玺，选定二十五方，规定尺寸、钮式、用途，确定为“本朝”“二十五宝”，陈列在“天地交泰”的交泰殿内。印文大同小异，反复刻印“皇帝奉天之宝”“大清受命之宝”“皇帝之宝”“皇帝信宝”“天子信宝”“天子行宝”“皇帝亲亲之宝”“皇帝尊亲之宝”“广运之宝”等。此为“二十五宝”之一。

76 金龙钮“皇后之宝”

清代。

通高10厘米，长、宽各14厘米。满、汉阳文篆书“皇后之宝”。

清代后妃划分为不同等级，册

封皇后、妃嫔，均颁发册宝。《大清会典》记：“皇后金宝，清、汉文玉筯篆，交龙钮，平台，方四寸四分，厚一寸二分，用三等赤金五百两。”此即皇后册宝。

77 金镶珠宝帽顶

清代。

高14.2厘米，底径4.5厘米。

帽顶分三层，大颗东珠为结。底层为圆盘，昂首累丝金龙四条，间嵌东珠。中层俯首累丝金龙四条，间嵌东珠。上层金质莲花为托，顶端嵌紫红色大宝石。帽顶是清代皇帝朝冠上的顶饰，按照《大清会典》规定制作。

78 点翠嵌珠宝五凤钿

清代。

高14厘米，宽30厘米。

网状顶点翠，前饰金累丝凤，后饰珍珠璎珞，全部用珍珠宝石装点。共用珍珠几百颗，用红宝石、蓝宝石、猫眼石、翡翠、碧玺、珊瑚等200余块。钿是清代后妃的便帽，分凤钿、花钿。穿吉服戴凤钿，穿常服戴花钿。

79 金编钟

清代。

钟架宽340厘米，高350厘米。金钟16枚，每个高23.8厘米，口径16.1厘米。

中和韶乐的主要乐器。金质。16枚组成一套，对应十二正律、四倍律。以钟体厚薄为次区分音程，钟体愈薄，发音愈低。重量不等，但形制大小相同，上部为双龙钮，正面铸楷书律名，背面铸“乾隆五十五年制”。此编钟曾被逊帝溥仪抵押给北京盐业银行，1949年后入藏故宫博物院。

■ 80 金嵌宝石释迦牟尼像

清代。

通高96厘米。赤金，重38.4千克。

莲花座，底为圆盘式莲叶，束腰为莲茎，上承重瓣覆莲座，左右饰镂空卷草纹，嵌珊瑚、绿松石、青金石。背光上饰连珠纹、旋子花瓣纹。背面刻汉、满、蒙、藏四体铭文。乾隆十三年造办处奉旨特造。

■ 81 铜镀金錾花荷花缸钟

清代。

缸高154厘米，缸直径68厘米。

乾隆朝清宫造办处造。用广东制錾花铜缸与法国制机芯、八音盒组装而成。缸内装两套机械动力系统，由齿轮连接。一套用作走时、报时，一套用作控制奏乐、荷花开合。荷花内有牙雕白猿、童子、西王母，寓意“白猿献寿”，花开则现。

82 铜镀金象拉战车乐钟

清代。

长136厘米，宽55厘米，高70厘米。

英国制造。铜镀金嵌料石，镀金表面光泽明暗，层次丰富。车上立11人。车内6盘发条上弦启动后，战车行进，大象、人物活动自如，乐曲演奏，时钟走时打点。

83 金錾云龙纹执壶

清代。

高31.5厘米，腹径16厘米。

细颈，撇口，锥形盖，喇叭形足，鼓腹，曲流，弯柄，柄、盖间系金链。通体遍錾龙纹。为清宫御用酒具。

84 青玉菊瓣式盆水仙盆景

清代。

通高30厘米，盆高6.5厘米、长18厘米、宽13厘米。

盆方形，菊瓣纹，壁薄透明，四角雕双叶菊花，每花嵌12块红宝石为瓣，绿料为蕊。盆下方嵌绿料。盆中心青金石制湖石，围植5株水仙。水仙，象牙为球根，染牙为叶，白玉为花，黄玉为蕊。取意“芝仙祝寿”。帝后寿诞节日，地方官多有呈进。据《宫中进单》记：“乾隆五十六年十月二十七日，福康安来京呈进碧玉水仙盆景成对。”此即很可能为其一。

■ 85 金錾花如意

清代。

长58厘米，首宽16.5厘米。

金质，通体镂空錾牡丹、菊花纹饰，镶嵌红宝石、蓝宝石、翡翠、碧玺、珍珠。既可作陈设，又是香熏，首、中、尾有活盖，内空，可放置香料。清宫中如意品类繁多，多作为宫中陈设品。皇帝即位或重大时节，王公大臣多向帝后敬献如意。也用作皇帝赏赐品。

■ 86 和阗白玉错金嵌宝石碗

清代。

高4.8厘米，口径14.1厘米，足径7厘米。

敞口，薄壁，桃形双耳，花瓣式圈足。外壁下方饰花草纹，错金枝叶，两圈花朵用108颗精雕细琢的红宝石组成。内壁楷书阴刻乾隆帝诗，前四句为："酪浆煮牛乳，玉碗拟羊脂。御殿威仪赞，赐茶恩惠施。"内底正中刻"乾隆御用"隶书款。此碗花瓣造型，色彩艳丽，镶嵌精致，具有典型的痕都斯坦玉器风格。

■ 87 翠雕花鸟纹花插

清代。

高25厘米，口径5.9×8厘米。

翡翠料。巧用材质本身的几种颜色，雕琢为树桩形。花插外壁镂雕牡丹花枝，枝上立着禽鸟。中空可插花。下配镂空雕花红木座。

88 白玉镶碧玉蒂茄形鼻烟壶[17]

清代。

通高8.3厘米，腹径3厘米。

白玉无瑕。碧玉为萼托。玛瑙茄蒂形盖连象牙匙。吸闻鼻烟源于美洲，后传入欧洲，清康熙年间传入中国，首先在皇室、贵族中流传，雍正、乾隆时已趋普及。宫廷、民间鼻烟壶制作争妍斗奇。

89 青玉大禹治水图山子

清代。

高224厘米，宽96厘米，铜座高60厘米。

乾隆皇帝为自己80寿诞制作。青玉圆雕。雕刻众劳工在崇山峻岭、悬崖峭壁间开山、筑路、凿洞。正面刻有“五福五代堂古稀天子宝”“天恩八旬”，背面刻有《题密勒塔山玉大禹治水图》御制诗，322字，注释1212字。玉山置于饰有山水树石的错金铜座上。玉石毛料重达16600斤，2000多人开采，数百匹马，上千人拉推运送，行程11000里，耗时三年从新疆运到北京，设计做样后水路运往扬州琢制，完成后运回紫禁城，前后共用十年时间。置于宁寿宫区乐寿堂后，至今未曾移动。

90 彩漆描金管鬃毫抓笔

清代。

管长11.4厘米，斗径7.1厘米。

全套笔共五支，形制相同，共装于云蝠纹锦盒内。笔管短粗，笔斗丰圆，彩漆描金，纹饰各异。主题纹饰有龙凤、云龙、云蝠、灵芝蝙蝠、仙山楼阁，衬以缠枝莲纹。抓笔又称揸笔，笔管短粗，以五指抓握，专写榜书。鬃毫多以猪鬃、马鬃制成，劲健豪放。

91 御制月令七十二候诗色墨

清代。

共72锭，形状大小不一。最高16.7厘米，宽9.9厘米，厚2.2厘米。

从名称、图案、造型、选料、制作到包装均极精极细。中国古代以五日为一候，三候为一节气，二节气为一月，三月为一季，四季为一年，一年共七十二候，农事以候进行。此套墨一候一锭，方形、圆形、块形、璜形、钟形、磬形等各异。黄、红、绿、蓝、白五色。一面刻各时气候图，一面填金楷书乾隆帝七十二候诗。分屉装于两个黑漆描金龙纹匣内。图文对应，制作精致，装潢豪华，为乾隆御制精品。

92 茶叶末釉壶

清代。

高8.8厘米，口径8.5厘米，足径9.1厘米。

阔口，溜肩，肩以下渐收。平盖，扁圆钮，

短弯流，环柄。里外均施茶叶末釉。底有篆书“雍正年制”款。雍正帝酷爱宜兴紫砂器，此壶为景德镇官窑仿宜兴紫砂平盖壶制成。

■ 93 矾红彩甘藤纹瓶

清代。

高22.7厘米，口径6.2厘米，足径5.5厘米。

撇口，细长颈，丰肩，长圆腹，圈足。内外施白釉。外壁矾红彩描绘缠枝甘藤纹。形体秀美，矾红彩明艳娇嫩。足底有“大清雍正年制”款。

■ 94 各种釉彩大瓶

清代。

高86.4厘米，口径27.4厘米，足径33厘米。瓶底有“大清乾隆年制”篆书款。

15层釉、彩，12幅吉祥图案——仿汝釉、仿官釉、仿哥釉、松石绿釉、霁蓝釉、粉青釉、窑变釉，珐琅彩，斗彩，青花，描金，开光——在一件硕大瓷器上集中施用了多种彩绘工艺，多种制瓷技法，有“瓷母”之称。

■ 95 金胎珊瑚桃式盒

清代。

高19厘米，长22.5厘米，宽20厘米。

金胎，子母口，外包上等红珊瑚，无杂色，虽由多块珊瑚片拼接而成，但无丝毫拼接痕迹，足见工艺之精。满雕凸起的云龙纹、云水纹，顶雕福寿纹。据清宫档案记，此盒制作于雍正时期，为皇帝万寿节特制。

■ 96 象牙雕瓜蝶纹盘

清代。

长17厘米，宽11厘米，高1.2厘米。

平底，敞口，半爿瓜式。镂刻、浮雕瓜蒂、藤蔓、叶片、花朵、果实、蝴蝶、甲虫，个个染色。构图、物象生趣盎然。

■ 97 竹根雕葫芦式盒

清代。

高6厘米，长16.9厘米，宽10.5厘米。

巧妙利用老竹中空的自然材质，把一块老竹根雕成葫芦、葫芦蒂、蔓叶及虫蚀痕迹相连相映的葫芦形，从中间分剖为盖、身，子母口相合为盒，专放御制诗文册页。

■ 98 描金彩漆包袱式纹长方形盒

清代。

长22厘米，宽11.5厘米，高12.1厘米。

盒内为黑漆洒金地，盒表面黑漆描金折枝佛手、石榴、寿桃，外饰凸起包袱纹。包袱纹上描绘彩色菊花寿字锦纹，其褶皱和打结自然逼真，若不仔细观察，会误认为真是一块包袱皮包裹着一个黑漆描金盒。漆盒上下部子母口，可开可合。

99 傅山楷草书自书诗卷

清代。

纵24.5厘米，横104厘米。绢本，楷草书。

先楷后草，为傅山晚年书法精品。

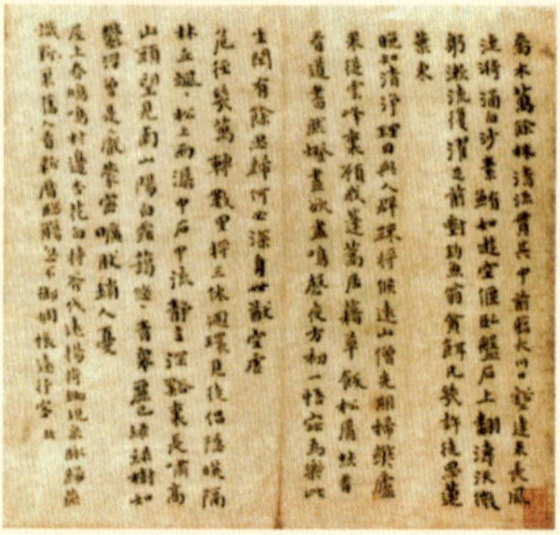

100 古今图书集成

清代。

版框高21.3厘米，宽14.9厘米。

雍正四年内府铜活字印本。每半页9行，行20字，双边。《古今图书集成》共计1万卷，5 020册，分装525匣，是现存最大的综合性类书，也是以铜活字排印的最大的一部书。全书字体清秀雅致，版式齐整，纸墨精良，印制清晰，装潢端庄，配有大量精美木刻版画，在世界印刷史上占有重要地位。全书仅印制64部。

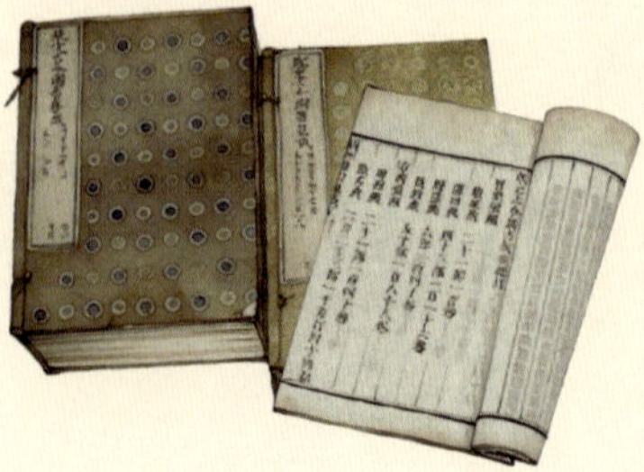

尾注

1.玉猪龙

玉器：上[M]// 周南泉.故宫博物院藏文物珍品全集.香港：商务印书馆（香港）有限公司.1995: 90.

2.青铜羊形灯

青铜生活器[M]// 杜迺松.故宫博物院藏文物珍品全集.香港：商务印书馆（香港）有限公司.2008: 97.

3.黄釉钵

晋唐瓷器 [M]// 李辉柄.故宫博物院藏文物珍品全集.香港：商务印书馆（香港）有限公司.1996: 84.

4. 玉孔雀佩

玉器：中[M]// 周南泉.故宫博物院藏文物珍品全集.香港：商务印书馆（香港）有限公司. 1995 : 6.

5.青釉月色斑罐

晋唐瓷器[M]// 李辉柄.故宫博物院藏文物珍品全集.香港：商务印书馆（香港）有限公司. 1996: 188.

6. 澄泥天策府制风字砚

文房四宝：纸砚[M]// 张淑芬.故宫博物院藏文物珍品全集.香港：商务印书馆（香港）有限公司.2005: 16 .

7.贞观元年骆驼砚滴笔架

青铜生活器[M]// 杜迺松.故宫博物院藏文物珍品全集. 香港：商务印书馆（香港）有限公司.2008: 204.

8. 端石六十三柱海水纹砚

文房四宝：纸砚[M]// 张淑芬.故宫博物院藏文物珍品全集.香港：商务印书馆（香港）有限公司.2005: 18-19.

9. 龙泉窑盖碗

两宋瓷器：下 [M]// 李辉柄.故宫博物院藏文物珍品全集.香港：商务印书馆（香港）有限公司.1996: 155.

10. 耀州窑鸡心罐

两宋瓷器：上 [M]// 李辉柄.故宫博物院藏文物珍品全集.香港：商务印书

馆（香港）有限公司. 1996: 111.

11.铜鸟形押

玺印[M]//李文儒，杨新.故宫博物院藏文物珍品全集.香港：商务印书馆（香港）有限公司. 2008: 177.

12. 清花红彩水藻鱼纹盖罐

青花釉里红：中[M]// 耿宝昌.故宫博物院藏文物珍品全集.香港：商务印书馆（香港）有限公司.2000:251.

13.天青釉树叶洗

紫砂器[M]//耿宝昌.故宫博物院藏文物珍品全集.香港：商务印书馆（香港）有限公司.2008 : 240.

14. 端石云纹砚

文房四宝：纸砚[M]// 张淑芬.故宫博物院藏文物珍品全集.香港：商务印书馆（香港）有限公司.2005: 38.

15. 崇祯帝玉押

玺印[M]//郑珉中.故宫博物院藏文物珍品全集.香港：商务印书馆（香港）有限公司.2008: 182.

16.鹿角椅

竹木牙角雕刻[M]//李久芳.故宫博物院藏文物珍品全集.香港：商务印书馆（香港）有限公司.2001: 175.

17.白玉镶碧玉蒂茄形鼻烟壶

鼻烟壶[M]//李久芳.故宫博物院藏文物珍品全集.香港：商务印书馆（香港）有限公司.2003: 139.

· 1889年（光绪十五年）太和门重建。光绪大婚前太和门因火灾被毁，现今传世的《光绪皇帝大婚图》中出现的实际上是搭材作匠人扎的临时纸质版“太和门”，光绪大婚后，太和门遂开始重建。

· 1909年（宣统元年）体现“中西合璧”建筑风格的灵沼轩（水晶宫）开始建设，后于辛亥革命中被迫停工，至今未完工，成了著名“烂尾楼”。

· 1923年建福宫花园毁于火灾，中正殿也在此次火灾中被毁。

1925年，故宫博物院成立

· 1956年西北角楼修缮。太和门内外东朝房及协和门等43间修缮工程竣工。

· 1957年4月成立故宫文物修复委员会。为保证古建筑安全，该年故宫内建筑开始大规模安装避雷针。

· 1963年午门正楼修缮工程竣工。

· 1965年台北故宫博物院开馆。

· 1966年“文化大革命”开始后，为保护故宫及故宫文物免受冲击，故宫闭馆，实行军事保护。故宫宫殿及文物在“文化大革命”中未受直接破坏。

· 1971年7月，故宫博物院恢复开放。继而举办：“十一省市出土文物展览”（慈宁宫），展品1 982件；“中国历史名画展”（皇极殿），展品228件。

· 1972年美国总统尼克松、日本首相田中角荣相继参观故宫博物院。

· 1974年故宫博物院赴日本“明清工艺美术展览”开展。

· 1736年（乾隆元年）乾隆帝即位，此后60年间紫禁城经历了多次大修大建。

· 1749年（乾隆十四年）改建雨花阁、中正殿，供奉藏传佛教和蒙古的佛像、绘画，密切了清王朝中枢与西藏、蒙古的关系。

· 1773年（乾隆三十八年）将《永乐大典》中摘出的珍本138种排字付印，御赐名《武英殿聚珍版丛书》，世称“殿本”。

· 1776年（乾隆四十一年）清代宫廷建筑的精华宁寿宫落成。宁寿宫承载着乾隆帝对归政后闲适生活的期盼，同时也蕴藏着他作为一个文人天子的精神寄托。

· 1776年（乾隆四十一年）在圣济殿遗址上建成文渊阁。文渊阁坐北面南，阁制仿浙江宁波范氏天一阁构置。

《钦定四库全书》

· 1792年《钦定四库全书》工程历时近20年完成，共抄有七部，其中一部藏于紫禁城文渊阁。

· 1797年（嘉庆二年）乾清宫失火，殃及交泰殿、坤宁宫，焚毁后重建重修。

· 1798年（嘉庆三年）乾清宫建成。

· 1859年（咸丰九年）基于对理政空间的需要，长春宫一区开始被改造，从而改变了西六宫的建筑格局。

· 1869年（同治八年）武英殿被火焚，烧毁正殿、后殿、殿门、东配殿、浴德堂等建筑共37间，书籍版片焚烧殆尽。同年重建。

· 1980年《紫禁城》季刊创刊。

· 1982年“故宫珍宝展览”赴日本展出，展品100件。

· 1983年故宫博物院成立紫禁城出版社，后者于2010年完成转企改制工作，成为一家全民所有制企业。2011年9月更名为“故宫出版社”。

· 1985年18辑系列纪录片《紫禁城》开拍。

· 1985年“中国台北故宫博物院收藏书画复制品展览”（皇极殿西庑）开展，展品56件（故宫博物院与中国国际图书贸易总公司、日本中华书店联合举办）。“故宫博物院宫廷艺术展览”赴日本东京开展，展品70件。

· 1987年故宫博物院被列入《世界遗产名录》。同年，《末代皇帝》上映。

· 1987年8月24日夜景阳宫遭受雷击发生火灾。

· 1988年“清代皇家珍藏文物展览”在日本东京开展，展品60件。

· 2002年以武英殿大修作为试点工程，故宫的“世纪大修”拉开了序幕。9月，故宫太和殿匾联复原归位。（复原参考物为本书所列珍贵照片）

· 2002年5月1日—10月31日“故宫藏日本文物展”在故宫神武门楼上展出。时值中日邦交正常化30周年之际，故宫博物院特从院藏的2 000余件日本文物中精选出147件呈展，旨在增进中日两国文化的交流。

· 2012年“国宝观澜——故宫博物院文物精华展”赴日本东京国立博物馆展出。该展览作为中日邦交正常化40周年纪念的重要项目，在日本社会和民众中产生了巨大的反响。

· 2013年5月17日“故宫藏历代书画展”第六期于武英殿书画馆正式对外开展。该期展出的10件晋唐宋元时期的书画作品均为国宝珍品。包括东晋王献之（传）的行草书《中秋帖》卷，唐代大诗人李白传世的唯一书迹草书《上阳台帖》卷，以及北宋画家王希孟传世的唯一作品、被视为宋代青绿山水代表作的《千里江山图》卷。“故宫藏历代书画展”共计20期，于2016年收官，该系列展览以中国美术史的发展为主轴，系统展出故宫院藏书画典范之作，让人们得以一赏众多深藏宫中难得一见的书画珍宝。8月，故宫博物院首次面向公众举办故宫文化产品创意设计大赛（“紫禁城杯”故宫文化产品创意设计大赛）。也是在这年，故宫推出一系列文创产品，比如“朕就是这样汉子”折扇等，拉近了故宫与大众的距离，故宫渐渐成为一个可爱可亲的“网红”博物馆。

· 1669年（康熙八年）太和殿、乾清宫、交泰殿等处维修，康熙皇帝一度移居武英殿。

· 1680年（康熙十九年）将武英殿左右廊房设为修书处，掌管刊印装潢书籍之事。1701年（康熙四十年）以后，武英殿大量刊刻书籍。

· 1683年（康熙二十二年）文华殿重建，其时武英殿尚存。

· 1695年（康熙三十四年）建筑名匠梁九开始主持重建太和殿（原殿毁于1679年的一场大火），他创造性地将其面阔增至11间，脊兽增至10个，形成今天所见的形制。

太和殿是前朝三大殿的主殿，朝政大典礼仪之地，皇权中枢的象征。

1695年，太和殿重修，脊兽增至10个

· 1723年（雍正元年）养心殿开始具备“政寝合一”的特点，成为清朝中后期实际的政治心脏。

· 1728年（雍正六年）大型类书《古今图书集成》历康熙、雍正两朝共计28年汇编完成。

《古今图书集成》

—2013年，《千里江山图》全卷首次展示—

· 2015年9月8日重量级展览“石渠宝笈特展”在武英殿书画馆和延禧宫展厅同时开展。

· 2016年《我在故宫修文物》纪录片上映。片中第一次完整呈现世界级的中国文物修复过程和技术，展现文物的原始状态和收藏状态；第一次近距离展现文物修复专家的内心世界和日常生活；第一次完整梳理中国文物修复的历史源流。

· 2018年北京卫视大型文化季播节目《上新了·故宫》开播，并联手设计师大开脑洞，每期节目诞生一个引领热潮的文化创意衍生品，再掀文化类综艺热潮，引领文化创新之风。

· 2019年养心殿修缮过程中发现乾隆年间清宫春节曲目戏折。

· 2020年7月故宫博物院发布了“数字故宫”小程序，让观众一站式获取故宫数字资源；9月，在午门展出“丹宸永固——紫禁城建成六百年”。

· 2021年为纪念2020年紫禁城建成600周年、故宫博物院建院95周年，推出大型系列纪录片《紫禁城》。

· 2021年12月“数字故宫”小程序2.0版本正式上线，推出AR实景导航、360°全景虚拟漫游等功能，优化和添加了在线购票、预约观展等实用版块，让故宫游览更智能、更友好、更简单、更开放。

朱棣

· 1406年（永乐四年）明成祖朱棣为了巩固北部边疆，以南京皇宫为蓝本肇建北京宫殿。

· 1417年（永乐十五年）开始大规模兴建。

· 1420年（永乐十八年）年底北京宫殿建成。

· 1421年（永乐十九年）迁都北京。

· 1440年（正统五年）三月建北京宫殿。永乐灾后，命中官阮安同都督沈清、工部尚书吴中等重建三殿，并修缮乾清、坤宁二宫。共役工匠官军七万余人。

· 1441年（正统六年）十一月宫殿落成。

· 1514年（正德九年）坤宁宫毁于火灾。

· 1596年（万历二十四年）坤宁宫再次毁于火灾。

· 1605年（万历三十三年）重建坤宁宫。

· 1538年（嘉靖十七年）在文华殿后添建圣济殿。

· 1557年（嘉靖三十六年）紫禁城大火，前三殿、奉天门、文武楼、午门全部被焚毁。

· 1562年（嘉靖四十一年）主要工程重建完工。嘉靖时期，故宫三大殿名称改为皇极殿、中极殿、建极殿。

· 1644年（崇祯十七年）四月二十九日李自成于武英殿草草举行即位仪式，翌日便撤离北京。

1646年，太和殿修缮完成

- 2022年3月1日“四季礼赞——中国故宫摄影和日本插花艺术展”在日本东京开展，适值中日邦交正常化50周年，展览由故宫特色摄影作品与日本传统艺术插花两大部分组成，让观众直观地感受到中日两国传统美的巧妙交融。其中摄影作品以四季之美为脉络，在时间线上依次展现了故宫古建筑的细节之美。
- 2022年7月26日为纪念中日邦交正常化50周年，由故宫博物院、东京国立博物馆、凸版印刷株式会社联合主办，朝日新闻社特别协办的“故宫的世界——特别数字展”在日本东京国立博物馆平成馆开展，这是故宫博物院首次在境外举办全数字形式的展览。

- 2023年1月举办“国子文脉——历代进士文化艺术联展”：展出历代进士文化艺术珍品，包括苏轼、范仲淹等名家真迹。
- 2024年“北京中轴线——中国理想都城秩序的杰作”被列入《世界遗产名录》。故宫作为中轴线核心建筑群之一，其保护与展示工作成为申遗成功的重要组成部分。这一成就标志着故宫在文化遗产保护领域的国际影响力进一步提升。
- 2025年，故宫博物院建院100周年之际，位于北京海淀区的故宫博物院北院区预计落成。北院区总用地面积62.01万平方米，总建筑面积10多万平方米，将有效扩大文物展示与修复空间。

故宫博物院北院区

故宫大事记